本著作为2017年云南省高等学校大学外语教学改革重点项目

"生态学视阈下大学外语教师发展共同体建构与实践研究"成果之一

高校英语教师
职场学习研究

徐忆◎著

中国社会科学出版社

图书在版编目(CIP)数据

高校英语教师职场学习研究/徐忆著.—北京:中国社会科学出版社,2017.9
ISBN 978-7-5203-0322-4

Ⅰ.①高… Ⅱ.①徐… Ⅲ.①高等学校—英语—教师—师资培养—研究
Ⅳ.①G645.1

中国版本图书馆 CIP 数据核字(2017)第 099080 号

出 版 人	赵剑英
责任编辑	张 湉
责任校对	王佳玉
责任印制	李寡寡

出 版	中国社会科学出版社
社 址	北京鼓楼西大街甲 158 号
邮 编	100720
网 址	http://www.csspw.cn
发 行 部	010 - 84083685
门 市 部	010 - 84029450
经 销	新华书店及其他书店

印 刷	北京明恒达印务有限公司
装 订	廊坊市广阳区广增装订厂
版 次	2017 年 9 月第 1 版
印 次	2017 年 9 月第 1 次印刷

开 本	710×1000 1/16
印 张	20.25
插 页	2
字 数	343 千字
定 价	85.00 元

序　言

　　徐忆博士在上海外国语大学攻读博士学位期间与我共事，我真切地感受到她是那样真挚地热爱我国外语教育事业，那样严谨地遵循科学研究范式，那样接地气地认真选题，那样投入而执着地收集研究资料，那样一丝不苟地分析解读鲜活的数据，那样努力地从一定的理论高度来尝试性地提炼和诠释研究内容。以我对徐忆博士的了解，这一切都源于她乐于结合大学外语教学实际，乐于深入大学外语课堂这一沃土，乐于主动接近大学外语教师来了解他们的内心世界，来了解他们对外语教育改革、外语教学环境和外语教师职业的态度和看法。而外语教师职业的态度和看法又直接影响到我国外语教学改革和外语教师专业发展的质量。基于此，当我收到徐忆博士寄来的《高校英语教师职场学习研究》书稿，要我作序时，我欣然命笔。

　　《高校英语教师职场学习研究》一书主要探究我国英语教师职场学习的起因、环境、结构、内涵、行为、反思和发展。在情境学习理论影响下，教师职场学习研究自20世纪90年代中期起在欧美得以开展，近年来国内外基于课堂教学实践的教师学习研究方兴未艾，教师职场学习已成为教师专业发展研究的重要领域之一，外语教师职场学习研究也不例外。由此可见本书研究的主题是外语教师专业发展的前沿课题，而本书的理论价值和实践意义也就不言而喻了。

　　通过徐忆博士在书中跌宕起伏的精彩描述，我们犹如与这些一线的英语教师们面对面地在交流谈心，就像是在学术沙龙会上，就像是倚靠在教室的窗户边，倾听着他们在讲述着各自的故事，其中有多少喜悦，有多少执着，有多少追求，有多少向往，又有多少甘苦，有多少纠结，有多少挣扎，有多少困顿。透过对这些英语教师在教学第一线进行教学与科研实践的摸爬滚打和辛酸苦辣的体味，一幅英语教师职场学习的《清明上河图》

被形象生动、栩栩如生地勾勒了出来。

尽管是在讲故事，字里行间，我们能够读出本书研究重视探究教师在特定教学工作情境影响下，与他人和环境之间的相互作用，通过教学和研究实践开展学习，获得知识与重塑知识的成长过程，还可以看到英语教师的教学工作环境和学习行为对他们教学与科研所产生的各种影响，于是我们就能从更高的层面和视角了解到英语教师职业生涯各个阶段发展的规律，并揭示隐藏在英语教师内心中的价值观、世界观、身份认同等的核心：认知与信念。

使用质化与量化相结合的混合研究方法是本书的一大亮点。徐忆博士擅长使用访谈法，通过娴熟的访谈技巧，很有耐心地与多名高校英语教师倾心交谈，赢得被访谈者的信任，愉快地将他们在职场学习中所发生的点点滴滴和盘托出，娓娓道来，其中涉及这些英语教师大量的实践、反思、阅读、研究和合作等珍贵体验。而恰恰是这些英语教师乐于分享，才使得本书更具有可读性，更让我们感受到质化研究之美，因为英语教师职场学习的内涵绝非那些硬邦邦和冷冰冰的数字能够说清楚、道明白的。

本书的价值在于通过探究高校英语教师在教学与研究实践中开展的职场学习，分析教学工作情境因素对教师学习和认知的影响，发掘职场学习对教师专业发展的推动作用，让更多的高校英语教师在教学和研究过程中对自己的认知和行为产生新的理解和认识，选择适合自己的学习活动，促进深度反思，确定学习内容，了解学习过程，控制不利因素的影响作用，利用恰当的学习策略来改善职场学习效果。同时本书还可为高校中的政策制定者提供一些管理思路和信息资源，或可为高校采取促进英语教师职场学习的措施，控制妨碍教师职场学习的因素提供参考。

上海外国语大学教授

香港大学哲学博士

郑新民

2016 年 11 月 2 日

目　　录

第一章 导论

第一节 研究背景

选择高校英语教师职场学习这一主题，源自笔者本人从教后作为一名高校英语教师在面对教学和科研双重挑战时曾经历的茫然、焦虑与无措。为了更好地理解社会环境与英语教师专业发展之间的关系，本书将首先对我国外语教育发展历程、教师职业的专业化历程、教师专业发展研究背景、教师职场学习研究背景等影响教师职场学习研究的背景因素进行介绍。

一 我国外语教育发展历程

我国外语教育发展至今已有一百多年历史，1861年京师同文馆的建立标志着我国外语教育的开端，紧接着广方言馆也于1863年在上海成立，这两所学校旨在培养译员，通过将西方科技书籍翻译为中文促进国人学习西方先进科技知识。外语自1911年起成为中学和大学教学课程之一，促进了我国对西方哲学思想的探索，并为我国学生赴海外留学提供了机会［亚当森（Adamson），2004］。

然而在1861—1949年的八十多年间，我国并未进行语言规划，也未对外语教学和使用加以系统管理，外语教育状况较为复杂（刘亚楼、王晓玲，2009）。1949年新中国成立以来，我国外语教育受政治局势影响较大，斯科韦尔（Scovel）［1995，引自拉姆（Lam）2005］以"文化大革命"为分界点将我国外语教育发展历程划分为第一阶段（1949—1965）、第二阶段（1966—1976）和第三阶段（1977年至今）。胡文仲（2009）在斯科韦尔研究的基础上对三阶段划分进行了细化和调整，认为第一阶段为1949—1965年，是我国外语教育的新格局时期，这一阶段我国的外语教育多倾向于俄语教育；第二阶段为 1966—1976 年，是我国外语教育的被破坏时期，受"文化大革命"的影响外语教育基本处于停滞状态；第三阶段为 1978 年至今，是外语教育的恢复、发展和改革时期。

在斯科韦尔提出的新中国成立后外语教育发展三分阶段的基础上，亚当森（2004）从英语课程发展的角度研究了我国英语教育史，认为自 1949 年以来我国英语课程发展经历了五个阶段：（1）1949—1960 年，苏联影响时期；（2）1961—1966 年，第一次复苏时期；（3）1966—1976 年，"文化大革命"时期；（4）1977—1993 年，现代化发展时期；（5）1993 年至今，全球化发展时期。拉姆（2005）则从外语教育政策的角度分析了我国外语教育发展历程，并将其划分为俄语影响时期（1949—1957）、英语恢复时期（1958—1965）、外语教育停滞时期（1966—1970）、英语复苏时期（1971—1976）、英语现代化发展时期（1977—1990）、英语国际化发展时期（1991 年至今）。

上述研究概括归纳了我国外语教育的不同阶段，虽然研究角度不同，但对我国外语教育发展阶段的划分有着较多共同点，强调了中苏关系、"文化大革命"和改革开放对外语教育的影响。自 1949 年新中国成立起，为了向苏联学习，我国注重发展俄语教育，在全国开设了 7 所俄文专科学校并在综合性院校内强调俄语教学，中学也主要教授俄语。但随着中苏关系陷入僵局，自 1961 年起英语的重要性得到认可，由于英语在促进国际理解和现代化发展方面的重要性，1964 年国务院批准了《外语教育七年规划纲要》，确定英语为第一外语。从 1966 年起由于"文化大革命"的影响，英语教学陷入停顿。1976 年"文化大革命"结束后，我国确定了改革开放政策，教育部在北京召开了全国外语教育座谈会，明确了关于外语教育的部分政策性问题，并提出在大学进行公共外语教学，在中小学开展英语教育，要求加快英语教育发展。与此同时，研究生教育也得到恢复并极大地促进了我国英语教师队伍的建设。80 年代中后期，外语专业教材编审委员会指导制定的英语专业基础阶段和高年级阶段两份教学大纲得到实施，编审委员会还规划和组织了英语教材编写工作，同时我国开始组织全国英语专业本科水平测试，参加的学生人数逐年增加〔亚当森，2004；郑（Zheng）、戴维森（Davison），2008；胡文仲，2009〕。

随着我国经济发展和国际化水平提高，人才市场对英语的要求越来越高。为了满足社会对英语专业复合型人才的需要，1998 年，外语专业教学指导委员会提出了《关于外语专业面向 21 世纪本科教育改革若干意见》并经教育部高教司批准实施，成为外语专业教育改革的指导性文件。在此基础上，高校外语专业教学指导委员会英语组于 2000 年制定了《高等学校英语专业英语教学大纲》，为高校英语专业教学制定了统一标准，并确定了培养复合型英语专业人才的教学任务。

在大学英语教学方面，我国于 1985 年和 1986 年先后颁布了《大学英语教学大纲（理工科用）》和《大学英语教学大纲（文理科用）》，对大学英语教学加以规范和指导。1987 年我国正式推出了全国统一的大学英语四、六级考试，该考试不仅是大学英语课程实行分级教学的评估体系，也是教委检查高校大学英语教学质量的依据，对我国大学英语教学改革产生了很大影响。根据大学英语教学需要，1999 年我国修订了大学英语教学大纲，统一了教学目标和教学要求，不再硬性按照学生学科进行划分，推动了大学英语教学改革和发展。2007 年国家颁布了《大学英语课程教学要求》，要求大学英语教学以培养学生英语综合能力，特别是听说能力为教学主要目标；提倡采用基于计算机和网络的大学英语教学模式，注重培养学生自主学习能力。该教学要求的颁布推动了又一轮大学英语教学改革，对大学英语教师改变传统观念和教学模式、提高教学质量、培养学生英语应用能力提出了非常大的要求（蔡基刚，2009）。

我国外语教育发展历程表明，我国政治、经济、文化和社会的改变决定着我国的教育环境，影响着我国的语言教育政策、课程改革、教学改革、考试制度和教育技术等方面的发展。教育环境的改变促使教育管理部门调整政策以推进国家的教育方针，利用不同手段对各级各类学校进行管理和引导，对学校的教学管理、教学要求、教学环境、教师聘用、教学条件等产生重大影响。受国家政治方针和社会经济发展的需要、语言教育政策的要求、信息技术的发展等方面影响，国家组织制定了高校大学英语和英语专业教学要求，推动了英语教学改革，对高校的英语教学环境发展起到了自上而下的推动作用。高校英语教学环境的改变、教学改革、课程改革、教育技术的发展等都对高校英语教师改变教学观念、改进教学模式、发展信息素养、提高教学质量等提出了很高的要求，推动教师通过不断学习来拓展和完善自己在教学和研究中所需的各种知识和技能，促进教师专业发展（如图 1.1 所示）。基于上述发现，下文将梳理教师职业的专业化历程，并通过追溯教师专业发展研究背景逐步展开对本书研究目的的介绍。

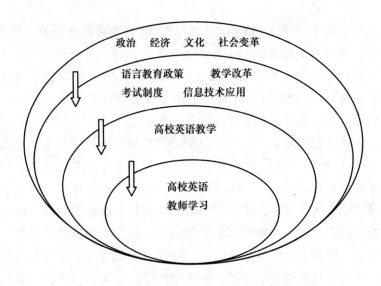

政治　经济　文化　社会变革

语言教育政策　　教学改革
考试制度　信息技术应用

高校英语教学

高校英语
教师学习

图 1.1　社会和教育环境对高校英语教师学习的影响

二　教师职业的专业化历程

作为教育活动的实施者，教师的知识和能力直接影响着学生的学习，因此世界各国都十分重视教师素质的提高，并逐渐开始重视推进教师专业化进程。专业化通常是指一个职业群体在一定时期内逐渐符合专业标准、成为专门职业并获得相应专业地位的过程。虽然历史上早有教师这一职业存在，但教师专业化概念直到 20 世纪 60 年代才得以提出并逐步受到各国重视。1966 年，联合国教科文组织和国际劳工组织在巴黎召开了"教师地位之各国政府间特别会议"（Special Intergovernmental Conference on the Status of Teachers）（UNESCO，1966a），该会议通过了确立教师专业地位的重要文件《关于教师地位的建议》（Recommendation Concerning the Status of Teaches）。文件指出，由于教学所需的专业知识和技能需要教师经过严格、持续的学习研究才能掌握，因此教育工作应被视为一种专门职业；同时，作为公共服务行业，教育工作也要求教师和学校对所教学生的教育和利益负有责任感（UNESCO，1966b）。这次国际政府的会议确立了教师职业的专业化特点，对教师地位的提高以及教师教育的发展产生了深远影响。

随着社会的发展，世界各国越来越关注教育的作用，开始探索如何提高教育质量。在此背景下，国际教育发展委员会组织调研并于 1972 年向联合国教科文组织提交了报告《学会生存——教育世界的今天和明天》

（联合国教科文组织国际教育发展委员会，1996），报告指出，要提高教育质量首先就要改进和发展教育形式与学习目标，同时应重视促进终身学习并建立学习型社会，教师应转变传统职能，由知识传递者身份转为促进学生思考、提供学习意见和帮助的学习参与者身份，由注重知识灌输转为关注学生创造力培养。随着世界各国对教师专业素质不断提出更高要求，教育界开始关注教师专业发展研究。富勒（Fuller）（1969，引自富勒，1975）研究了教师所关注的事物在其职业发展过程中的更迭次序，提出了教师关注四阶段模式。在富勒之后，教师专业发展研究得以深化发展，教师专业发展概念也开始拓展和演变。

新中国成立后不久，师范教育就引起了社会关注。1951 年，《人民教育》发文呼吁重视师资培养并强调建设中等和高等师范学校的重要性。但受政治、社会和教育环境等因素影响，该文发表后较长一个时期内我国未再发表与教师发展有关的论文。"文化大革命"结束后我国教育得到了恢复和发展，教育立法问题受到我国各界关注，顾明远（1985）率先撰文探讨了教育立法、提高教师素质、加强师范教育、发展在职教师培训等问题。我国政府也十分重视教师素质对教育的影响，于 1993 年颁布了《中华人民共和国教师法》，以法律形式明确了教师的专业人员身份。1995 年国务院颁布了《教师资格条例》，正式对专门从事教育教学人员的执业资格提出了基本要求，实行国家制定的法定教师职业许可证制度，教育部也于 2000 年发布了《教师资格条例实施办法》，在全国实行教师资格制度。以上法律法规和相关政策的出台标志着我国对教师职业专业化认识的不断深化，表明我国教师教育改革及发展已逐步与国际教师教育发展并轨。随着教师专业地位的确立，教师专业发展越来越受到重视，以促进教师专业发展为目的的研究得以开展。接下来将通过探讨教师专业发展概念的变迁介绍教师专业发展研究背景，分析教师学习研究的根源。

三 教师专业发展研究背景

教师专业发展与教师学习是互相交错与紧密相关的概念，教师学习在教师专业发展研究的不断深化中逐渐获得学界关注。教师专业发展通常被视作一个动态变化、持续更新、不断发展和完善的过程，但少有研究对教师专业发展进行清楚定义。虽然大多数有关教师专业发展的研究对这一概念的界定较为模糊，但大体可以按照它们对教师专业发展的描述划分出不同研究主题。较早的研究主要从教师生涯发展阶段和教师认知角度关注教师专业成长，并在此基础上进行拓展和深化。如霍伊尔（Hoyle）（1980）认为教师专业发展是教师在职业生涯各阶段中掌握专业实践所需知识和技能的过程与状态；这一解读以技能学习为焦点，采用技术理性取向，有助于了解教师发展阶段与专业成长的关系，但忽视了教师的心理状态等其他因素对发展的影响。佩里（Perry）（1980）则聚焦于教师心理对其发展的影响，认为增强信心、掌握技能、提高和深化任教学科知识、强化课堂教学方法意识等认知途径可促成教师个人的专业成长。

随着探索的不断深入，教师认知研究主题得以拓展，教师知识研究开始引起研究者注意。如富兰（Fullan）（1982）从教师改变的角度诠释教师成长过程，发现教师专业发展是教师的知识与信念发生转变，促使教师改变自己的课堂教学，进而推动学生学习效果改变的单向和隐性的过程。兰格（Lange）（1983，引自兰格，1990）则在佩里（1980）着重探究教师心理对专业成长的影响的基础上，更强调教师的经验、情感和心智发展过程，发现反思在认知发展中起着重要作用，教师专业发展是教师努力提升自我以便逐步成为"理想教师"的反思过程。

富兰和哈格里夫斯（Hargreaves）（1992）在富兰（1982）的研究基础上进行了拓展，发现教师专业发展涵盖了教师的知识与技能发展、教师自我理解、教师改变三个方面，该研究从教师知识和教师改变角度引导了其他研究者对教师学习进行探究。弗里曼（Freeman）和理查兹（Richards）（1996）的研究则更加深化和强调了教师学习，他们指出教师学习即是教师发展的本质和过程，包括对以下问题的探索：什么是教师知识？教师如何获取知识？在教师教学和学习教学的过程中经历了什么样的认知过程？经验丰富的专家型教师和新手教师有何区别？以上两项研究重点关注了教师学习与专业成长的关系，对教师专业发展研究聚焦于教师学习起到了重要的推动作用。

基于弗里曼和理查兹提出的问题，戴（Day）（1999）探究了教师获取知识的途径，认为教师专业发展活动涵盖了教师所有自然学习经验和有意识参与或组织的活动，这些活动通过促进课堂教学质量提高使个体、团体或者学校受益。在对教师发展的不断深入探究中，研究者逐步证实了教师专业发展是教师主动学习和发展的过程，因此教师专业发展概念的被动意味在一定程度上得到调整，教师学习概念得到强调。如加布里埃尔

（Gabriel）和马焦利（Maggioli）（2003）认为教师专业发展是教师主动参与并持续不断的学习过程，旨在调整教学情况，满足学生学习需求。理查兹和法雷尔（Farrell）（2005）发现教师学习是一个认知、知识建构、实践反思的过程，主要有自我导向学习和合作学习两类途径，具有探寻性、自我评价、经验性、情境性、计划性、合作交流等特性。理查兹和法雷尔的研究强调了教师学习的情境性，而这一特点也逐渐得到学界重视，教师工作和生活的环境对教师学习的影响得到相应探究，通过与职场学习概念进行结合，学界开始对教师职场学习进行研究，接下来将探讨教师职场学习研究的背景。

四　教师职场学习研究背景

职场学习概念由布兰克尔茨（Blankertz）（1977）提出，是一种满足工作和专业化需要而进行的具有行业、职业、专业特征的教育或培训，最初主要应用于企业人力资源开发领域。该概念提出后并未立即得到学界重视，直到 20 世纪 90 年代中期，随着经济发展、专业技术人员需求增加、终身学习与继续教育的需要，以职场学习为主题的研究逐渐增多并受到国际学术界的重视〔比利特（Billett），1994；达拉（Darrah），1995；恩格斯特伦（Engeström），1996；伊列雷斯（Illeris），2003〕。此后，学校教育也引入了职场学习理论和实践培训来协助学生完成从学校到职场的转换，随之发展出"工作结合型"职场学习和"工学结合型"职场学习研究主题，根据职业的不同而拓展出相应研究方向。

随着情境学习理论和拓展学习理论的提出，20 世纪 90 年代，如雷塔利克（Retallick）（1994）、哈格里夫斯（1996）等研究者开始探索教师工作情境对教师学习的影响，发现情境因素决定着教师在职学习的内容和方式，工作场所是教师重要学习场所之一。基于研究发现，雷塔利克（1999）呼吁大学和专业团体重视教师职场学习，认为职场学习是教师专业发展体系的一个重要组成部分，与教师的学习需求息息相关。随着建设知识型社会的提出和教师终身学习的需要，教师职场学习越来越受到重视，相关研究在国外得到了关注和发展，下一节将对教师职场学习研究现状进行简要概括。

第二节　教师职场学习研究现状

如上文所述，教师职场学习的早期研究者发现了职场学习对教师学习和专业成长的重要意义，呼吁学界对其加以关注，促使更多研究者就教师职场自我学习、合作学习、教师职场学习的影响因素等方面进行了调查研究，取得了较为丰硕的研究成果［如库韦克曼（Kwakman），2003；希瑟·霍金森（Hodkinson，H.）、菲尔·霍尔森（Hodkinson，P.），2004；帕克（Parker）、马丁（Martin），2009；德尔沃等（Delvaux et al.），2013；孔苏埃格拉等（Consuegra et al.），2014］。国外对教师职场学习研究较多，通过对 SAGE 学术期刊数据库、Elsevier 数据库、Science Direct 和 Google Scholar 进行检索，到 2014 年 10 月 21 日止，共查找到 1992—2014 年公开发表的 112 篇研究论文（见表 1.1）。

表1.1　　**国外教师职场学习研究论文发表情况（1992—2014 年）**　　单位：篇

年份	1992	1993	1994	1995	1996	1997	1998	1999	2000	2001	2002	2003	合计
论文数量	1	0	1	0	1	0	1	3	0	1	1	4	
年份	2004	2005	2006	2007	2008	2009	2010	2011	2012	2013	2014		112
论文数量	6	7	3	3	8	9	12	13	9	23	6		

国外自 1992 年就开始关注教师职场学习研究，但关于教师职场学习的实证研究是自 90 年代中后期才逐步开展，并呈逐年增长趋势（见图 1.2）。需要指出的是，由于本书完成年度为 2014 年，可能本年度部分论文正在出版中，部分已发表的论文由于数据库制作等原因还无法检索到，因此表 1.1 中 2014 年列出的论文数仅有 6 篇。

虽然国外教师职场学习研究已取得一定成果，但由于教师职场学习重在探究工作情境对教师学习的影响，因此国外研究成果无法直接指导我国教师的职场学习。国内对教师职场学习的关注度较低，鉴于职场学习概念还未在我国广泛得到了解，因此本书以"教师职场学习""教师自主学

习""教师自我学习"和"教师非正式学习"为主题词检索中国知网的
SCI、EI、CSSCI 来源期刊以及中文核心期刊数据库，共检出发表年度为
2003—2014 年度的核心期刊论文 45 篇，多集中在 2009—2014 年度。在对
国外期刊进行检索时也查找到 6 篇国内学者发表的与教师职场学习有一定
相关性的论文，发表年度为 2009—2014 年度，其中 2009 年 1 篇，2011 年
1 篇，2013 年 1 篇，2014 年 3 篇（见表 1.2）。

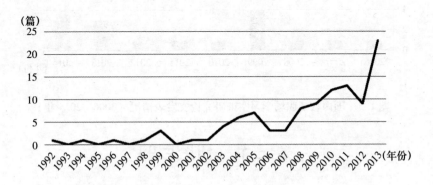

图 1.2　国外教师职场学习研究论文发表趋势（1992—2013 年）

表 1.2　　　　国内教师职场学习研究论文发表情况（2003—2014 年）

年份	2003	2004	2005	2006	2007	2008	2009	2010	2011	2012	2013	2014	合计
国内期刊	1	0	1	2	4	4	11	8	2	3	6	3	45
国外期刊	0	0	0	0	0	0	1	0	1	0	1	3	6
小计	1	0	1	2	4	4	12	8	3	3	7	6	51

　　以上有关国内教师职场学习研究论文中，发表于国内外核心期刊的实
证研究论文仅有 17 篇，其中 6 篇发表在国外学术期刊上，11 篇发表于国
内学术期刊上，发表年度为 2006—2014 年（见图 1.3）。

　　以上数据表明我国教师职场学习研究已在一定程度上得到学界重视，
但实证研究很少，多为思辨性或介述类研究论文，可提供给教师职场学习
的实证参考信息较少。众所周知，由于国内外教师工作情境差别较大，我

国教师职场学习无法直接借鉴国外研究成果，此外，教师职场学习研究主要以中小学教师为研究对象，较少探究高校教师的工作情境与其专业成长的关系，因此，本研究拟对高校教师职场学习进行研究，下一节将具体阐述本书的研究目的。

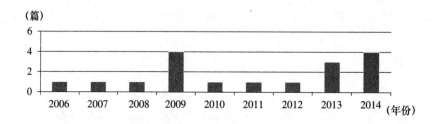

图 1.3　国内教师职场学习实证研究论文发表情况（2006—2014 年）

第三节　研究目的

　　本研究探索我国高校英语教师职场学习内涵，旨在描述、理解和阐释高校教学工作情境中英语教师职场学习的主要途径、学习过程、学习内容和影响因素，探究高校英语教师职场学习各要素之间错综复杂的交互作用，通过对研究发现进行深入探讨、对比和阐释，分析高校英语教师职场学习的特征及其对教师专业发展的作用。

　　本研究将利用访谈和问卷调查结合的混合研究步骤对高校英语教师职场学习的七个方面进行深入探索：（1）教师职场学习的主要途径；（2）教师职场学习的基本过程；（3）教师职场学习的主要内容；（4）影响教师职场学习的主要因素及其影响作用；（5）教师职场学习途径、过程和内容之间的内部相互作用以及影响因素间的互动情况；（6）教师职场学习的特征；（7）职场学习对教师专业发展的作用。通过对以上内容进行深入探究，本研究希望增进学界对高校英语教师职场学习情况的了解，并探析可促进高校英语教师职场学习的策略和方法。

第四节　研究意义

　　教师专业发展研究可分为本体论研究和方法论研究，前者着重分析什么是教师专业化或专业发展，具有理论价值；后者探究应如何实现教师专业化或专业发展，具有实践意义（朱旭东，2011）。本研究主要探索高校英语教师这一群体的职场学习内涵，调查主要学习途径和影响因素，探究学习途径、学习内容、学习过程与影响因素之间的相互作用，并基于研究数据分析扶助高校英语教师职场学习的方法，从而为促进高校英语教师专业发展提供参考。由此可见，本研究既有一定理论价值，又有较强实践意义。

（1）理论意义：本研究深入探索我国高校英语教师职场学习内涵，基于研究发现和理论依据建构高校英语教师职场学习理论框架，有利于从高校英语教学实践角度进一步丰富教师学习理论和情境学习理论。

（2）实践意义：本研究可助力高校英语教师专业发展，为教师提高教学科研能力提供实证参考，改善高校英语教学效果。首先，本研究可帮助教师理解自身发展情况与职场学习途径、过程、内容和影响因素之间的关系，有利于高校英语教师选用恰当的学习方式和内容。其次，教师可通过本研究了解教学情境和环境因素对自己的影响作用，有助于教师有意识地控制不利因素，增进有利因素对自己职场学习的影响效果。再次，本研究结果有利于管理人员理解高校工作情境对教师职场学习和专业发展的影响，可为高校构建有利于教师职场学习的工作环境、文化氛围、管理制度等提供参考。最后，本研究的实证数据还可为今后我国高校英语教师入职培训模式、教师继续教育制度、校本培训与学习活动的组织、职场学习环境的建立和完善等提供参考。

第五节　内容架构

本书共分为八章。本章导论主要介绍研究选题的缘由和研究背景，概括国内外教师职场学习研究现状，在此基础上提出研究目的，分析研究的理论价值与实践意义，并介绍本书各章的主要内容。

第二章教师学习研究溯源。主要综述教师学习研究的起源，首先概括教师专业发展研究的形成与发展，探讨教师学习研究出现与拓展的过程，对国内外研究进行简要回顾，并对教师学习的相关理论进行论述。

第三章教师职场学习研究的缘起与发展。首先概述职场学习研究的起源、发展与研究概况，厘清教师职场学习概念，综述教师职场学习研究概况，对国内外实证研究进行回顾、总结和分析；界定高校英语教师职场学习概念，提出本研究工作定义，随后对国内外高校英语教师职场学习实证研究进行回顾，总结研究现状，提出本研究焦点；梳理文献脉络与研究目的的结合点，论证概念框架建构过程，提出本研究概念框架。

第四章研究设计。首先提出研究问题并厘清关键概念，分析研究方法和具体数据收集手段的选择理由，论述抽样策略与研究对象简况，阐释调查问卷的设计过程、理论依据、问卷内容和预调查情况，介绍问卷调查、小组访谈和深度访谈的资料收集过程，论证调查问卷数据和访谈资料的分析方法，探讨调查问卷数据和访谈资料的信度和效度保证，并叙述了本研究的研究伦理保障。

第五章高校英语教师职场学习的主要途径与影响因素。论证了问卷数据分析结果，首先介绍问卷参与者情况，报告问卷信度分析结果和因子分析结果，陈述问卷数据的描述统计结果，分析高校英语教师职场学习各要素间的关系，论证师范背景和职称对高校英语教师职场学习的影响情况。

第六章高校英语教师职场学习经历与专业发展。展现了五名深度访谈对象的职场学习经历与专业成长过程，调查他们的学习经历、职场学习途径、过程和内容，探寻职场学习对他们专业发展的意义，分析影响他们职场学习的主要因素及其作用，总结五名教师职场学习情况的异同。

第七章高校英语教师职场学习的主要特征。通过联结质性资料与量化数据，对深度访谈、调查问卷和小组访谈数据分析结果进行综合讨论和对比印证，总结高校英语教师职场学习的特征，结合相关文献理论依据和主要研究发现对概念框架进行再思考和修订，建立高校英语教师职场学习理论框架。

第八章结论与启示。回答研究问题，提出供高校英语教师和高校管理人员参考的建议；论证本研究的理论价值与实践意义；分析本研究的创新性；讨论本研究的局限性并提出未来研究建议。

第二章　教师学习研究溯源

前一章介绍了研究缘起与背景，简要概括了国内外教师职场学习研究论文发表现状，论证了本研究的目的与意义。本章将重点述评教师学习研究的起源与发展，为寻找适合本研究的理论视角、研究取向、研究空缺，构建概念框架确立理论基础。

第一节　教师专业发展研究

教师专业发展研究起源于 20 世纪 60 年代末，至今已有大量研究探索了教师专业发展，促进了学界对教师工作以及教师发展的理解。对教师专业发展概念进行明确界定的研究较少，为确定研究定位，查找恰当文献，本研究对已有的教师专业发展概念进行了梳理（见表 2.1）。

表 2.1　　　　　　　　　　教师专业发展概念的变迁

研究者	教师专业发展定义
富兰、哈格里夫斯（1992）	教师通过在职或员工培训所获得的发展，也包括教师目的意识、教学技能和合作能力的提升
达林（Darling）、哈蒙德（Hammond）（1994）	通过扩展教师知识来提高教师专业身份的过程，在这一过程中教师的认识和意识也得到增强
凯尼（Keiny）（1994）	教师审视自我教学实践以建构自我教学理论，可被视为专业成长的过程
贝尔（Bell）、吉尔伯特（Gilbert）（1994）	可被视为教师学习而不是由他人促使教师改变，在学习中，教师发展他们的信念和想法，改善课堂教学实践，致力于将他们的看法与改变结合起来

研究者	教师专业发展定义
弗里曼、理查兹（1996）	教师学习是教师发展的本质和过程
戴（1999）	在教师教学生涯的各阶段中，教师与学生和同事共同回顾、更新和拓展教学并推动教学改革的过程，在此过程中教师习得知识并发展技能、计划和实践
埃文斯（Evans）（2002）	与教师专业实践相关并作用于教师专业实践，由教师个人的观念、态度、知识和认知情况而定的发展过程，也是教师专业化和专家地位提高的过程
加布里埃尔、马焦利（2003）	是教师主动参与并持续不断地学习的过程，旨在调整教学情况，满足学生学习需求
理查兹、法雷尔（2005）	教师学习是一个认知、知识建构，以及实践反思过程，主要有自我导向学习和合作学习两类途径，具有探询性、自我评价、经验性、情境性、计划性、合作交流等特性
朱旭东（2011）	教师在教学专业生活中内在专业结构不断增长、拓展和完善的过程

如表 2.1 所示，教师专业发展概念的变迁体现了教师专业发展观由最初的技术理性取向转移到探究合作取向的过程；同时也体现了教师专业发展研究主题不断拓宽，由教师发展阶段向教师认知、教师知识、教师学习等研究主题拓展和转向的过程；表明教师专业发展研究对教师成长途径的关注逐步由教师培训和教师教育转向了教师学习。虽然教师专业发展研究受到学界重视和关注的历史不长，但其研究取向、研究主题、研究焦点等均在发展过程中不断拓展与改变。

一 教师专业发展研究的起源与发展

教师专业发展研究中开展较早的是教师发展阶段理论研究，富勒（1969，引自富勒，1975）通过教师关注问卷（Teacher Concerns Questionnaire）研究了教师所关注的事物在其职业生涯发展过程中的更迭次序，调查了教师从职前培养时期直到职后早期的关注内容，提出了教师关注四阶段模式（Teacher Concerns Model），将教师发展阶段划分为教学前关注、早期生存关注、教学情境关注和关注学生四个阶段，开创了教师发展阶段理论研究之先河。继富勒之后，卡茨（Katz）（1972）利用访谈和问卷调查了教师的培训需求和专业发展目标，从职后教师培训和教育的角度将教师发展阶段分为存活（第1—2年）、巩固（第3年）、更新（第4年）和成熟（第5年及以后）四个时期。卡茨的研究从教师培训需求视角丰富了富勒的理论，以教师教龄为阶段划分依据，专注于教师职后发展，为教师发展阶段区分提供了很有价值的见解，但富勒和卡茨的研究均未反映教师在成熟阶段后的发展态势，教师生涯的大部分时期仍处于未知状态。

费斯勒（Fessler）（1985）认为教师发展阶段是教师个人与环境交互作用的结果，他将教师发展阶段分为职前教育、入门、能力建立、热心和成长、生涯挫折、稳定和停滞、生涯低落、生涯退出八个阶段。费斯勒提出的教师生涯循环论贯穿了教师整个职业生涯，强调了教师发展的整体和动态过程，关注了影响教师职业发展的环境因素，对后来的研究具有重要参考价值。休伯曼（Huberman）（1989，1993）则以教师教龄为划分标准提出了教师职业生命周期论，将教师的生涯周期划分为三大主要阶段：新手期、职业中期、职业后期。新手期主要指代教师职后教学的第一至第三年；职业中期包括两个阶段，分别是稳定期（职后第4—6年）和实验与重估期（职后第7—25年）；职业后期包括平静和保守期（职后第26—33年）以及退休期（职后第34—40年前后）。教师职业生命周期论较好地解释了教师工作年限、心理发展水平与教师专业发展水平的关系。

教师发展阶段理论研究有助于分析教师发展与职业生涯阶段之间的联系，对教师普遍发展趋势做出预设估计，但对教师的所知、所想和所做探索较少，无法有力解释教师如何达到现有发展状态以及在该状态下教师的思想和知识状况，教师认知研究逐步得以开展。

早期的教师认知研究主要关注教师决策和教师判断，更多地倾向于教育心理学研究方向［如克拉克（Clark）、英杰（Yinger），1977；彼得森（Peterson）、克拉克，1978；沙维尔森等（Shavelson et al.），1977］。从20世纪80年代学界开始认可教师认知研究是教学研究的一个重要领域，对教师的精神生活加以探索。在此期间，教师认知研究领域的概念及其术语开始发生分化和拓展，可主要概括为教师信念和教师知识，从不同视角探究教师认知，且这两类研究一直延续至今。

教师知识研究路向主要可分为知识结构研究和实践知识研究，对这两个研究路向存在较大影响的研究者是埃尔瓦斯（Elbaz）和舒尔曼（Shulman）。埃尔瓦斯（1981）研究了教师的实践性知识（Practical Knowl-edge），认为教师个人的实践性知识是通过教学实践积累经验而形成的，包括学科知识、课程知识、教学法知识、关于自我的知识、关于学校背景的知识。埃尔瓦斯的研究突出了教师知识的经验性，强调了教师知识的情境性特征。舒尔曼（1987）在上述研究的基础上，按照教师知识的内容指向进行分类，认为教师知识包括学科知识、教学知识、课程知识、学科教学知识（Pedagogical Content Knowledge，PCK）、学生及其学习特点的知识、教育情境知识、教育目的及价值的知识；其中学科教学知识概念对教师知识研究产生了深远的影响。学科教学知识是教师个人独一无二的知识，是教学经验、学科知识和教学知识的整合，强调了教师知识的实践性特征，呼应了埃尔瓦斯（1981）的研究，为其他研究者探究教师知识与教师学习起到了较大的指导和参考作用，逐渐产生了不同学科取向的教师知识研究。

通过对教师认知进行深入研究，学界进一步理解了教师认知与教师实践的相互关系。菲普斯（Phipps）和博格（Borg）（2007）通过对教师认知研究进行综述，概括了教师认知研究的主要发现：（1）教师认知在很大程度上受教师学习经历的影响；（2）教师认知的影响作用决定教师在教师教育过程中学到的内容和学习方式；（3）教师认知在教师诠释新信息和经验时起到过滤作用；（4）在教师课堂实践方面，教师认知可能产生比教师教育更大的作用；（5）教师认知可能变得根深蒂固并对改变产生抵制情绪；（6）教师认知可能在教师教学实践方面产生较为稳定的长期影响；（7）教师认知与教师课堂教学行为可能存在差异；（8）教师认知与教师经验存在双向互动作用。

随着教师认知研究的逐步深入，学界注意到教师知识、教师信念和教师课堂教学实践之间的关系。富兰（1982，1992）研究了教师在专业发展过程中发生改变的内容和过程，认为教师专业发展遵循一个隐性与单向的过程：在职教师的知识和信念发生改变促使教师课堂教学实践产生改变；而课堂教学实践的改变又导致学生学习效果的改变。（见图 2.1）。

在富兰研究结果的基础上，古斯基（Guskey）（1986）进一步从教师认知和教学实践的角度拓展了教师在职发展过程模式。他认为教师课堂教学方式和教学内容的改变会促进学生学习效果的改变，再作用于教师信念与态度的转变（见图 2.2）。

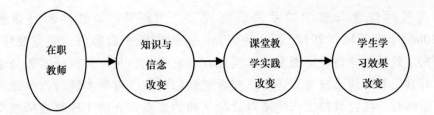

图2.1　教师专业发展隐性过程模式(资料来源：富兰，1982)

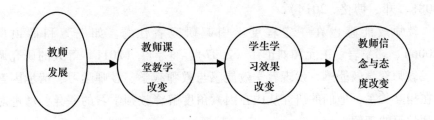

图2.2　教师改变过程模式(资料来源：古斯基，1986)

富兰（2010）从学校变革背景视角出发，探讨了教师学习问题，用教师"专业学习"来代替"专业发展"。他认为教师专业发展的持续性必须基于教师在工作场景中的日常性学习，并通过教师合作学习获得提高。随着信息技术的发展，富兰（2014）进一步强调了教师学习必须重视与同事和学生的交流与合作，通过参与现实世界中的真实活动和解决实际问题的方式进行学习，并将学习与数码技术创新进行有机结合。富兰的研究不仅强调了教师学习的情境性，也从另一方面证实了研究教师职场学习的必要。

随着我国教师专业地位的确立，教师专业发展研究也逐渐引起我国学界的注意。早期介绍教师专业发展理论的文章发表于20世纪90年代末，如霍涌泉（1997）和杨秀玉（1999）等。他们通过论述教师专业发展理论或研究在我国的应用价值，在一定程度上促成学界对其加以关注。近年来我国的教师专业发展研究开始逐步呈现由综述或思辨研究转向实证研究的趋势。

我国教师专业发展实证研究主要对教师信念、教师效能感、教师学习途径与策略、教师专业发展阶段等主题进行探索，国内开展较早的实证研究有夏纪梅（2002）、张莲（2005）、郑新民（2005）等。其中，调查教师信念与教学关系的研究较多，如解芳、王红艳和马永刚（2006）、郑新民（2012），这些研究一方面阐明了教师信念的重要性，证实了教师信念对教师课堂教学实践存在着影响，另一方面证实教师学习有利于教师信念改变。还有研究者把教师信念、教学实践与教学改革背景结合，探究教师工作情境对教师认知的影响，有助于理解教师教学工作情境与教师认知的相互关系，加深学界对教师认知的认识（如张绍波、张天雪，2006；郑、戴维森，2008；陈冰冰、陈坚林，2008a，2008b；郑、博格，2014）。

教师效能感也在一定程度上引起研究者注意。如王芳和谭顶良（2006）、郭黎岩、王元和刘正伟（2007）、蒋宇红（2011）等人的研究调查了教师教学效能感，发现教学效能感与教师教学、教师学习、情境因素存在相互关系，他们的研究从内在因素角度解释教师学习的差异，增进对教师学习的理解。

我国还有一批学者专注于教师专业发展的阶段性特征，分析教师专业发展的影响因素。此类研究发现教师的专业发展阶段具有长期性和持续性特征，受内因和外因的影响，信息技术的发展也促进了教师专业发展（如吴一安，2008；连榕，2008；舒晓杨，2014）。通过结合学科特征和教师专业发展，联系信息技术发展对教师学习的影响，上述研究为教师专业发展领域开阔了新视野。

二　教师专业成长模式

基于已有教师专业发展研究成果，一些研究者提出了教师专业成长模式，其中克拉克（Clarke）和霍林斯沃思（Hollingsworth）（2002）提出的教师专业发展成因关联模型较适用于分析教师的学习与成长过程。他们首先归纳了六类通过不同专业发展模式导致的教师学习和改变情况：（1）教师通过培训产生的改变；（2）教师通过调整自己教学产生的改变；（3）教师为提高教学能力或学习其他技能自我寻求的改变；（4）教师为提升自我，基于当地改革而产生的改变；（5）教师为适应政策调整而产生的改变；（6）教师通过在专业活动中得到成长或学习而产生的改变。研究证实在职教师可通过培训以及非正式学习获得专业发展，环境改革、政策调整均会对教师学习形成影响。研究也发现教师改变不是单向线性而是一个多重和循环的作用过程，循环方向并不固定且常发生改变，如教师有时会暂

缓考虑教学效果，而在改进教学技能的过程中改变自己的信念。基于研究
发现，克拉克和霍林斯沃思提出了教师专业发展成因关联模型（见图
2.3）。

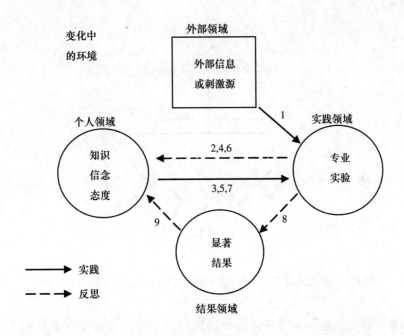

图 2.3　教师专业发展成因关联模型(资料来源：克拉克、霍林斯沃思，2002)

　　该模式认为，变化中的环境以反思和实践为媒介，对教师个人世界的
外部领域、实践领域、结果领域和个人领域产生影响，并最终形成教师的
改变，促成教师专业发展。首先，变化中的环境由外部领域形成外部信息
或某种刺激源，通过实践影响到教师的实践领域，促使教师进行教学实验
等活动；这些实验活动情况通过反思导致教师个人领域的知识、信念和态
度产生改变，再通过实践反作用于教学实验活动，通过实践和反思，教师
的实践领域和个人领域不断互动，促成教师教学和认知的改变，并通过对
教学实验所获得的显著结果进行再反思，从而再度影响到教师个人领域的
知识、信念和态度等，使其不断产生改变，促成教师的专业发展。这一模
式较好地分析了教师专业发展的过程和要素间的互动关系，对诠释教师专
业发展有着较为重要的参考作用。

基于克拉克和霍林斯沃思（2002）的研究，顾佩娅（2009）探究了我国优秀中小学外语教师认知与专业成长过程，分析了我国社会环境与教师知识、信念及实践之间的关系，提出了中国教师学习与发展情境模式（见图2.4）。

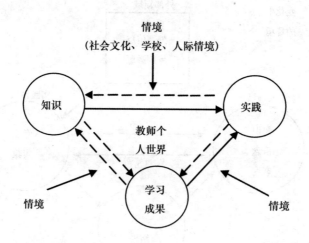

图2.4　中国教师学习与发展情境模式（资料来源：顾佩娅，2009）

基于研究发现，该模式认为中国教师的学习与发展受外界情境因素的影响较大。情境因素较为多样，自上而下可归纳为社会文化因素、学校因素和人际因素，它们对教师的学习和成长既有推动作用，也可能产生束缚作用。研究发现在我国国情下，情境对教师发展的影响比教师知识和教师实践更大，因为情境不仅控制了教师的行为，对教师认知也有很大影响。因此，在我国国情下的有效教师学习和专业发展应注意以下两点：（1）基于学生学习需求和教师发展需求；（2）与情境互动并协调教学实践。顾佩娅的研究发现以及提出的中国教师学习与发展情境模式强调了教师所处情境与教师学习之间的紧密关系，对本研究探究教师职场学习起到重要启迪作用，并与克拉克和霍林斯沃思（2002）提出的教师专业发展成因关联模型一起作为本研究概念框架建构的参考基础。

第二节 教师学习研究

一 教师学习概念维度

理查兹和法雷尔（2005）认为教师学习是一个认知、知识建构、实践反思的过程，教师学习概念包括以下四个维度：技能学习、认知过程、个人建构、实践反思。这四个维度表明，首先，教师学习是教师为提高教学而发展不同教学技能和能力的过程；其次，教学是一个复杂的认知活动，教师的信念和思想会影响教师的教学与学习，如博格（2003）发现教师通过主动思考来进行教学选择，教师学习具有较为复杂的实践取向、个性化、情境性和认知特征；再次，知识是由学习者主动建构而不是被动接受的，如罗伯茨（Roberts）（1998）认为学习是一个包含了再组织和再建构的过程，在此过程中教师内化知识并将新知识纳入个人知识框架；最后，教师通过反思教学经验的本质和意义，在教学实践经验中进行学习［如舍恩（Schon），1983；华莱士（Wallace），1991；理查兹、洛克哈特（Lockhart），1994］。

理查兹和法雷尔（2005）将教师学习的主要形式归纳为合作学习和自我导向学习。合作学习主要强调教师学习过程中的合作、交流和指导；自我导向学习包含了探询、自我评价、个人经验、个人知识建构、情境化学习、计划和管理情况等过程与特征，教师的具体学习途径如表2.2所示。

表2.2　　　　　　　　　　教师学习途径

个人学习活动	成对学习活动	集体学习活动	机构组织活动
自我监督 日志撰写 关键事件 教学档案袋 行动研究	同伴互助 同伴观摩 互相批判型友谊 行动研究 关键事件 协同教学	成功案例分析 行动研究 日志撰写 教师互助组	工作坊 行动研究 教师互助组

资料来源：理查兹、法雷尔，2005。

二　教师学习研究回顾

在对教师专业发展阶段、教师信念、教师知识进行研究的过程中，教师学习逐渐引起学界关注并吸引研究者对其进行探索。但早期研究未对教师教育、教师培训和教师学习这三者进行概念区分，以致教师学习研究被忽视（弗里曼，1996；理查兹，1998）。

埃文斯（2002）在呼吁研究者对教师专业发展概念以及影响教师发展的学习方法加以关注的同时，指出未来研究应更多关注教师专业发展的构成成分、影响教师发展的因素、教师发展过程、教育体系对教师发展的影响、教师发展过程应怎样加以干预等内容。在埃文斯对教师发展的分析基础上，凯利（Kelly）（2006）将教师专业发展概念分别表述为继续专业发展（指教师有组织的学习机会）、研究生专业发展（指教师可获得研究生学位的继续深造机会）和教师学习（指教师专业成长的过程）。凯利所界定的教师学习定义在一定程度上仍较为含糊，似有将教师培训和教师教育与教师学习剥离之意，强调了教师学习的主动性，但忽略了教师在培训和教育过程中的学习。凯利对教师专业发展概念的划分实际上也体现了教师专业发展的关注点从探究如何培训和教育教师转为如何引导教师进行学习的趋势。

肯尼迪（Kennedy）（1991）认为教师与其他学习者一样，在进行学习时会将新内容与其原有知识结合，并在原有知识和信念基础上诠释新观念。朱旭东（2011）从宏观层面对教师学习概念进行界定，认为作为教师专业发展的手段和途径，教师学习既包括教师在主动或被动参与的教师培训或教师教育过程中进行的学习，也包括教师主动进行的为解决问题或提升专业水平而进行的理论、知识和技能的自我更新。在不同研究者的努力下，作为教师专业发展研究的新领域，教师学习研究已得以开展并取得了一定的成果。杨骞（2007）在回顾前人研究的基础上，论述了未来教师学习研究的侧重点，认为在职教师的学习内容、领域、途径、方法、过程和效果，以及教师在学习中的主动性和学习意识应得到研究者重视。

由于对教师学习的研究经历了从关注教师培训、教师教育到侧重教师学习的发展过程，本书将分别对教师培训、教师教育和教师学习研究进行简要回顾。

对教师进行的培训存在不同组织方式。按培训主导角度划分，常见的教师培训可由政府主导、学校主导、学院组织、专业学会组织或是教师教研小组自行组织等；按培训方式划分，可有工作坊、讲座等。

受政策驱动并由政府主导的教师培训具有很强的"自上而下"特征，培训方式、培训内容、课程设置等均按照教育部相关标准制定，在教师专业发展中具有一定作用，教师可在培训过程中通过学习日志撰写、合作学习、同行交流、教学咨询等活动在一定程度上促进专业发展［雷塔利克（Retallick）、格朗德沃特－史密斯（Groundwater－Smith），1999；乔霞、赵晓亮，2012］。然而"自上而下"的特征导致政府主导的教师培训内容与教师教学工作实际脱离，与教师学习需要存在差距，培训效果不佳（张华武，2009；尚克斯（Shanks）、罗布森（Robson）、格雷（Gray），2012；张莉、李爽，2013；徐磊、王陆，2013）。

由学校、系部或教研室组织的校本教师培训强调学校、系部或教研需求，兼顾教师教学实践情况和学生学习需求。相关研究发现校本教师培训可促进教师对理论知识的了解，推动教师专业发展［李（Lee），2010；莫勒（Molle），2013］，培训过程中教师学习情况多具有非正式、反应性和合作性特征［威廉斯（Williams），2003］，但培训较易流于形式，教师在校本培训中的学习容易受到学校管理制度、学习氛围、培训安排等因素的影响［胡秀丽、苗培周、祁丽莎，2012；奥斯瓦尔德（Oswald），2014；孔苏埃格拉等（Consuegra et al.），2014］。此外，教师工作情境的复杂度、以前的学习经历、学习目标、学习持续性与稳定性等因素也对教师在校本培训中的学习效果形成影响［布鲁斯等（Bruce et al.），2010］。上述研究建议在校本教师培训中注重内容、形式、时间等方面的合理安排，对教师学习情况加以监督、评估、反馈。

职前教师教育是新教师培养的重要阶段，相关课程通常将教学能力定位为一系列分散的能力或标准，与教师教学实践的需要存在差距［扬德尔（Yandell）、特维（Turvey），2007］。然而，新教师入职后第一年的教学情况仍与他们接受的职前教师教育课程紧密相关［卡特（Carter）、弗朗西斯（Francis），2001］，表明职前教师教育有利于新教师在入职时开展课堂教学，但其培养内容因与教师教学实践脱节，所学非所用，因而对教师专业发展的促进作用较小。

近年来，教师学习得到国内外研究者的重视，从教师学习策略、合作学习、网络学习等视角探析教师学习情况的研究不断增加。国内外教师学习实证研究的实施情况却存在差异。国外研究在理论积累的基础上，已较多开展起实证研究；而国内有关教师学习的研究较少，缺乏对教师在教学环节中的学习情况的调查，研究普遍针对性和操作性较差（徐锦芬、文灵玲、秦凯利，2014）。

在教师学习策略方面，研究者主要调查了教学反思与实践的相互作用。如克拉克和彼得（Peter）（1993）发现反思与实践的相互作用过程对教师的个人情况、教学实践、教学效果、外部环境等方面均会产生影响，并最终促成教师的发展与改变。在克拉克和彼得研究的基础上，后来的研究者们对教师学习活动进行了调查，发现教案准备、教学反思、教学实践、专家指导、自我学习、合作学习、系统性学习、教学管理工作、教学研究、分析新教材等活动均能促成教师的专业成长，其中专家指导与合作学习有利于提升教师学习意识，改善教师信念，帮助教师采用恰当的学习策略［汪明帅，2008；里夫斯（Reeves），2010；施密特（Schmidt），2010；周彬，2010；任庆梅、梁文花，2010；胡克斯特拉（Hoekstra）、科瑟根（Korthagen），2011；董金伟，2012；国红延、王蔷，2013；威廉姆斯（Williams），2014］。以上研究发现外界的干预可推动教师学习，从而促进专业成长，如专家指导、资深教师引领等因素有助于教师增强自我专业发展意识、积极参与学习活动、采用恰当的学习策略和途径。

随着信息技术的发展和教育技术的应用，教师合作学习研究分化为对传统模式合作学习的研究和对虚拟学习社区合作学习的探究，早期关注的是传统合作学习。研究主要调查了教师合作学习现状，发现教师总体上具有较为积极的合作意愿，但职称越高的教师合作意愿越低，学校合作氛围较为薄弱，而教研组也未能在事实上形成专业学习共同体，教研活动流于形式，因此传统的合作学习方式对教师专业发展的促进较小（沈毅、夏雪梅，2007；陈雅玲，2012；胡艳，2012）。

对教师在虚拟社区开展学习的研究首先着眼于网络合作学习的技术支持和设计方法，如胡小勇（2009）、杨卉（2011）、李彤彤和马秀峰（2011）分析了创建网络学习共同体的策略，提出了教师在线实践社区研修活动设计方法。在获得了技术支持的情况下，何英和胡之骐（2012），杨刚和胡来林（2013），李孝诚、綦春霞和史晓锋（2013），郭峰（2013），柏宏权（2013）等人调查了教师在虚拟社区中的合作学习情况，发现该类合作学习对教师的实践性知识和认知发展起到了积极的作用，但教师的年龄、性别和学历差异对教师学习效果和参与程度形成较大的影响，教师总体学习情况存在随意性大、效率低等问题，表明虚拟社区的管理和成员组成等因素对教师合作学习的内容、形式、效率等起着较大的决定作用。

信息技术对教师自我导向学习产生的影响也受到学界注意，如富兰和兰沃西（Langworthy）（2014）认为随着数字时代的来临，可供教师教学和学习利用的数字资源与工具数量骤增，教师必须改变自己的观念和学习方法来适应教育的变化。针对教师的信息技术学习情况和网络学习行为，徐源、程进军和于延梅（2009）、翁朱华（2012）、张瑾和朱珂（2012）、梁燕华（2013）、杨刚和叶新东（2014）、唐章蔚等（2014）进行了调查，发现教师网络学习行为总体较好，已出现利用移动网络学习的现象，但多数教师的信息技术能力还未达到熟练使用软件和网络促进教学互动的水平，教师网络学习行为个体差异较大，教育背景、职称、行政职衔、年龄等因素均对其形成显著影响，专家讲授和同侪互动对在线学习有一定的推动作用。

以上研究通过调查教师在培训中的学习情况、合作学习情况、学习策略和途径、信息技术水平和网络学习行为等，发现教师学习可受多种因素影响从而形成不同学习效果，因此教师学习的影响因素也受到研究者们的关注与探索［如辛格（Singh）、理查兹，2006；帕多（Pardo），2006；普任提（Printy），2008；萨金特（Sargent）、汉纳姆（Hannum）2009；亨齐等（Henze et al.），2009；布劳内尔等（Brownell et al.），2014；洛佩斯－伊尼格斯（López－Íñiguez），波佐（Pozo）、德迪奥（de Dios），2014］，发现教学管理、学习资源、单位支持、教学改革等教学情境因素，以及教师个人主动性、教师效能感、教师个人素质等个人因素对教师的合作学习和自我导向学习存在关键影响，而教学情境对教师认知也存在一定影响作用。

现有研究推动了学界对教师学习的了解，研究结果证实教师学习可发生于不同学习情境中，既包含教师参与培训和教育课程时所进行的正式学习，也包括教师以自我导向和合作两种非正式形式所进行的学习。研究也发现教师最主要的学习策略是教师反思，可反映在教师教学实践的不同阶段，促进教师的学习。上述发现表明教师的教学工作情境可在一定程度上影响教师认知，决定教师学习行为，从而对教师专业发展形成影响；信息技术的发展除了为教师学习提供更多途径和资源外，也促使教师为适应技术发展和新教学要求学习相关教育技术，受个人因素影响，不同教师的学习情况存在较大差异（见图2.5）。以上研究发现为深入探究教师学习与教师工作情境之间的关系奠定了基础，对本研究的开展起到了一定的指导作用。

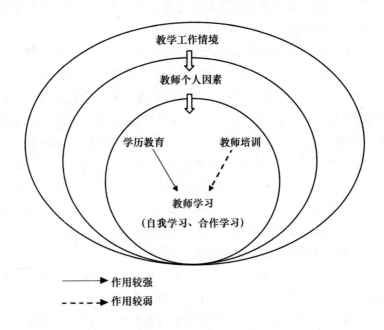

图2.5　教师学习与教学工作情境的关系

三　教师学习与情境学习理论

学习理论研究主要经历了行为主义学习理论、认知学习理论、建构主义学习理论三大范式的转变。基于建构主义学习理论，同时也在社会学、认知科学、生态心理学、人类学等学科发展的共同影响下，学习研究取向逐渐从认知转向情境，情境认知和情境学习的理论研究逐步受到学界关注。1991年，莱夫（Lave）和温格（Wenger）出版了《情境学习：合法的边缘性参与》（*Situated Learning: Legitimate Peripheral Participation*）一书，提出了情境学习理论（Situated Learning）（莱夫、温格，1991）。该理论认为，知识是学习者在与环境和社会的交互过程中通过认知、诠释、理解而主动建构的［福斯若特（Fosnot），1996］；物理和社会情境与个体的交互作用对学习者的学习有着重要意义，学习不可能脱离具体情境产生，情境是学习的重要意义组成成分（姚梅林，2003）；在特定情境中习得的相关知识比平时人为学习的知识更深入实用，学习不仅是熟记事实与书面知识的过程，也需要学习者的主动思考与实践，并将学习置于知识产生和应用的特定物理或社会情境中来参与真正的文化与工作实践，通过对实践的理解和经验的相互作用，不断在不同社会、物理情境中进行知识和意义之间的协商，完成将外来信息转化为个人知识的过程（高文，2001）。上述观点表明，情境学习理论的核心思想是学习者通过自身经历进行学习并构建对客观世界的理解与认识，并将个体、社会、环境等视作统一的整体的学习概念。

　　情境学习理论将学习视为新手在实践共同体中合法的边缘性参与；新手以学徒身份参与活动，所处情境对其学习起着决定性影响，情境是意义建构过程中的重要因素，学习随情境变化而改变（莱夫、温格，1991）。情境学习理论将"实践共同体"定义为一群拥有共同目标、文化和历史，分享共同信念和理解，并在协商中一起从事实践活动的成员集体。新成员在参与共同体的实践活动中，从核心成员那里学习共同的经验、价值、信念和规范；刚加入实践共同体的新成员只能参与该集体一些较为边缘的实践活动，随着成员的不断学习与提高，他们逐渐开始参与集体较为核心的实践性活动。在此过程中，他们的地位也从实践共同体的边缘渐渐向核心靠拢，逐步确立自己在实践共同体中的身份、地位和价值；新成员通过在学习过程中不断与核心成员、其他新成员，知识和技能的应用情境互动协商，获得知识、技能、认知与角色的转变（见图2.6）。

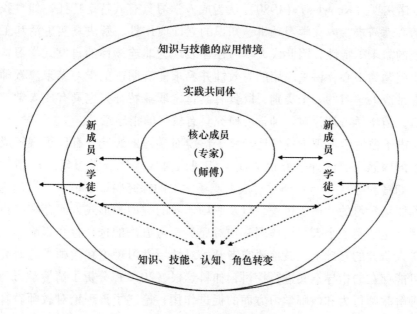

图2.6　情境学习理论

情境学习理论主要包含四个要素，分别为"合法的边缘性参与""实践共同体""社会生活与实践""学习课程"。"合法的边缘性参与"是一种对学习的理解方式，莱夫等人类学家认为合法的边缘性参与本身就是学习，无论在何种学习环境中，参与性学习都会发生；而合法的边缘性参与是一个整体概念，强调参与方式与过程的多元化和多样性，是新手主动进行的一个动态发展的实践参与过程（王文静，2004）。"实践共同体"则指具有共同任务、经历、知识和假设，共享工具与资源，通过实践活动完成任务并承担各自责任的一个群体［德里斯科尔（Driscoll），2000］。以上两方面要素都是情境学习发生的核心所在，而"社会生活与实践"是学习发生的情境，在社会生活实践的生产、再生产、改革和变化的动态过程中，学习者通过与情境的互动进行学习，使其在实践共同体中的身份不断得以发展和调整（高文，2001；王文静，2004）。另外，"学习课程"则指具有情境性和生成性的动态、开放式课程，通过课程学习以及参与实践活动情境，学习者共享对知识、技能、角色等的认知和理解并共同关注实践成果（王文静，2004）。以上要素从知识应用情境的角度重新界定了学习概念，在学习实质、学习内容、学习方式等方面具有更强的整合性、包容性和扩充性，对成人学习具有较强的指导作用。

诺尔斯（Knowles）（1980）认为成人学习具有其特定特征，如自我导向的心理需求、内在学习动机、知识的立即应用性、解决真实生活和工作问题的需求等特性，因此成人学习往往表现为非连续性的自发式学习，以解决问题为中心，讲求应用的时效性并希求能有明确的学习结果。教师学习亦是成人学习的一个类别，既具有其特定职业特征，也具有成人学习的特点，情境学习理论对教师学习研究具有较强的指导意义。

由于情境学习理论较好地诠释了情境对学习的影响，有助于理解成人学习的内涵，国内外研究也关注了该理论对成人职场学习研究的指导作用，如富勒等（2005）通过对成人职场学习的探究验证了情境学习理论在解释职场学习的性质、过程，以及职场学习的类型和形式方面存在的指导作用；也证实了个人与情境因素均对雇员学习方法的选择存在影响。在富勒等人研究的基础上，其他研究者开始对情境学习理论在教师学习研究方面可能存在的指导意义进行探讨，如科瑟根（2010）分析了情境学习理论在理解教师行为和教师学习方面的促进作用，论述了该理论对教师教育的隐含意义，并综合情境学习和传统认知理论提出了教师学习的"三级学习模式"。受国外研究启发，国内也逐步开始对情境学习理论进行研究，如应方淦和高志敏（2007）探讨了情境学习理论对诠释成人学习动机、本质、内容、过程和评价等五个方面的启发。在此基础上，王中男和崔永漷（2011）从情境学习的视角探讨了学校本位教师专业发展，认为学校是教师知识习得和运用的自然情境，也是情境学习理论中提及的认知学徒模式相应实践场所和教师实践共同体形成地点，情境学习理论有助于诠释教师的校本学习情况。

第三节　小结

本章回溯了教师学习研究的起源与发展，首先梳理教师专业发展概念的变迁，论述早期教师发展阶段研究、教师专业发展研究视角的拓展和已有研究提出的教师专业成长模式。随后归纳了教师学习概念维度，简要回顾了教师学习研究，探讨了情境学习理论对教师学习研究的启发。下一章将对教师职场学习研究进行综述。

第三章 教师职场学习研究的缘起与发展

上一章论述了教师学习研究的起源与发展，探讨了情境学习理论对教师学习研究的指导作用，确定了本研究的理论视角。本章对国内外教师职场学习研究进行回顾，在综述基础上确定本研究的研究焦点，提出研究问题，构建概念框架。

第一节 教师职场学习研究

在情境学习理论指导下，国内外学界对教师学习进行了深入研究，关注教学工作情境对教师学习的影响。早期研究发现教师通过教学实践在整个职业生涯中不断学习教学知识和技能［蔡克纳（Zeichner），1992］，在此过程中，教师的反思与自主起着重要作用，教师通过自主选择教学和学习活动提高自身专业水平和教学能力（罗清水，1998）。在前人研究基础上，希瑟·霍金森和菲尔·霍金森（2005）进一步对促进教师学习的因素加以调查，发现提高教师学习的最好方法是增加教师职场学习机会并促进教师参与职场学习活动的兴趣。

一 教师职场学习概念及本研究界定

职场学习可按照不同职业进行分类，教师职场学习即为其一。职场学习的定义较多，且概念较为模糊与混淆，如布兰克尔茨（Blankertz）（1977）将职场学习概念界定为满足工作和专业化需要而进行的教育或培训，该定义未对职场教育、培训和学习加以区别。比利特（Billett）（1994）在布兰克尔茨的基础上将职场学习与职业培训加以区分，认为职场学习是由学习者自主进行并发生于课堂之外的非正式学习，可在完成一些任务的过程中偶然发生且学习者往往无法意识到学习的产生，该定义完全排除了学习者在教育与培训之中产生的学习情况。也有研究者将布兰克尔茨和比利特的观点进行结合提出较为宽泛的职场学习定义，如西蒙斯（Simons）和鲁伊特斯（Ruijters）（2004）认为职场学习包括离职培训、在职培训、非正式学习、工作中的合作学习等形式；李飞龙（2011）将职场学习概括为个体学习模式和群体学习模式，个体学习模式包括职场中的偶发性学习、有意识的非正式学习、正式的在职培训等；群体学习模式包括由个人社会关系组成的网状学习、任务导向型团队学习、专业学习共同体等。以上概念均有助于理解职场学习，但由于未区别学习与培训，未明确学习内容与学习特征，因此较容易引起读者误读并导致误解。在上述研究基础上，崔允漷和柯政（2013）将职场学习概括为发生于职场之中，通过正式或非正式的学习获得职业工作所需的知识技能、认同共同体文化价值观的过程；赵蒙成和朱苏（2015）认为职场学习具有如下特征：学习结果包括工作所需的各种知识与技能，具有即时性和实用性，与工作密切相连；学习者是主动的，且与他人存在交流与协商；学习形式既可以是正式的，也可以是非正式的。

在职场学习概念的基础上，研究者依据教师职业特征提出了教师职场学习概念。雷塔利克（1999）认为教师职场学习是教师专业发展的一个基本组成，主要学习地点为学校，学习内容与课堂教学知识、价值观和信念有关，学习形式有非正式和计划性学习两种，主要学习目的是提高教学质量，教师通常向其他专业学者或教学指导人员学习。该定义界定了教师职场学习的地点、内容、形式和目的，但芬利（Finlay）（2008）认为雷塔利克对教师职场学习地点和形式的定义仍需完善，他发现教师职场学习跨越了教师培训与工作场所的范围，教师培训与教师在教学场所进行的学习之间存在着相辅相成的关系，教师培训可为教师职场学习提供资源。里克特（Richter）等（2011）则进一步对教师职场学习的途径进行了调查，将发现的学习途径划分为正式学习与非正式学习两类，正式学习主要为在职培训，而非正式学习在教师职业生涯的不同阶段中有着不同类型，与教师的教学工作需要紧密相关。尚克斯（Shanks）、罗布森（Robson）和格雷（Gray）（2012）则从更为细化的视角出发调查了教师参与的职场学习活动，将其分为入职培训课程和教师个人学习活动等类别。以上研究从不同角度对教师职场学习进行探索，有助于学界从不同视角理解教师职场学习概念，促进相关研究的发展。

然而，与教师学习概念的发展过程相似，教师职场学习概念也未对培训和学习进行区别定义，从而导致了教师职场学习概念的模糊。由于教师职场学习重在强调教师工作情境对教师学习的影响，更为关注教师主动进行的非正式学习情况，因此通过对不同职场学习概念、教师学习概念、教师职场学习概念的综合分析（如比利特，1994；雷塔利克，1999；芬利，2008；朱旭东，2011；崔允漷、柯政，2013），本书认为，教师职场学习是教师在教学工作情境中，将学习融入日常教学和研究实践活动，以拓展和完善教学实践与教学研究所需要的各种知识与技能，满足自身专业发展之需，是教师通过不断阅读、交流、反思、实践以及与外界互动达到自我发展并与时俱进的过程，也是教师人生观、认识观和价值观的具体体现。

二　职场学习研究概况

职场学习概念由布兰克尔茨（1977）提出，他认为职场学习具有较强的行业、职业和专业特征，是为满足工作和专业化需要而进行的教育或培训。该概念提出之初并未受到学界重视，直到 20 世纪 90 年代，随着经济发展，社会对专业技术人员的需求有了较大增长，而培训和教育却无法满足人才市场对专业技术人员资质和能力的要求，职场学习研究才开始得到关注与发展，并在近十年获得广泛研究。在布兰克尔茨的职场学习概念基础上，其他研究者通过调查职场学习情况对该概念进行了深化与拓展，虽然还未能形成公认的明确概念，但研究者普遍认为职场学习是以获得职业资质和专业化为取向，相应学习和发展发生在职场情境下的职业资质提高过程中，可通过行业、职业和专业教育与培训加以引导和促进［达拉（Darrah），1995；比利特，2008；王钦、郑友训，2013］。作为一个重要的学习环境，职场向学习者提供了结合正式与非正式学习、个人与团队合作学习的机会，同时也为新手和专家之间的交流引领提供了学习空间［比利特，1994；达拉，1995；维尔德（Velde）、库珀（Cooper），2000］。此外，职场也对新手学习职业工作的隐性知识和技能，传递工作规则和习惯起到关键作用［恩斯特伦（Engeström），2001］。

从研究取向来看，职场学习包括"工作结合型职场学习"和"工学结合型职场学习"，前者主要指个人在现实工作期间、工作任务进行中和问题解决过程中受工作情境影响而产生的学习，核心研究问题通常是探讨学习与工作过程的状况，以及情境影响因素；后者则指教育机构与用人单位合作，人为创造工作情境并在该情境下采用正式或非正式的学习方式培养职场所需人才的教育与学习模式，核心研究问题通常论述教学与训练过程的设计是否适合学习者或雇员的先决条件和制度条件，以及这些设计的影响作用［斯特科（Scott）、雷诺兹（Reynolds），2010］。工作结合型职场学习研究一般多见于专业程度较高的职业领域，如医生、律师、会计、工程师、教师，或是人力资源管理［如雷塔利克，1994；博伊尔（Boyle），2005；蒙克豪斯（Monkhouse），2010；克劳斯等（Crouse et al.），2011］；不同专业领域的研究从该专业角度探讨职场学习对人才培养的意义，其中教师教育界主要从教师专业发展的角度关注教师职场学习。工学结合型职场学习研究起步稍晚，早期研究多为思辨研究，如加德纳（Gardner）和科思（Korth）（1997）对高校"工学结合"课程设置模式的探讨；其后随着工学结合型职场学习在职业教育中逐步得到开展，研究者对学生学习情况进行了一些探究，发现虽然"工学结合"教育模式还有待进一步改进，但该模式有助于培养符合企业需要的人才，有利于满足学生个人学习需求［德卢卡等（Deluca et al.），2010；乔伊（Choy）、德拉海（Delahaye），2011；沙普（Schaap）、巴尔特曼（Baartman）、布吕金（Bruijn），2011］。

在以上两种研究取向中，较为常见的研究主题有职场学习理论探讨（如比利特，1994，2008；戴利（Daly）、吉贝尔（Gijbels），2009；应方淦、王一凡，2010；赵蒙成，2010；多希等（Dochy et al.），2011）；职场培训与职场学习（如达拉，1995）；职业教育与职场学习（如维尔德、库珀，2000）；发展工作研究（如恩斯特伦，1996）；行业发展与职业学习［如阿赫滕哈根（Achtenhagen）、格拉布（Grubb），2001；劳纳（Rauner）、麦克莱恩（Maclean），2009］；劳动力教育与发展［如罗耶维斯奇（Rojewski），2004］等。

根据相关研究发现，研究者总结了一些职场学习的特征，其中影响较大的是伊列雷斯（Illeris）（2003）对职场学习要素和过程的总结。伊列雷斯通过归纳和论证前人研究，指出职场学习过程具有两方面特征：首先，职场学习是学习者与环境相互作用与影响的外在互动过程；其次，学习者在该过程中也同时产生认知心理的内在习得。基于以上发现，伊列雷斯将职场学习的要素界定为认知、情感和社会化，并提出了职场学习过程模式（见图3.1）。

伊列雷斯认为职场学习的认知要素决定学习者的知识、技能、意义理解等功能性学习发展，情感要素影响到学习者的动机、态度、学习敏感度等心理性学习发展，社会要素则推动学习者交流、合作、迁移等社会化学习发展，因此职场学习是个体与组织互动、认知与情感交织、心理习得与社会互动协商的复杂过程（伊列雷斯，2003）。伊列雷斯（2003）提出的职场学习过程模式有助于本研究理解高校英语教师职场学习过程与教师职场学习途径和内容之间的关系，探索高校英语教学工作情境对教师职场学习情况的作用，因此本研究的概念框架在一定程度上参考了该模式的内在思想。

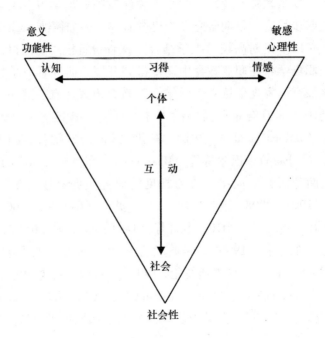

图 3.1　职场学习要素与过程（资料来源：伊列雷斯，2003）

三　教师职场学习研究回顾

　　教师学习是一个认知、知识建构和实践反思的过程，可分为自我导向学习和合作学习两大类别（理查兹 & 法雷尔，2005）。基于对教师职场自我导向学习和合作学习研究论文的查找与初步分析，本研究发现由于教师职场学习研究重在探究教学工作情境对教师学习的影响，因此研究主题主要包括教师职场学习的影响因素、教师职场学习途径、学习内容、职场学习与教师专业发展的关系，以及学习过程。下文将按照以上主题顺序对相关实证研究进行回顾。

（一）教师职场学习的影响因素

由于教师职场学习研究重视探索教学工作情境对教师非正式学习的影响，因此教师职场学习的影响因素成为最早受到研究者关注的主题。早期研究者倾向于从宏观的角度调查可能影响教师职场学习的因素，如雷塔利克（1994）调查了教师职场学习的情境模式，发现情境因素在教师选择在职学习的内容和方式上起着决定性作用。依据研究结果，他将情境因素归纳为广义情境和狭义情境，前者包括变化中的社会文化、家庭结构、经济环境和社会科技发展；后者主要指学校所服务的社区情境，如地理位置、社会阶层、种族划分、家庭结构、宗教信仰等。在以上情境中，改革创新、个人因素、教学情况、学习资源和支持、管理制度的重视、奖励因素、学校文化等因素对教师职场学习途径和学习内容选择有着重要影响，表明教师工作情境的综合因素对教师职场学习的影响强于教师个人因素（见图3.2）。

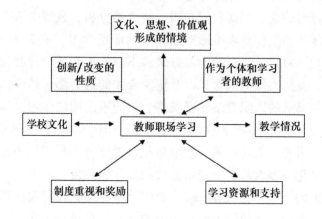

图3.2　教师职场学习情境模式（资料来源：雷塔利克，1994）

雷塔利克的研究开创了教师学习研究的新视角，引起了学界对教师工作情境的关注，但后续研究并未完全印证雷塔利克（1994）的结果，如库韦克曼（Kwakman）（2003）通过访谈和问卷调查了教师职场学习活动与所处情境的关系，研究证实教师参与职场学习活动的频率受到个人因素、任务因素和工作环境因素的影响，个人因素包括职业态度、可行性评价、意义性评价、职业倦怠、成就感低落等，任务因素包括工作压力、情感需求、职责变化、自主性与参与性等，工作环境因素包括管理支持、大学支持和计划学习支持等，个人因素的影响效果强于任务因素和工作环境因素。菲尔·霍金森和希瑟·霍金森（2003，2004，2005）通过对教师职场学习的案例进行研究，发现教师个人兴趣对其学习动机和学习内容起着决定性作用，而合作学习气氛、部门工作实践、学校文化、教学管理和国家政策等因素也影响着教师的职场学习。王广新（2008）的问卷调查结果强调了教师工作环境对教师职场学习的重要性，该研究发现教师工作环境对教师学习动机存在较大影响，得到张香竹（2009）问卷调查结果的印证。林克松和朱德全（2013a，2013b）的研究则支持了雷塔利克（1994）的研究结果，他们利用问卷调查了中小学教师的职场学习环境，发现物质环境、制度环境、心理环境和社会环境均可影响到教师的职场学习，其中工作单位因素，如学校位置、学校性质和教师角色等是影响教师职场学习环境满意度的重要因素。

在上述研究基础上，部分研究者着重对新教师职场学习的影响因素进行调查，通过对访谈、观察和问卷调查结果的分析，发现个人态度、工作条件、学习体系和工作要求可影响新教师的职场学习［克劳斯（Krauss）、瓜特（Guat），2008］；错误的学习方式、不当的入职教学课程安排、教学指导的缺乏、支持力度的低微，以及缺少合作的机会都可妨碍新教师职场学习情况；但灵活的入职教学课程安排、与同事之间的学习交流、硕士学习经验等则可促进教师职场学习［哈里森（Harrison）、麦基翁（McKeon），2008］；另外，人际沟通、教学负担、教学与学科知识不足、支持和认可、学校文化等因素都影响到新教师的工作满意度，从而间接对教师职场学习形成影响［伊莱扬（Ilaiyan），2013］。上述研究发现在影响新教师职场学习的因素中，作用较大的是教师的教学工作情境因素，通过直接影响教师学习机会或教师认知，对教师职场学习效果形成妨碍或促进作用。

通过从宏观角度调查教师职场学习的影响因素，研究证实了教学工作情境和教师个人因素对教师职场学习存在重要影响。虽然各研究发现的影响因素间存在一定差异，但大多数研究均发现个人因素、学校文化、学习资源、管理制度、国家政策、社会文化等因素对教师职场学习存在影响，其中，个人因素和环境因素的影响程度在不同研究中存在分歧。一部分研究发现个人因素对教师职场学习影响作用较大，另一部分研究则证明环境因素对教师职场学习起着决定性作用。

为了进一步深入探究教师职场学习的重要影响因素，研究者开始从微观角度探究具体因素对教师职场学习的作用，主要包括教师个人因素和环境因素两大方面，这类研究因其探究的特点，多采用质性研究方法，如访谈、观察、叙事探究，以及对教师学习或研究日志的分析等。教师个人因素中被分析较多的是教师效能感和教师信念对教师职场学习的影响。多项研究发现教师个人效能感对他们的教学实践、研究实施以及职场学习形成较大影响，而学校类型、学校文化、学习资源、办学条件等变量与教师个人效能感存在相关关系［野晓航、魏红，2007；提勘恩－莫兰（Tschannen－Moran）、约翰逊（Johnson），2011］；教师集体效能感与教师职场合作学习情况存在相互作用，环境支持、同事信任、工作压力、教学要求对教师合作学习与教师集体效能感都起到影响作用［李（Lee），张（Zhang）、殷（Yin），2011；高桥（Takahashi），2011］。对教师教学信念的探究则主要着眼于教师信念与职场学习和教学实践之间的关系。研究发现教师的教学信念和教育技术应用与教学实践存在紧密联系［赖迪厄斯（Rienties）、布劳沃（Brouwer）、莱戈－贝克（Lygo－Baker），2013］，教师信念可影响教师教育技术学习情况［埃特默尔等（Ertmer et al.），2012］，但教育信息技术应用情况也对教师信念产生影响［金等（Kim et al.），2013］，教师关于学生的信念可影响教师参与专业发展活动的频率，从而影响到教师的专业发展情况［马丁（Martin），2004；德维雷斯（de Vries）、詹森（Jansen）、范德格里夫特（van de Grift），2013］。

其他的个人因素，如身份认同、教师情感、工作满意度和教师倦怠的影响作用也得到相应的调查与分析。研究发现教师身份认同对教师的教学投入与职场学习都存在影响，教育政策、教学改革情境等因素对教师的身份认同调整情况存在影响［维恩等（Veen et al.），2005；凯尔克特曼斯（Kelchtermans），2005；刘（Liu）、许（Xu），2011；兰贝格（Ramberg），2014］。乌西亚蒂（Uusiautti）等人（2014）调查了教师幸福感与教师职场学习和专业身份认同的关系，发现同事支持和工作环境对教师幸福感影响较大，教师需要获得支持来形成专业身份认同，教师幸福感和身份认同均对教师职场学习存在影响。帕克和马丁（2009）、范梅勒（Van Maele）和范豪特（Van Houtte）（2012）则分析了教师工作满意度和教师工作情境的关系，发现教师与学生、家长、同事、领导间的信任和教师工作满意度存在正相关关系，社会环境对教师教学存在显著影响，改善教师工作情境下的社会关系有助于提高教师工作满意度，从而促进教师职场学习。研究还发现教师倦怠对教师的目标取向、应对行为、教学投入、职场学习都存在影响，各因素间存在一定互动关系，教师评价体系既影响着教师的目标取向，也影响着教师的应对行为和职场学习情况（帕克等，2012）。

　　以上研究表明，教师个人因素对教师职场学习存在着较大的影响，同时也表明教师教学工作情境与教师信念、效能感、身份认同、工作满意度等个人因素之间有着较为紧密的相关关系，既直接影响着教师职场学习情况，也通过对教师个人因素的影响间接作用于教师职场学习，因此研究者也对一些较为重要的环境因素进行了探究。其中受到关注较多的是学校类型、学校文化、教学管理和政治因素等。研究发现学校类型对教师职场学习存在决定性作用，不同类型学校由于具体教学工作情境的差异，对教师职场学习的内容和途径存在影响［芒蒂（Munthe），2003］；学校文化在教师坚持研究性学习的动机、对制度和情境限制的反应、他们的职场学习和社会化过程方面均起着关键作用［弗洛里斯（Flores），2004；拉姆（Lam）、程（Cheng）、乔伊（Choy），2010；朱拉塞特－哈比森（Jurasaite－Harbison）、雷克斯（Rex），2010］；教学管理和教师评价体系对教师职场学习的动机、学习内容、学习取向和参与学习活动的频率有着一定的影响，并作用于教师自我反思与学习能力的发展状况［刘建新、俞学明，2006；许（Xu）、刘（Liu），2009；余渭深、韩萍，2009；科尔克马兹（Korkmaz）、杰马尔奥卢（Cemaloglu），2010；绥腾斯（Tuytens）、德沃斯（Devos），2011；德尔沃等（Delvaux et al.），2013］；政治因素通过干预教师教学内容和研究方向，对教师职场学习存在一定的间接影响作用［莱夫斯坦（Lefstein）、斯内尔（Snell），2011］。

　　以上研究发现表明，教师职场学习可受多种因素影响，不同因素之间往往存在着一定的相互关系，对教师职场学习的影响作用较为错综复杂。综合上述研究对影响因素的分类，并依据不同因素对教师产生作用的空间距离远近以及作用关系，现有研究发现的教师职场学习影响因素可划分为个人因素、教学环境因素和社会环境因素三大类别，社会环境因素常通过对教学环境和个人的影响间接作用于教师职场学习。对教师职场学习影响较大的个人因素有效能感、教学信念、身份认同、工作满意度、个人教学情况、人际沟通、学科教学知识水平等；影响作用较为明显的教学环境因素包括学校文化、教学管理、学校性质和学习资源等；此外，社会发展、文化特征、经济环境和国家政策等社会环境因素也直接或间接地影响到教师职场学习情况（见图3.3）。

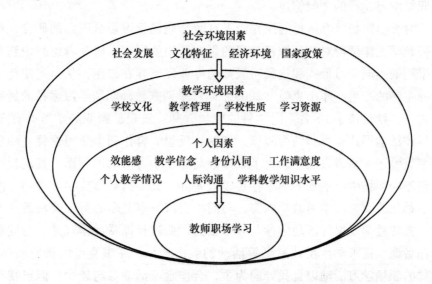

图3.3 已有研究发现的教师职场学习影响因素

以上研究主要从宏观和微观层面调查教师职场学习的影响因素，加深了学界对教师职场学习影响因素的了解，有助于学校调整相关管理和支持条件以辅助教师的职场学习。宏观层面的研究多利用调查问卷收集数据，辅以访谈等质性研究方法，着重于调查存在的影响因素，归纳相应类别，但该类研究对不同因素的影响作用探究较少，且不同研究间存在较大分歧。微观层面的研究注重调查某项因素对教师职场学习和教学实践的影响作用，多采用访谈和观察等质性研究方法深究其因果关系，往往同时发现一些其他因素与该项因素之间存在的相互关系，但由于分析因素较为单一，忽略了不同因素间存在的交互关系和作用，无法对教师职场学习影响因素的程度和作用进行较为全面客观的刻画，仍有待未来研究对其进行进一步调查分析。在分析教师职场学习影响因素的基础上，研究者也开始注意到教师职场学习途径对其专业发展的影响，接下来将对有关研究进行回顾。

（二）教师职场学习途径

按照概念界定，本研究着重探究教师在教学工作情境下的日常教学和研究实践活动中所进行的职场学习。基于理查兹和法雷尔（2005）对教师学习形式的划分，依据自我导向学习和合作学习两大学习形式组织有关教师职场学习途径的文献综述。

对教师职场学习途径的探究始于对教师职场学习影响因素的研究，在分析教学工作情境对教师职场学习的影响作用的同时，研究者也意识到教师采用的不同学习形式和途径对教师的专业发展存在作用，从而促使此类研究主题的产生。库韦克曼（2003）是较早调查教师职场学习途径的研究者之一，她访谈了16名不同学科的中学教师，发现教师职场学习共有32种具体活动形式，可归纳为阅读、实验、反思、合作四个学习途径；随后库韦克曼进一步通过问卷调查了教师参与各项学习活动的频率，发现教师参与不同职场学习活动的频率存在较大差异，其中指导学生学习技巧、阅读学科相关文献、学习教学内容、与同事交流分享教学心得、编写教学素材、自我教学反思等活动的参与频率较高，而进行课堂教学观摩、与同事合作备课、征求学生反馈意见等活动的频率较低。库韦克曼的研究表明，教师的职场学习活动以自我导向为主，合作学习活动参与较少。但巴特勒（Butler）等人（2004）通过对10名中学教师进行访谈和观察，发现教师职场学习的主要方法是教学反思，教学实践活动有助于教师改善有关教学与学习的知识；此外，观摩课堂教学、尝试新教学方法、反思教学效果、同行交流、专家指导等职场学习活动也为教师们所采用，表明教师合作学习与教师自我导向学习同等重要。

上述两项研究在一定程度上揭示了教师职场学习活动情况，但在论证主要学习活动方面存在分歧，且未诠释教师选择不同学习活动的动因，因此梅林克（Meirink）等人（2009a）调查了荷兰中学教师对不同学习活动的偏好，资料通过调查问卷和教师电子日志收集，分析结果表明教师最为常用的学习方法是批判性个人反思，但在挑战性较强或是困难较大的情况下也会通过与同事合作或交流进行学习，表明自我导向型活动是教师最为常见的职场学习活动，教师参与合作型活动的目的是在困难情况下获得他人协助。与此同时，梅林克（Meirink）等人（2009b）也探究了教学改革情境下教师学习活动与教师信念改变的关系，发现教学改革促使教师改变有关教学和学生的信念；教师职场学习活动与信念改变之间存在着相关关系；教师职场学习活动主要包括教学反思、观摩课堂、讨论交流、培训项目、实验教学、阅读或收听活动、教师合作实验、学生作业评估、师生交流、观察学生、自我评估、分析试卷、期末反思、撰写教学日志等，教师自我导向学习与合作学习均为教师职场学习主要途径。

康（Kang）和程（Cheng）（2014）对新教师职场学习的研究印证了梅林克等人（2009a）的研究结果，通过分析访谈与课堂观察资料，他们发现教师职场学习的主要手段是教学反思，教师经验、教学反思和教学情境是促成教师改变的主要因素。然而林克松（2014）的研究得出了与梅林克等人不同的结论，他利用问卷调查了848名中国职业教育教师的职场学习途径，发现教师职场学习途径以个体学习为主，集体学习还未形成风气，教师的职场学习途径可归纳为研读反思、规划行动、观摩借鉴、交流共享、合作实践等五类。以上研究发现之间既有可相互印证之处，也存在一定的差异，表明来自不同国家、不同类型和不同层次学校的教师职场学习之间存在一定的共性，但受国情、文化和具体教学工作情境等因素影响，教师职场学习之间也存在较大差异，因此如要深入了解特定教师群体的职场学习情况，有必要对该群体教师进行调查研究。

也有研究者专门探究了教师自我导向学习活动情况，该类研究往往以访谈和观察等质性方法为主，但也时有辅以问卷调查等量化方法，如巴克涅斯（Bakkenes）、弗蒙特（Vermunt）和维博尔斯（Wubbels）（2010）调查了教师职场学习情况，发现教师自我导向学习活动可分为实验、反思、交流、发现问题、采用新方法和规避性学习六大类，其中实验和反思类活动频率最高。其他研究则调查了具体学习途径的情况，发现教师的专业发展阶段对非正式学习活动的选择存在影响，教师阅读专业文献的频率随教师年龄增长而增加［里克特等（Richter et al.），2011］；学生反馈有助于教师改进教学方法，促进教师职场学习［海斯卡宁（Heiskanen）、凯梅雷宁（Kämäräinen）、约凯拉（Jokela），2013］；指导学生进行教学实践有助于教师的专业发展［陈（Chen），2012］；教师职场学习的调节方式与学习策略、工作满意度均存在互动影响关系，学习的自我导向和任务导向调节方式都对交互学习策略、探究学习策略和思辨能力产生显著的正面影响（张敏，2010）。

另外，教师职场合作学习途径也受到研究者关注，如郭遂红（2014）通过访谈和观察，以及对文献资料的分析，调查了一个教学团队成员的非正式学习情况，发现教师的非正式学习与日常教学活动关系紧密，学习途径可归纳为实验教学、教学反思、基于教师学习共同体的交互式学习和行动研究；该研究还发现教学情境下的非正式学习有助于外语教师发展学习认知和身份认知，在学习过程中教师的理论知识由外显向内隐知识转化并推动了教师自主专业发展。其他研究者着重探索了有效合作学习所需要的活动形式，发现只有当团队真正能进行合作、探讨和交流时，教师学习共同体才能真正发挥作用［范埃斯（van Es），2012］，在合作学习中，采用故事叙述，或是通过对话和协商进行同伴互助学习有利于教师的职场学习效果，促进专业发展［尚克（Shank），2006；兹瓦特等（Zwart et al.），2008；雅维兹（Jawitz），2008；法希姆（Fahim）、米尔扎伊（Mirzaee），2013］。莱文（Levine）和马库斯（Marcus）（2010）分析了教师合作学习活动对教师专业发展的作用，资料分析结果表明合作活动的结构与关注点对教师与同事讨论教学问题的频率和具体程度、校内合作活动的主题以及教师学习机会存在影响，合作活动组织方式对教师学习效果影响较大。

以上研究对教师职场学习途径进行了探索，发现教师的职场学习主要源于教师的课堂教学，由教学触发并融合在教学实践与教学研究中，学习活动主要受教学实践和教师反思推动，学习的结果又反过来作用于教师课堂教学。教师职场学习可主要分为自我导向学习和合作学习两大途径，不同途径均包含较多学习手段和具体学习活动，如自我导向学习可主要分为教学反思、师生交流、实验教学、规划行动、教学研究和研读反思等活动类别，合作学习主要表现为交流共享、合作研究、合作实践和观摩借鉴等活动类别（见图3.4）。

上述研究描述了教师职场学习的途径与学习活动，分析了教师职场学习活动类别，对不同研究发现的整合情况表明，来自不同背景的教师职场学习存在共性，但受特定情境影响，教师的职场学习活动情况也具有一定差异。此类研究常结合质性与量化研究方法收集资料，再对资料进行综合诠释，通过三角验证获取更为可靠的实证资料。在为本研究提供参考的同时，以上研究也为本研究提供了一些研究视角。一方面，不同研究对自我导向学习和合作学习在教师职场学习中所占比重存在分歧，对具体学习活动的分析也存在差异，未来研究有必要深入调查其他不同情境下的教师职场学习途径，以补充实证资料来协助发现教师职场学习特征；另一方面，上述研究多从学习形式和途径上分析职场学习，对不同学习活动的内涵，如学习内容、学习过程、作用情况等分析较少,接下来将对调查教师职场学习内容的研究进行回顾。

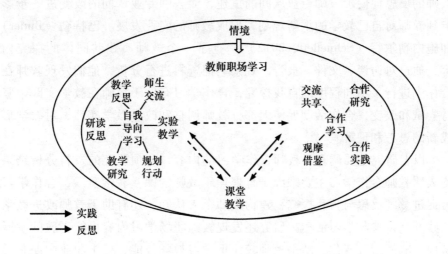

图3.4 已有研究发现的教师职场学习途径

(三)教师职场学习内容

理查兹和法雷尔(2005)认为教师学习概念包括四个维度——技能学习、认知过程、个人建构和实践反思;以上维度划分也在教师职场学习内容的研究方面得到一定反映。法雷尔(1999)从认知角度出发调查了一个教师发展团队的交流内容,通过分析团队讨论录音资料,研究发现教师在定期交流中主要讨论了个人教学理论、个人教学方法、教学自我评价、自我发展意识、教学中出现的问题等内容,团队讨论促进了教师对自己教学情况的反思频率,但教师反思程度仍主要停留在快速反思与修正维度,达到回顾和研究维度的反思较少,缺乏对理论的重构和重建。热拉德(Gelade,2007)则关注了教师技能学习的侧重面,通过对教师职场学习活动的观察,他发现不同年龄阶段的高校教师学习重点存在差异,老教师更关注专业学习和教学研究等内容,年轻教师较侧重于教学技能的学习和提高;热拉德的研究得到了沃尔芬伯格(Wolfensberger)等人(2010)的印证,他们利用访谈和反思性讨论探究了三名教师的职场学习情况,发现教师的学习内容受个人学习方式、学习需求和个人情况的影响,不同教师在学习内容和提高方面存在差异。弗林特(Flint)、齐苏克(Zisook)和费希尔（Fisher，2011）探究了两位资深教师在合作进行写作教学过程中教学实践与反思之间的关系，对观察笔记、访谈和任务报告资料的分析表明教师的反思促使了教师专业认同的重建，而教师专业认同的改变进一步影响到教师对自己教学的重新规划，促成教师的专业发展。巴特勒（Butler）和施内勒尔特（Schnellert，2012）调查了一个教师实践共同体的探究内容，通过对访谈、文件、报告、观察笔记资料进行分析，他们发现教师在合作中进行了不同程度的自我探究，合作学习有助于教师在教学实践中坚持尝试和改变，合作活动促使大部分教师调整和改进教学实践，对教学形成新的思考和理解。

以上研究主要调查了教师合作学习的内容，各项研究的资料分析结果均表明教师合作学习主要来源于且聚焦于教师的课堂教学实践，合作学习可促进教师反思与自我探究，建构教师个人认知，还有助于教师改进教学实践并坚持参与学习活动。研究还发现教师职场学习内容可能受教师发展阶段影响而产生变化，新手教师较注重学习教学技能，处于职业中期和后期的教师则更关心专业知识和研究能力的提高（见图3.5）。

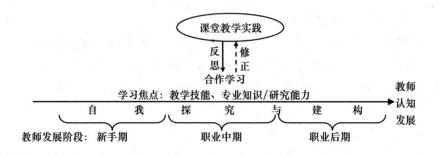

图3.5　已有研究发现的教师职场学习内容

上述研究从教师职场学习的不同维度探究了教师在合作学习活动中的学习内容，采用质性研究方法，如访谈、观察和文献分析等收集资料，有助于学界较为深入地了解教师的职场学习内容，但此类研究数量偏少，且集中于对教师合作学习内容的探究，存在视角较窄、学习活动较单一等局限性，缺乏对教师自我导向学习情况的深入了解，研究者也建议将来研究对以上方面进行进一步研究以完善该方面的研究视阈。还有一些研究则关注了教师职场学习对教师专业发展的作用，接下来将对此方面的已有研究进行回顾。

（四）教师职场学习与教师专业发展的关系

教师职场学习对教师专业发展的作用也受到学界关注，对该主题的调查主要采用质性研究方法，分别从教学研究和日常教学的角度进行分析。教学研究对教师的职场学习和专业发展有着较为深远的意义，博格（2007）认为教师作为研究者有助于促使教师成为最了解自己课堂和学生的专家，增进对教学行为和学生学习的理解，对教学实践起到积极作用。此外，教师作为研究者还能增强职业生命的力量感，更为积极地管理自己的学习，组织自己的工作环境，改变学校的专业团队状况和课程设置。探索教师教学研究情况的调查开展较早，雷塔利克（1999）受雷塔利克（1994）有关教师职场学习影响因素研究发现的启发，率先以实证方式探究了一名中学教师在行动研究中的学习情况。通过分析教师学习日志，研究发现教学研究是达成教师专业发展的一个有效学习方式，可促进教师的教学与学习、提高教学水平与专业文化、鼓励教师继续攻读研究生课程。

雷塔利克（1999）的探索肯定了教学研究对教师专业发展的作用，虽然该研究未对教师在教学研究中发生的变化进行深入探析，但在他的研究基础上，其他研究者开始对教学研究与教师专业发展的关系进行更为深入的调查。由于此类研究具有鲜明的过程性与探究性特点，因此常采用访谈、观察、叙事探究等质性研究方法收集资料。结果表明，教学研究过程中的互动交流有助于教师建构研究者身份，同时对自己的教学实践进行重新认识［朱拉塞特－哈比森、雷克斯，2005；史密斯等（Smith et al.），2009］；教师参与研究的经历可对教师学习产生影响，促进教师的专业发展，增进教师对教学研究的认同感［拉思根（Rathgen），2006；波斯特霍尔姆（Postholm），2008，2011；米切尔等（Mitchell et al.），2009］；教学研究可培养教师的研究兴趣，提高与研究相关的知识和技能，发展教师思辨能力，更新教师教学观念，从而促进教学效果的提高［克劳森等（Clausen et al.），2009；格雷戈里（Gregory），2010；梅杰等（Meijer et al.），2013；雷诺兹（Reynolds）、雅兹丹尼（Yazdani）、曼苏尔（Manzur），2013；王（Wang）、张（Zhang），2014］。

研究者还进一步就教师采用某些研究方法对其职场学习的推动情况加以探索，如叙事探究、行动研究、自我研究、课例研究等。戈隆贝克（Golombek）和约翰逊（Johnson）（2004）、贾沃斯基（Jaworski）（2006）、巴克霍伊岑（Barkhuizen）和哈克（Hacker）（2008）、巴克霍伊岑（2009）等人分析了利用叙事探究法进行研究的过程，发现该过程可促进教师职场学习，有利于教师寻找外部理论来解释和支持教学实践经验，有助于教师重构与内化学习到的新知识，可协助教师探索研究焦点，促使教师对自身教学工作情境进行反思，提高教师的研究能力和教学能力。塞尔斯（Sales）、特拉弗（Traver）和加西亚（García）（2011）通过观察、访谈和文献分析探究了行动研究对教师专业发展的作用，资料分析表明行动研究的训练过程对教师已有理论视角形成挑战，可提高教师批判性反思能力，促使教师参与专业共同体活动，有助于培养具有跨文化与包容特征的学校文化。吕嫩博格（Lunenberg）和萨马拉斯（Samaras）（2011）采用了自我研究方法对自己的教学进行探究，他们发现自我探究有利于使教师保持学习状态、有助于创造批判性合作探究的团队气氛，也为教师通过实践研究成果、验证自我教学提供了机会。奇奇布（Chichibu）和木原（Kihara）（2013）、卡德龙（Kadroon）和英巴西塔（Inprasitha）（2013）发现教师参与课例研究活动可促进教师对基础理论知识的学习，有助于教师专业发展，还可推动学校文化的改变。

以上研究表明教学研究可促进教师的职场学习和专业发展，但也有研究对此提出质疑，如切蒂（Chetty）和吕本（Lubben）（2010）发现大多数高校教师教育者认为他们从事研究活动只是为了得到项目经费或是发表论文，以满足高校对教师研究工作的要求，研究对他们的教学实践帮助较少。但该研究主要调查了教师对研究的态度，并未探析研究的实际进行情况与产生作用，因此无法否定教师从事教学研究对其专业发展的促进作用。

部分研究者调查了教师自我导向学习对专业发展的作用，如胡克斯特拉（Hoekstra）等人（2009）观察了教师自我导向学习活动情况，结果表明学习活动可促进教师认知发展，在实验新方法和进行教学反思的过程中更新教学观念；又如米顿－屈克内尔（Mitton－Kükner）等人（2010）通过叙事探究法分析了在职教师的学习经历，发现叙事性思考方式有助于教师的职场学习，并显著影响到教师的专业认同感。但受情境学习理论影响，探究教师自我导向学习与其专业发展情况的研究数量偏少，该类研究成果较为单薄。

与教师自我导向学习相反，学界很重视调查教师合作学习活动情况以

及该类活动对教师专业发展的作用，并已取得了一定的成果。利特尔
（Little）（2002）探究了专业共同体对教师职场学习的作用，通过观察和
访谈，研究发现教师专业共同体与教师发展和教学实践改善存在互动关
系。利特尔的研究呼应了情境学习理论对实践共同体的描述，促成了后续
研究的产生，使得对教师合作学习的探究得到蓬勃发展。现有探究教师合
作学习活动与教师专业发展关系的研究大体证实了利特尔的结论，发现不
同形式的合作学习活动，如协同教学、合作探究式学习、合作学习项目和
虚拟社区学习等活动均有助于教师的专业发展。协同教学活动可通过合作
反思促使教师分享知识建构过程，修正教学实践，提高教学技能，满足专
业需求，从而促进教师的专业发展［奈茨（Knights）、迈耶（Meyer）、桑
普森（Sampson），2007；吕蒂瓦拉（Rytivaara）、克什纳（Kershner），
2012］；合作探究式学习活动可促使教师在无外界刺激和支持下的自发学
习，不仅有利于教师教学实践知识的提高，也有助于改变他们的教学工作
态度［索（So）、金（Kim），2013］；学校或教师自发组织的合作学习项
目可增加教师的教学反思频率，改善教师对教学进行自我探究的情况，但
受学校工作情境和合作学习关注点影响，不同学校教师的合作学习活动和
效果存在较大差异，此外，时间限制、心理障碍和缺乏研讨文化等因素对
教师合作学习效果也存在一定负面影响［沃赫斯特（Warhurst），2008；多
彭伯格（Doppenberg）、登布洛克（den Brok）、巴科斯（Bakx），2012；克
雷格（Craig），2013；朴（Park）、索（So），2014］；虚拟学习社区可为教
师合作学习提供便利的交流和实用的内容，从而促进教师专业发展［马察
特（Matzat），2013］。

　　以上研究探析了教师职场学习与教师专业发展之间的关系，从教学研
究和日常教学活动角度分别分析了职场学习对教师专业发展的促进作用，
研究结果表明通过教学研究活动进行的职场学习可增进教师的研究兴趣、
提高相关知识和技能、发展教师思辨能力、更新教师教学观念并改变教师
的身份认同，使教师建构研究者身份并修正自己的教学实践，促使教学效
果提高。对日常教学活动的调查可按照职场学习的个体或集体特征分为自
我导向学习和合作学习，研究发现证实了自我导向学习对教师认知发展的
积极作用，但该类研究数量偏少；对教师在合作实践中进行的职场学习探
究较多，主要分析了协同教学、合作探究式学习、合作学习项目和虚拟社
区学习对教师专业发展的作用，研究发现教师合作学习可促使教师在无外

界刺激和支持下进行自发学习，通过分享知识、交流经验促使教师修正教学实践、提高教学技能以满足专业发展需求，但合作学习较易受到教师工作情境影响，因此不同学校的教师合作学习活动形式和效果存在较大差异（见图3.6）。

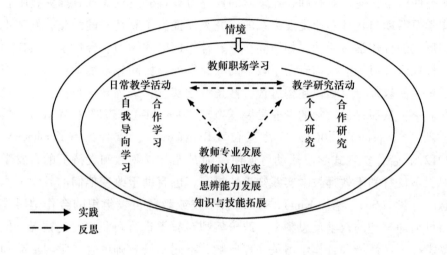

图3.6　教师职场学习对专业发展的作用

　　上述研究分析了教师职场学习与教师专业发展的互动关系，发现教师职场学习可促进教师专业发展，而教师专业发展也可进一步增进教师参与职场学习活动的兴趣与频率。教师职场学习活动的主要形式是教师的日常教学活动，其中自我导向类活动较多，合作类活动相对较少，教学研究活动虽也是教师职场学习的途径之一，但所占比重并不高。根据本节研究回顾情况，现有研究较为重视分析教师进行较少的教学研究活动和合作实践与学习活动对教师专业发展的影响，而对教师进行较多的自我导向学习活动的作用分析较为忽视，研究主题与数量的分布情况与教师职场学习活动情况不太吻合，这一现状表明未来研究或可继续从自我导向学习活动角度探析教师职场学习对教师专业发展的影响作用。

　　在以上研究主题的基础上，部分研究者也着手探索了教师职场学习过程，接下来将对相关研究进行回顾。

　　（五）教师职场学习过程

　　根据对相关文献的查找、阅读和回顾，本书发现已有研究对教师职场学习过程的探索较少，少数研究虽分析了教师职场学习过程，但往往语焉不详，未提供较为详细和完整的描述。现有研究中，对教师职场学习过程进行了概括性分析的是布罗迪（Brody）和哈达尔（Hadar）（2011）的研究，他们分析了教师教育者在合作学习团队中的专业成长轨迹，发现教师在该合作学习团队中的职场学习过程主要经历了期盼/好奇、退却、察觉、改变四个发展阶段（见图3.7）。

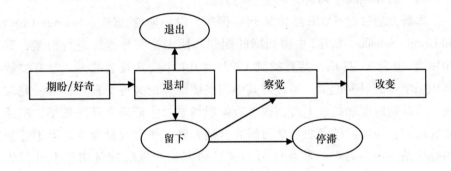

图3.7　教师专业成长轨迹动态模式(资料来源：布罗迪、哈达尔，2011)

其他研究也主要从合作学习角度分析了教师职场学习过程，发现教师合作学习经历了适应、探究、建构、改变等过程，协商交流是教师合作学习的主要形式［科恩（Cohen），2010；马斯基特（Maskit），2011；索（So），2013］，在一定程度上印证了布罗迪和哈达尔（2011）提出的教师在合作学习中的专业成长轨迹动态模式。

然而旨在探究教师职场学习过程的研究因数量较少，所调查的活动形式又集中于教师合作学习，无法提供较为整体性的教师职场学习过程概览，这一研究主题在教师职场学习研究中较为缺失。

综上所述，根据研究焦点划分，对教师职场学习的探究主要分析了教师职场学习的影响因素、学习途径、学习内容、学习过程和学习作用，其中对教师学习过程和学习内容的研究偏少；此外，不同研究对教师职场学习影响因素的分析结果分歧较大，对不同因素相互作用的探讨较少；而受情境因素影响，不同研究对自我导向学习和合作学习在教师职场学习中所占比重也存在较大分歧。正如林克松（2014）的研究发现，教师职场学习途径、学习环境、学习绩效、学习动机之间存在紧密的关系，要了解教师职场学习，必须对相关各方面要素加以深入了解和分析，才能真正理解教师职场学习内涵与特征。根据现有研究情况，未来研究仍有必要对教师职场学习加以探索，促进学界的理解。

　　由于本节回顾的实证研究较多，为了厘清研究现状，接下来将对教师职场学习实证研究情况进行总结和分析。

四　教师职场学习研究的焦点与方法

　　本研究通过对 SAGE 学术期刊数据库、Elsevier 数据库、Science Direct 和 Google Scholar、CNKI 中国知网的期刊和博士论文数据库进行检索，到 2014 年 10 月 21 日止，共查找到 1992—2014 年公开发表的 112 篇有关教师职场学习的研究论文。通过对其中的实证研究论文进行回顾，本研究发现，从时间跨度和数量上看，国外教师职场学习实证研究开展较早，实证研究较多；而国内教师职场学习研究开展较晚，研究数量偏少。但不管是国外还是国内，对教师职场学习的实证研究论文发表数量均呈上升趋势（见表3.1）。

表3.1　　　　　　　　国内外教师职场学习实证研究论文数量　　　　　　　单位：篇

年份	1994	1995	1996	1997	1998	1999	2000	2001	2002	2003	2004
国外论文数量	1	0	1	0	1	3	0	1	1	4	6
国内论文数量	0	0	0	0	0	0	0	0	0	0	0

年份	2005	2006	2007	2008	2009	2010	2011	2012	2013	2014	
国外论文数量	7	3	3	8	9	12	13	9	23	6	
国内论文数量	0	1	1	1	4	1	1	1	3	4	

　　从研究内容来看，国内外关注的内容差异不大，但国外研究更为细化和深入。综合国内外教师职场学习研究的内容和数量可以发现，教师职场学习研究焦点可分为教师职场学习的影响因素、学习途径、学习内容、职场学习与教师专业发展的关系、学习过程，其中得到探究较多的是教师职场学习的影响因素、职场学习与教师专业发展的关系和教师学习途径（见表3.2）。

表 3.2　　　　　　　　　教师职场学习研究内容与回顾论文数量　　　　　　单位：篇

研究主题	研究内容	论文数量	论文发表年度
教师职场学习的影响因素	教师职场学习的影响因素类别	11	1994—2013
	特定因素对教师职场学习的影响作用	28	2003—2014
教师职场学习途径	教师职场学习活动类别及学习方法	6	2003—2014
	教师职场自我导向学习活动情况	5	2010—2013
	教师职场合作学习活动情况	7	2006—2014
教师职场学习内容	教师合作学习内容	5	1999—2012
教师职场学习与教师专业发展的关系	教学研究与教师专业发展的关系	21	1999—2014
	自我导向学习与教师专业发展的关系	2	2009—2010
	合作学习与教师专业发展的关系	9	2002—2014
教师职场学习过程	教师合作学习过程	4	2010—2013

　　表 3.1、表 3.2 的分析结果表明，已有教师职场学习研究较为重视分析特定因素对教师职场学习的影响作用、教学研究与教师专业发展的关系、教师职场学习的影响因素类别、合作学习与教师专业发展的关系；也探究了教师合作学习活动情况、教师职场学习活动类别及学习方法、教师自我导向学习活动情况和合作学习内容；但对自我导向学习与教师专业发展的关系，以及教师合作学习过程调查较少；此外，根据研究回顾情况，现有研究缺少对教师职场自我导向学习内容和学习过程等方面的调查分析。另外，现有研究甚少探析不同学习途径间的互动关系、教师职场学习过程和学习内容；且往往针对某一教师群体的职场学习某特定方面进行调查，所得发现较为零碎，未从个人学习史角度研究教师作为一个学习者，在其教学工作经历全过程中的完整职场学习过程、学习内容、学习动机、学习途径、影响因素及学习效果，对教师职场学习与教学工作情境的互动情况也分析较少。

　　从研究方法上来看，国内外研究多采用质性研究方法或是质性与量化结合的混合方法，且混合方法呈上升趋势，采用的数据收集手段以访谈、调查问卷和观察为主（见表 3.3）。但调查问卷的设计和修订过程甚少在论文中得以描述，问卷的设计和发放情况往往不够严谨；访谈多采用半结构式访谈，通常对访谈对象进行一次性访谈，观察资料在论文讨论中往往语焉不详，过程阐述较少。

表3.3　　　　　　教师职场学习研究国内外数据收集手段对比

国外（111项）研究的数据收集手段			国内（16项）研究的数据收集手段		
数据收集手段	次数	百分比（%）	数据收集手段	次数	百分比（%）
访谈	48	43.2	访谈	7	43.8
调查问卷	37	33.3	调查问卷	9	56.3
观察	29	26.1	观察	3	18.8
学习/研究日志	12	10.8	学习/研究日志	3	18.8
文献分析	10	9	文献分析	0	0
叙事探究	7	6.3	叙事探究	3	18.8
学习报告	3	2.7	学习报告	1	6.3
测试	1	0.9	测试	1	6.3
团队讨论录音	4	3.6	团队讨论录音	0	0
讨论	3	2.7	讨论	0	0
传记	1	0.9	传记	0	0

以上总结表明现有教师职场学习实证研究存在以下情况：（1）对教师职场学习的影响因素、职场学习与教师专业发展的关系和教师学习途径调查较多，但对自我导向学习与教师专业发展的关系、教师合作学习过程调查较少，缺少对教师职场自我导向学习内容、学习过程等方面的研究分析；（2）研究多探究教师职场学习某一特定形式或某一因素，未能全面地对教师职场学习构成整体描述；（3）当前研究多忽视了职场学习各组成部分之间的互动关系、职场学习和个人内在因素、外在环境之间不断协商对教师专业发展形成的影响；（4）研究方法较为单一，虽采用混合方法的研究不断增多，但各数据收集手段之间的逻辑关系较为薄弱，忽视了不同研究方法运用时的互补作用；（5）研究对象多为中小学教师，对高校教师，特别是高校英语教师的关注较少。

由于本研究旨在探索高校英语教师职场学习情况，因此下一节将对高校英语教师职场学习研究进行回顾与总结。

第二节　高校英语教师职场学习研究

本节将对高校英语教师职场学习研究现状进行综述。本研究的焦点为高校英语教师职场学习，本研究主题的选择首先是为了深入了解高校英语教师群体的职场学习情况；除此之外，也基于高校英语教师对我国高层次人才培养的重要性以及我国当前高校英语教师师资现状两个方面的考虑。

按照所承担的教学任务来划分，高校英语教师可分为英语专业教师、大学英语教师和研究生公共英语教师；英语专业教师又可按照学生攻读学历层次划分为担任英语专业专科学生课程、英语专业本科学生课程教学的教师，以及硕士生导师和博士生导师。但高校英语教师承担的教学任务在其工作历程中并不是一成不变的，他们的职业身份和教学任务的变化随教学安排、个人发展、学校发展、个人需求、环境变动等因素的变化而呈动态交叉变化态势，很难将一名教师的身份进行简单定位。不管高校英语教师的教学对象是什么层次的学生，都对我国高层次人才培养起着重要作用。首先，高校英语教师中的一部分担负着英语教师教育者的重要角色，他们本身的专业发展影响着他们所传播的教学理念，从而间接影响到我国的英语教师教育和英语教学水平。其次，由于英语教学在我国高等教育课程设置中的重要地位，英语专业教师、大学英语教师和研究生公共英语教师的专业发展情况均间接影响着高校学生的英语学习和专业学习，由此也间接影响到我国高等教育质量，从而对我国基础教育质量和我国人才素质形成影响。

然而我国高校英语师资情况却并不令人满意。自 1999 年高校连续扩招以来，高校英语教师出现了严重短缺，使得大批师范或非师范专业的本科毕业生成为高校英语教师，导致这一群体的年龄、学历、职称结构不合理，科研意识与科研能力薄弱，教学理论素养偏低，教学观念滞后。由于教师的年龄和学历层次较为集中，因此对培训进修的大量需求导致了进修资源的相对匮乏（刘羽荣，2012）。以上原因促使本研究聚焦高校英语教师的职场学习，通过对处于不同专业发展阶段教师职场学习的探索，分析各方面的互动因素和教师的学习经历，寻求发现高校英语教师可资借鉴的职场学习模式，期望为教师有效提高自己的专业素养提供参考。

为了顺利实施本研究并对现有研究进行回顾，接下来将对本研究的核心概念——高校英语教师职场学习进行界定，并基于研究界定对高校英语教师职场学习研究进行回顾。

一 高校英语教师职场学习概念界定

职场学习重在描述工作和学习之间的关系［巴尼特（Barnett），1999；希瑟·霍金森和菲尔·霍金森（2014）］，在成人世界，工作不可避免地会成为学习的一个部分，而学习也会反过来成为工作的一分子（巴尼特，1999）。要探究职场学习，首先需要对其概念进行分析，然而已有研究所采用的职场学习概念较为模糊或较为片面，不同研究对该概念的界定存在较大差异；争议主要存在于学习的正式或非正式形式，以及计划性或偶然性特征两个方面，但对职场学习的目的及其与工作的内在联系则已形成共识，如雅各布斯（Jacobs）和帕克（Park）（2009）认为职场学习不仅是个人在参与培训、教育或职业发展课程过程中进行的学习，也是在工作实践活动过程中进行的经验性学习，其目的是提高当前或未来工作所需能力。

由于职场学习具有鲜明的目的性与工作情境性特征，而本研究重在探索高校英语教师的职场学习，因此本研究需特别关注高校工作情境与英语教师学习特征。陈碧祥（2001）认为高校教师专业发展是高校教师在进行教学、研究和服务工作过程中，由于个人、合作、研究、进修等活动对教师反思与理解产生引导，从而增进教师的教学、研究及服务等专业知识和专业精神的过程。弗里曼和理查兹（1996）从语言教师学习的角度分析了教师学习内涵，认为语言教师学习涵盖了教师对语言教学本质、教学所需知识和技能、职业态度及学习过程的理解。理查兹和法雷尔（2005）则在上一研究基础上进一步对语言教师学习内涵进行概括，发现教师学习概念包括四个维度——以技能学习为焦点、以认知过程为焦点、以个人建构为焦点、以实践反思为焦点。

基于已有研究对教师学习、职场学习和教师职场学习概念的界定，结合本研究的研究目的，本研究将高校英语教师职场学习概念界定如下：高校英语教师职场学习是高校英语教师在教学工作情境下，将学习融入日常教学和研究实践活动，以拓展和完善教学实践与教学研究所需要的各种知识与技能，满足自身专业发展之需，是教师通过不断阅读、交流、反思、实践以及与外界互动达到自我发展并与时俱进的过程，也是教师人生观、认识观和价值观的具体体现。

基于本研究的工作定义，接下来将对高校英语教师职场学习实证研究进行较为细致的回顾。

二　高校英语教师职场学习研究回顾

通过对国内外文献进行细致查找，本研究发现针对高校英语教师这一特定群体的职场学习研究较少，到目前为止本研究共查找到 9 篇相关实证研究文献，其中大多数是针对中国高校英语教师所进行的研究，其他研究则调查了部分非英语国家的高校英语教师职场学习情况。对高校英语教师职场学习的研究主要分析了教学研究活动对教师专业发展的作用、特定因素（教师评价知识、身份认同、新教材使用等）对教师职场学习的影响、自我导向学习活动（指导学生教学实践）对教师专业发展的作用、教师职场学习过程、合作学习活动（协同教学）对教师专业发展的作用、教师职场学习途径与现状分析等内容。这九项研究主要采用叙事探究、访谈、文献分析和观察等质性研究方法收集资料，少数研究在质性研究方法的基础上辅以问卷调查和测试等量化研究方法探究高校英语教师职场学习。

采用叙事探究法的研究较多，如巴克霍伊岑（Barkhuizen，2009）利用叙事探究法分析了教学研究对高校英语教师专业发展的作用。作为研究对象的中国高校英语教师参与了研究者执教的研究方法课程学习；该课程的主要教学内容是质性研究方法，包括选题、收集和分析质性资料，以及撰写研究报告。资料分析结果表明教学研究过程可促使教师对自身教学工作情境进行反思，同时在课程学习内容和教学经验的共同作用下促进研究能力和教学能力的发展。又如许（Xu）和刘（Liu）（2009）通过叙事探究法探索了一名高校教师的学生评价知识和评价实践对教师专业发展的影响。研究发现教师从前的评价经历对他们的当前实践和将来的评价计划均存在影响；教师工作场所的权力关系也影响着他们的评价决定；学生评价的特定情境会影响教师的安全感，从而影响到评价的有效性。该研究体现了教师从前的学习经历对教师专业发展的影响，证实了教学工作情境在教师学习中起着关键作用。再如刘（Liu）和许（Xu）（2013）采用叙事探究法描画了英语教学改革背景下的一名中国高校英语教师的职场学习经历。研究首先报告了教师加入该系并领导教学法改革的过程；随后刻画了在面对其他教学法的挑战与冲突时，教师身份认同的丧失；接着描述了当该教师在养育女儿的过程中，试图将一些自由化设想付诸实施时遇到的身份危机；最后，研究将教师的身份危机与她对实践共同体的自我排斥联系起来。研究发现教师需要在教学工作情境下调整身份认同来适应新的工作规则，该发现强调了教师在实践共同体中的学习所具有的社会性、双向性，以及权力实施特点。

切蒂（Chetty）和吕本（Lubben）（2010）只采用了访谈法收集资料，他们调查了高校教师教育者的专业认同和组织认同感，资料分析结果表明大多数教师教育者认为教学和研究是两回事，研究活动只是为了满足高校要求，得到项目经费，并发表论文；研究同时发现研究团队的同伴支持有助于提高教师教育者的研究知识和能力。

也有研究采用了多种质性研究方法收集资料，如郭遂红（2014）通过访谈、观察和文献分析等方法探究了高校外语教师职场学习情况及其对教师专业发展的作用，研究对象为一个教学团队的六名成员，正在进行校级教改项目研究。资料分析结果表明教师的职场学习与日常教学活动关系紧密，可归纳为以下四类：实验教学、教学反思、基于教师学习共同体的交互式学习和行动研究。研究还发现基于教学情境的职场学习有助于外语教师发展学习认知和身份认知，在学习过程中教师的理论知识由外显向内隐知识转化并推动了教师自主专业发展。

其他一些研究则采用质性与量化结合的混合研究方法收集资料，已有的此类研究在资料收集与分析过程中，常以量化方法为主，以质性方法为辅，如余渭深和韩萍（2009）通过问卷调查和访谈探索了《大学体验英语》教材的使用对高校大学英语教师职业能力发展的影响，研究主要关注了《大学体验英语》教材编写理念、教师课堂教学情况、教师职业能力发展情况等，通过对问卷数据的分析，研究发现该教材的使用有利于教师教学观念、教学方法、课堂教学的改变，与此同时教师的自我学习、自我反思等能力也得到了提高。又如陈（Chen）（2012）利用问卷调查了13名担任英语教学专业硕士课程的教师教育者指导职前教师的情况，通过对问卷数据和工作日志资料的分析，研究发现在约谈职前教师并对其教案撰写进行指导的过程中，教师教育者通过与学生分享知识、教学与学术学习经验促进了自己的批判性反思，改进了自己的教学效果，研究表明指导学生教学实践活动可促进教师教育者的专业发展。孟（Meng）、塔亚罗英苏克

（Tajaroensuk）和塞福（Seepho）（2013a）研究了多层同伴互助模式对高校英语教师专业发展的作用，该模式要求教师进行协同教学，四名教师组成一个协同教学小组，共同商议并尝试解决教学中出现的问题；同时教师还需进行同伴互助，由协同教学小组内的四名教师两两分组合作，反思教学情况、学习教学技能、分享教学心得、互相观摩指导、实施课堂教学研究、商议并解决工作中的问题。在经过专家评估后，研究者邀请12名中国高校英语教师参与历时一个学期的实验并通过测试、观察、教师日志、研究者田野笔记和调查问卷收集数据。研究结果表明多层同伴互助模式的职场学习有利于高校英语教师专业知识和专业能力的提高，可促进教师合作与学习的持续性。在该研究基础上，孟、塔亚罗英苏克和塞福（2013b）进一步深入探讨了高校英语教师对该模式的看法，发现多层同伴互助模式的学习使教师意识到了合作的优势与重要性，研究结果表明该模式有助于教师解决在专业发展过程中遇到的困难，有利于培养教师间的友谊，从而增进他们的学习兴趣，激发学习动机。

　　已有研究的回顾情况表明，对高校英语教师职场学习的调查采用了多种研究方法，其中质性研究方法以叙事探究和访谈为主，量化研究方法以问卷调查为主。在上述九项研究中，五项研究仅采用质性研究方法收集数据，其余四项研究采用了以量化为主、以质性为辅的混合研究方法收集与分析资料。根据研究回顾情况，接下来将总结高校英语教师职场学习研究现状，并提出本研究焦点。

三　高校英语教师职场学习研究现状与本研究焦点

　　根据本书对国内外教师职场学习实证研究现状的分析结果，按学校层次区分，教师职场学习研究的主要对象为中小学教师，对高校教师的职场学习研究较少；按学科类别区分，对综合学科的教师职场学习研究较多，而对英语教师职场学习的研究偏少。在查找到的127项国内外实证研究文献中，以英语教师为研究对象的仅有14项，但研究内容较为多样，涵盖了教师自我导向学习和合作学习两种途径，探究了英语教师职场学习影响因素、学习途径、学习过程，以及不同学习活动与教师专业发展的关系等方面内容（见图3.8）。

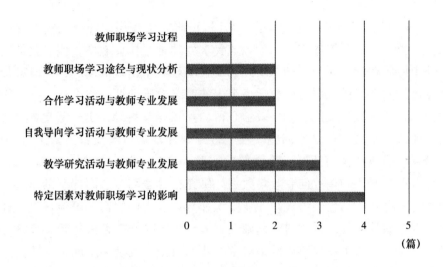

图 3.8   英语教师职场学习实证研究内容与数量

综合本书对教师职场学习研究现状、对高校英语教师职场学习研究现状，以及本节对英语教师职场学习研究现状的总结：（1）从现有研究内容上看，前人研究对教师不同职场学习途径的互动关系、教师职场学习过程和学习内容调查较少，特别是对职场自我导向学习与教师专业发展的关系、教师职场合作学习过程调查较少，缺乏对教师职场自我导向学习内容与学习过程的探索。（2）从现有研究方法上看，单纯采用质性方法或量化方法的研究较多，混合研究方法使用较少，且混合方法多以量化为主、以质性为辅，呈量化研究特征；最常用的质性研究方法是访谈和观察，最常用的量化研究方法是问卷调查法。（3）从现有研究发现上看，前人研究已对教师职场学习的部分影响因素、教师职场学习途径进行了较多描述，但有关学习途径间的互动关系、教师职场学习过程和教师职场学习内容等方面信息较少；研究发现多描述教师职场学习的某一因素或某一片段，对教师作为学习者在教学工作中经历的职场学习完整刻画较少，也很少分析教师职场学习与教学工作情境的互动情况。（4）从现有研究对象上看，研究多针对中小学综合学科教师群体进行调查，对英语教师，特别是高校英语教师的关注较少。

四   研究问题

基于以上发现，本研究拟采用质性和量化研究结合的混合研究方法，以质性为主，以量化为辅，重点关注高校英语教师的职场学习，旨在发现、描述、理解和阐释高校英语教师职场学习的过程、学习特征、职场学习对教师专业发展的作用，并通过分析各要素间的互动关系探索教学工作情境与教师职场学习的协商过程，寻找可促进教师职场学习的策略与方法。基于对现有研究观点及理论的整合，本研究通过收集和分析访谈、调查问卷等质性研究资料和量化研究数据，探究高校英语教师职场学习的五个方面：（1）教师职场学习的基本过程；（2）教师职场学习的主要途径；（3）教师职场学习的主要内容；（4）影响教师职场学习的主要因素及其影响作用；（5）教师职场学习途径、过程和内容之间的内部相互作用以及影响因素间的互动情况。本研究希望通过对以上几个方面进行深入细致的调查，分析高校英语教师职场学习的特征，寻找帮助教师提高职场学习效率的方法，探索高校英语教师可资借鉴的职场学习框架模式，增进学界对高校英语教师职场学习情况的了解。

基于文献综述和本研究目的，拟回答以下三个问题：

（1）高校英语教师是如何开展职场学习的？

（2）高校英语教师职场学习呈现什么主要特征？

（3）职场学习对高校英语教师专业发展起到什么作用？

第三节 本研究的概念框架

概念框架是研究选择重要变量、分析概念关系、设计研究工具和解释研究结果的基础，来自相应研究的取向或立场，是研究的主要框架［迈尔斯（Miles）、休伯曼（Huberman），1994；梅里亚姆（Merriam），1998］。概念框架可采用文字表述，但更多的是利用图形解释研究的主要内容——关键因素、概念或变量之间的假设关系（迈尔斯、休伯曼，1994），建立概念框架的主要途径是对现有文献的综述，通过对特定研究取向下现有研究的概念、术语、定义、模型和理论进行分析，结合研究问题与资料收集、数据分析和阐述研究发现的计划建构而成；所建立的概念框架将对选择研究方法、资料收集计划、数据分析及研究发现论述起到引领作用（梅里亚姆，1998）。

由于概念框架的基础来自文献综述，因此接下来将对本章的文献综述情况进行总结并描绘出文献综述概览图。

一　文献综述概览

在第一章对研究背景的论述中，梳理了我国外语教育发展历程、教师专业化历程和教师专业发展概念演变过程，我国外语教育发展历程表明，我国政治、经济、文化和社会变革的相互作用决定了我国的语言教育政策、课程改革、教学改革、考试制度和教育技术的发展方向，而以上因素的改变又促使教育管理部门调整政策，通过对高校管理的引导作用于高校的教学情境，促使教学管理、教学要求、教学条件、教师聘用等教学环境发生改变，促使教师通过不断学习来拓展和完善自己的教学、研究技能。

第二章和第三章综述了教师专业发展研究的起源与发展、教师学习研究概况、情境学习理论对教师学习研究的指导作用、职场学习研究概况、教师职场学习研究现状和高校英语教师职场学习研究现状。通过对文献的梳理，发现早期的教师专业发展研究主要存在两个取向：教师发展阶段研究和教师认知研究，其中教师发展阶段研究开展较早。随着研究的拓展，教师认知研究逐步分化出不同取向，研究者开始从教师信念和教师知识两方面进行探索，在探索过程中，研究者逐步发现教师课堂实践与教师信念和教师知识之间存在着互动关系，三者的互动最终造成教师的改变，为了探究这一过程，教师学习研究逐渐得到重视。当情境学习理论提出后，研究者将其与职场学习和教师学习相结合开展了教师职场学习研究。现有研究发现教师职场学习可受社会环境、教学环境和个人情况的多种因素影响；按教师学习形式来区分，教师职场学习可分为自我导向学习和合作学习两类，其中自我导向学习包括教学反思、师生交流、研读反思、实验教学、教学研究和规划行动等活动类别；合作学习包括交流共享、合作研究、观摩借鉴和合作实践等活动类别。教师职场学习通过实践与反思促使教师进行自我探究与建构，促进教师的知识拓展、技能提高和认知改变，有助于教师专业发展。通过总结文献综述内容，绘制了文献综述概览图（见图3.9）。

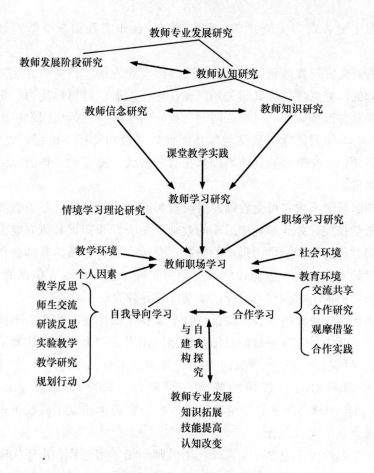

图3.9　本研究文献综述概览

二　概念框架建构理据

已有研究发现可影响教师职场学习的因素主要包括社会环境、教学环境和个人因素，其中个人因素对教师职场学习影响较大。个人因素主要包括效能感、教学信念、身份认同、工作满意度、个人教学情况、人际沟通、学科教学知识水平等；教学环境因素主要包括学校文化、教学管理、学校性质和学习资源等；此外，社会发展、文化特征、经济环境和国家政策等社会环境因素也直接或间接地影响到教师职场学习情况。

按个人对学习主导程度划分，教师职场学习途径可分为教师自我导向学习与合作学习，其中教师自我导向学习活动类别较多，可归纳为教学反思、师生交流、实验教学、规划行动、教学研究和研读反思等活动类别，合作学习主要表现为交流共享、合作研究、合作实践和观摩借鉴等活动类别。

现有研究发现教师职场学习可促进教师专业发展。教学研究类活动可增进教师的研究兴趣、提高相关知识和技能、发展教师思辨能力、更新教师教学观念并改变教师的身份认同。自我导向学习对教师认知发展起着积极作用，合作学习活动可促使教师在无外界刺激和支持下进行自发学习，通过分享知识、交流经验促使教师修正教学实践、提高教学技能以满足专业发展需求。

教师职场学习内容可受教师发展阶段影响而产生变化，新手教师较注重学习教学技能，处于职业中后期的教师更关心专业知识和研究能力的提高，不同教师通过职场学习提高的情况存在较大差异。虽然教师合作学习能促进教师专业发展，但合作学习活动对教师专业发展既有积极的一面，也有消极的一面，教师参与合作活动情况差异较大。

基于已回顾研究的综合发现，结合本章在文献综述过程中对不同主题的教师职场学习研究所进行的总结与绘制的图形，加上文献综述概览图的协助，再参照教师专业发展成因关联模型（克拉克、霍林斯沃思，2002）和中国教师学习与发展情境模式（顾佩娅，2009），以及雷塔利克（1994）提出的教师职场学习情境模式，本研究初步建立了高校英语教师职场学习概念框架（见图3.10）。

本研究的研究焦点之一是高校英语教师职场学习过程，由于文献综述中对教师职场学习过程的分析较少，现有研究发现教师在合作学习中可能存在适应—探究—建构—改变的过程，结合克拉克和霍林斯沃思（2002）及顾佩娅（2009）的研究发现，本研究认为高校英语教师职场学习可能由教师课堂教学触发，通过教师在职场学习活动中进行反思促进教师知识、技能和认知的发展，并经由日常教学或研究活动反过来提升课堂教学效果；与此同时，课堂教学也通过日常教学或研究实践促使教师进行职场学习，学习成果在经过反思后，通过职场学习活动作用于课堂教学。此外，教师对职场学习成果的反思也影响到教师知识、技能和认知的发展，而教师知识、技能和认知的发展又通过教师在职场学习活动中进行反思使教师学习到更多内容。

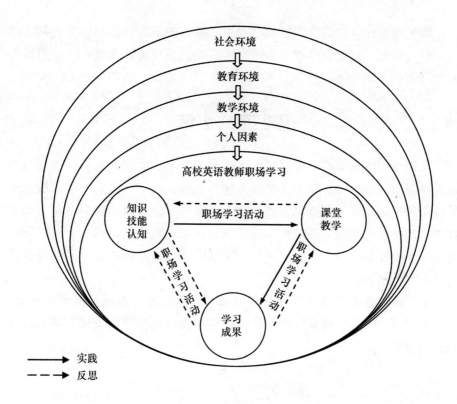

图 3.10　高校英语教师职场学习概念框架

　　本研究的另外两个研究焦点是高校英语教师职场学习的主要特征与作用，为了分析和总结教师职场学习的特征，本研究将分别对高校英语教师的职场学习途径、学习内容和影响因素进行调查。正如上文所述，现有研究已经对教师职场学习途径、影响因素、学习内容，以及教师职场学习与教师专业发展的关系进行了一定调查，发现教师职场学习可促进教师专业发展；教师职场学习途径可主要分为自我导向学习和合作学习，包含了较多不同类别的职场学习活动，自我导向学习和合作学习间存在一定的相互作用；教师职场学习的影响因素可主要分为社会环境、教育环境、教学环境和个人因素，其中社会环境因素和教育环境因素通过对教学环境因素的影响作用于个人因素，个人因素对教师职场学习的影响最为直接和明显；教师职场学习内容受教师发展阶段影响而出现较大差异，随着教师年龄增长逐步由技能取向转为知识和研究取向。根据以上研究发现，本研究认为高校英语教师的职场学习受情境因素影响较大，可能以职场学习活动为媒介，联系教师课堂教学、职场学习成果和教师知识、技能与认知发展，通过实践与反思，促进教师教学和研究所需知识与技能的发展，推动教师专业发展。

第四节 小结

本章介绍职场学习研究概况、教师职场学习研究现状和高校英语教师职场学习研究现状，通过对文献的梳理，分别界定了教师职场学习概念和高校英语教师职场学习概念，并在概念界定的基础上对教师职场学习和高校英语教师职场学习实证研究进行了回顾。在文献综述的基础上，本研究提出了研究问题与研究焦点，并综合文献综述、理论依据和研究问题提出了本研究的概念框架。

下一章将在本章基础上论证研究设计，首先陈述本研究的研究问题，界定关键概念，并在研究问题、文献综述、概念框架协商基础上对研究设计进行阐释。

第四章　研究设计

上一章回顾了教师职场学习的相关理论和实证研究，提出了本研究的工作定义、研究问题和研究焦点，建构了概念框架。本章将基于研究问题，结合文献综述所昭示的观点、视角、方法和框架进行研究设计，并对设计理据进行论证。

第一节　关键概念界定与研究问题

界定研究中的关键概念有助于研究的顺利实施，关键概念的操作性定义是收集与分析数据的重要基础，在报告研究发现、展开讨论方面发挥着承上启下的作用。本章基于文献综述和研究目的，对"高校英语教师职场学习"和"高校英语教师"两个关键概念进行了界定，表述如下。

（1）高校英语教师职场学习是高校英语教师在教学工作情境下，将学习融入日常教学和研究实践活动，以拓展和完善教学实践与教学研究所需要的各种知识与技能，满足自身专业发展之需，是教师通过不断阅读、交流、反思、实践以及与外界互动达到自我发展并与时俱进的过程，也是教师人生观、认识观和价值观的具体体现。

（2）高校英语教师是供职于高等教育机构并承担含本、专科学生和研究生在内的英语专业、大学英语和研究生公共英语教学任务的教师。

由于本研究旨在探索我国高校英语教师职场学习内涵，了解教师职场学习现状，分析教师职场学习特征及其对教师专业发展的作用，因此本研究回答如下三个问题。

（1）高校英语教师是如何开展职场学习的？

（2）高校英语教师职场学习呈现什么主要特征？

（3）职场学习对高校英语教师专业发展起到什么作用？

在以上三个问题中，第一个问题需对高校英语教师职场学习的过程及其特定情境、事件和现象进行深度描述，具有较强的描述性特点；第二个问题需调查高校英语教师职场学习的共性，即其趋势性特征，也具有描述性特点；第三个问题需探究职场学习对高校英语教师专业发展的意义，解释教师职场学习的原因，具有解释性特点。基于以上问题的特点，本书将选择相应的研究方法来收集数据。

第二节　研究方法

基于研究问题的特点与回答问题的需要，本书使用个案研究策略，采用质化、量化兼取的混合研究方法（mixed research procedure）［克雷斯韦尔（Creswell），2009］。个案研究并不特定限制使用某种数据收集手段或分析方法，不管是质性还是量化方法，如访谈或调查都可用于个案研究；通过聚焦个案，研究者可以探究现象中主要因素交互作用的特征，对特定的情境、事件、项目或现象进行整体的描述和解释［梅里亚姆（Merriam），1998］。

因此，本研究在方法的选择和数据收集手段的设计上，注重利用不同研究方法的优势并关注其不足之处，以达到取长补短、互相印证、逻辑相关和紧密连接的效果，旨在尽可能严谨地保证研究的深度和广度，从纵向和横向的角度去描述、理解和阐释工作情境中高校英语教师职场学习的过程、常见途径与常用手段、主要内容、影响教师职场学习的因素，以及不同学习途径在教师专业发展中的作用及各因素之间的互动关系。

在描述数据收集情况、研究对象的选择和数据分析方法之前，接下来将首先对研究方法的选择及理据进行论述。

一　混合研究方法的选择及其理据

质性研究是通过田野调查，在自然情境中利用多种资料收集手段对社会现象进行整体性探究，以研究者本人为基本研究工具，通过与研究对象的互动，建构对其行为及意义的解释性理解，使用归纳法分析资料、形成理论的一种研究活动。量化研究是一种通过分析变量关系来检验客观理论的研究方法。量化研究利用恰当的数据收集手段，将研究对象的特征按某种量化标准测定特征数值，或调查某些因素间的量的变化规律，利用统计学方法来处理数据，并采用演绎法来分析、考验、解释研究结果（梅里亚姆，1998；陈向明，2000；克雷斯韦尔，2009）。梅里亚姆（1998）对比了质性研究与量化研究的主要特征，她认为量化研究是对现象进行分解，然后对不同的构成部分进行实验的研究方法；而质性研究能够揭示各个部分怎么样才能共同协作，形成整体（见表4.1）。

表4.1　　　　　　　　　　　质性研究与量化研究的主要特征对比

对比内容	质性研究	量化研究
研究关注点	质（本质、根本）	量（多少、多大）
哲学基础	现象学、符号互动论	实证主义、逻辑经验论
相关术语	田野、民族志、自然主义、扎根理论、建构主义	实验、经验、统计
研究目标	理解、描述、发现、意义、提出假设	预测、控制、描述、确认、检验假设
设计特点	灵活、参与、即兴	预定、结构化
样本	小、非随机、目的性强、理论化	大、随机、代表性强
资料收集	访谈、观察、文件	量表、测验、问卷
分析模式	归纳（由研究者进行）	演绎（通过统计方法进行）
结果	比较的、整体的、宽泛的、描述丰富的	精确的、数字化的

资料来源：梅里亚姆，1998。

通过对表4.1的分析可以发现，质性和量化研究方法各有其研究关注点、研究目标、设计特点、资料收集手段、分析模式，且资料分析结果各有所长，若采用得当，应能取长补短，提高研究质量。针对研究方法的选择，文献中曾有过大量关于质性研究与量化研究孰优孰劣的讨论。结合质性与量化研究方法收集数据的广泛使用与成功实践使学界普遍认为质性与量化的争论基本上并无建设性。萨洛蒙（Salomon）（1991）指出，有关选择研究方法的争论焦点不应在于量化与质性的对立，而是在于研究者到底是想用一种"分析"取向去了解少数被控制的变量，还是想用一种"系统"取向去了解复杂情境中变量间的互动。因此，选择研究方法的核心问题不再是研究设计中是否可以将两种数据与方法综合在一起，而是究竟是否应该并用、怎么用，以及为了什么而用。罗斯曼（Rossman）和威尔逊（Wilson）（1994）认为采用混合研究方法将质性资料与量化数据联结起来可有三方面的好处：（1）通过三角验证，两种数据可以彼此巩固对方的论证；（2）可供细究或推动数据的分析，获得更丰富的细节；（3）两种数据间出现的差异与矛盾若能为研究者所注意，可有助于开创新的思考路线，改变想法，产生新的认识。

倡导混合研究方法的学者认为在方法选择方面，研究问题应主宰一切。方法必须跟从问题并确保为回答问题提供最佳途径（张培，2010）。文秋芳和韩少杰（2011）总结了质性、量化、混合研究中研究问题的主要特点（见表4.2）。他们认为质性和量化研究方法各有所长。质性研究一般以文字形式呈现原始数据，研究设计比较宏观、灵活，数据收集过程可根据具体情况加以调整，研究环境真实自然；而量化研究一般以数字形式呈现原始数据，研究设计比较周详、缜密，数据收集过程中一般不能轻易改变原始设计。不同的研究方法适合回答不同的问题，因此研究者应首先确定研究问题，再根据问题选择恰当的研究方法。

表4.2　　　　　　　　　不同类型研究中研究问题的主要特点

研究方法	常见研究策略	研究问题的主要特点
质性研究方法	行动研究	解决教学实践中出现的难题
	个案研究	描述少数个体呈现的某些特征并解释其原因
量化研究方法	问卷调查	描述群体中带有趋势性的特征或几个因素之间的关系
	实验研究	验证两种因素之间的因果关系
混合方法	量化＋质性	从描述总趋势到解决具体难题；从验证因素之间的关系到解决具体难题
	质性＋量化	从解决具体难题到验证两种因素之间的关系；从描述个体特征到描述群体特征的趋势

资料来源：文秋芳、韩少杰，2011。

本研究共有三个研究问题。问题二"高校英语教师职场学习的主要特征是什么？"需描述高校英语教师群体的职场学习趋势性特征。为了达到这一目标，首先要了解高校英语教师职场学习的个体特征，符合个案研究特点；再调查其群体趋势性特征，符合问卷调查法的特点。问题一"高校英语教师是如何因地制宜开展职场学习的？"和问题三"高校英语教师职场学习对他们的教师专业发展有何作用？"均要求对研究总体——高校英语教师中具有代表性的少数教师所呈现的职场学习特征、过程和学习效果进行描述，并解释其原因，符合个案研究特点（见表4.3）。

表4.3　　　　　　　本研究的研究问题特点及相应研究方法的选择

研究方法	研究策略	数据收集手段	研究问题	研究问题的特点
混合方法	个案研究	访谈	高校英语教师是如何因地制宜开展职场学习的？	描述性，需对高校英语教师职场学习的特定情境、事件、现象等进行深度描述
	调查	问卷访谈	高校英语教师职场学习的主要特征是什么？	描述性，需调查高校英语教师群体职场学习的个性和共性，即其趋势性的特征
	个案研究	访谈	职场学习对高校英语教师的专业发展有何作用？	解释性，需探究职场学习对高校英语教师的意义，解释教师职场学习的原因

　　基于研究问题的特点与回答问题的需要，本研究的研究方法以质性为主，以量化为辅，采用质性—量化—质性的混合研究步骤，从探索高校英语教师职场学习的主要途径、手段和影响因素入手，描述个体特征；到验证这些途径、手段、影响因素之间的关系，描述群体特征的趋势；再到深入探究具体学习途径、学习内容和影响因素的发展过程、互动关系，以及作用效果。由于教师职场学习研究重在探究工作情境与教师学习的关系，了解研究对象对教学、科研工作实践的回应，因此本研究通过探索性访谈了解高校英语教师职场学习的一般情况，在探索性访谈基础上开发、设计和修改调查问卷，对高校英语教师职场学习情况进行普查；又在分析问卷调查数据的基础上，选择深度访谈与小组访谈的访谈对象以及重点关注点，通过深度访谈与小组访谈，聆听教师们的职场学习故事与思想深处的声音、细查多种因素间的协调与冲突过程，有利于理解高校英语教师职场学习的过程和结果，以及各种因素之间错综复杂的关系。

　　基于对研究方法和研究问题的关系分析，本研究采用问卷调查和访谈两种手段收集数据，访谈包括探索性访谈、小组访谈和采用三轮访谈序列的深度访谈。混合研究方法的采用与研究步骤的实施如图4.1所示。

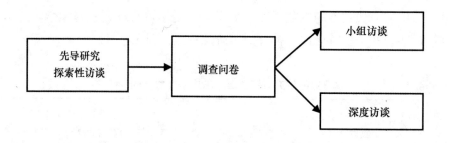

图4.1　研究方法与数据收集

二　访谈类型的选择理据

访谈法就是调查者通过交谈的方式向访谈对象了解情况，收集信息和资料的一种研究方法（梅里亚姆，1998；陈坚林，2004；克雷斯韦尔，2009）。梅里亚姆（1998）和陈坚林（2004）认为根据问题组织方式和结构化程度，访谈可分为非结构式访谈、半结构式访谈和结构式访谈。非结构式访谈较为随意，事先不做详尽的访谈设计，没有事先预设的问题和提问方式，仅按照一个简略的访谈提纲进行，有利于探索性研究；半结构式访谈需要事先准备一些指导性的问题和访谈提纲，但也允许研究人员在访谈过程中灵活处理访谈对象提供的信息，提出一些新的访谈问题，或就某些方面进行深入质询，有利于研究者灵活应对访谈情境，使访谈对象提供更多、更深入的信息；结构式访谈则具有对访谈过程高度控制和高标准化的特点，往往用于从访谈对象那里收集社会人口统计学数据。杨鲁新等人（2012）则从访谈的正式与非正式角度进一步分析了不同访谈形式的优劣特点。他们认为非正式访谈可用于了解研究场地的情况，为后期更正式的访谈奠定基础；而正式访谈数据收集密度大，适于在较短时间内收集大量信息。根据参加访谈的人数，访谈还可以分为单独访谈和小组访谈，杨鲁新等人（2012）认为与单独访谈相比，小组访谈在节约时间和小组互动方面具有优势，但每个人的发言时间可能较少，发言顾虑较大，因此可能影响到资料的真实性程度；同时某些访谈对象还可能较多地占用发言机会，不利于深入了解每位访谈对象的具体情况。

访谈法因其兼有现象性和方法性的特征，成为一种研究教师专业发展的重要质性方法。通过访谈可以发掘教师在不同发展阶段、个人与社会背景、工作情境中的专业发展经历。根据本研究的研究目的、探索性特点和研究步骤，本研究所采用的访谈可分为探索性访谈、小组访谈和深度访谈。

探索性访谈因其具有的非结构性、灵活性和随机性特点，在本研究中作为先导研究的资料收集手段；小组访谈和深度访谈则用于在正式调查阶段中深入了解教师职场学习各组成部分和各因素间的互动关系、发展过程及其相互作用。

深度访谈采用由塞德曼（Seidman，2006）提出的基于现象学的深度访谈结构。该访谈结构采用三轮访谈序列模式，每一轮各有其特定任务，第一轮着眼于生活历程，第二轮注重经历的细节，第三轮关注意义的反思。塞德曼认为三轮式访谈结构的每一轮能为下一轮访谈提供细节基础，有利于考察人们的具体经历和相关经历的意义，揭示研究领域中存在的复杂问题。三轮式访谈序列的间隔时间最好为三天至七天，这样的时间安排有利于访谈对象有时间反思前一轮访谈的情况，又不会忘记两轮访谈之间的关系，此外，这一访谈间隔有利于研究者在两周至三周内与访谈对象一同合作完成访谈，有助于降低影响访谈的异常情况发生的可能性，还可促进研究者与访谈对象之间友好而密切的关系培育。本研究选用这一深度访谈结构主要基于以下原因：（1）本研究关注教师的具体职场学习经历和相关经历对他们专业发展的意义；（2）教师职场学习经历与所处情境存在着紧密的互动关系；（3）三轮访谈序列允许研究者和访谈对象一起探索经历，并回顾所处情境。

不同类型访谈的采用既能保证本研究访谈资料的灵活性，又能保证研究资料的整体性、密集性和深入性，利用个案研究的独特性、描述性、解释性及多个案研究的精确性、稳定性及效度特征来达到本研究探索高校英语教师职场学习的目的。

在探索性访谈资料分析的基础上，本研究结合参考文献和研究变量设计了调查问卷，接下来将对调查问卷的设计理据进行论证。

三　调查问卷的设计理据

调查问卷因其便于收集大范围的数据而在社会科学领域中受到广泛欢迎和应用，既可用于测量人们的经验或行为，也可以了解人们对某些事情的观点、看法或态度，还可以调查个人体会或感受，以及个人背景和某方面的知识和能力等［福勒（Fowler），1995；秦晓晴，2009；德尔涅伊（Dörnyei）、田口（Taguchi），2010］。然而，要设计出一份信度和效度均比较高的问卷并非易事，如福勒（1995）认为好的问卷问题应注意以下五个方面：（1）界定问题目标，说明需要的答案类型；（2）确保调查者和受访者对问题的关键术语有相同的理解；（3）确保受访者有相关知识和能力提供问题答案；（4）确认调查者和受访者对问题内术语的理解是否存在偏差；（5）询问受访者愿意回答的问题。除应注意选择和设计恰当的问题外，问卷设计的过程也十分重要。陈坚林（2004）指出问卷设计应遵循以下过程：（1）确定研究主题；（2）分析与主题相关的变量；（3）转换变量为可操作概念；（4）分析变量的可操作概念与研究主题的逻辑关系，再设计问题。正如以上学者所述，只有经过严谨的分析过程和有条不紊的逻辑推理，才能设计出一份信度和效度都满足研究要求的问卷。

　　本研究亦特别注重调查问卷的内容设定、设计过程和问题编写的相关性、逻辑性和条理性，除按常规对研究问题中的变量进行分析，找出研究维度，基于概念框架和前人研究基础设计调查问卷外；还利用探索性访谈作为先导研究，探索教师职场学习的主要途径及具体构成要素，探明影响教师职场学习的因素，分析教师职场学习的不同维度，以便对初步设计的调查问卷内容进行修订，并进一步通过调查问卷的预调查来收集数据，分析问卷信度、效度，征询问卷调查对象的修订意见，反复对问卷进行修改完善，最终使其成为一个合格的研究工具。

第三节　研究对象

　　研究对象均为高校英语教师，包括 3 名探索性访谈对象、22 名问卷预调查对象、321 名问卷调查对象、6 名小组访谈对象和 5 名深度访谈对象，来自云南省不同类型的 10 所高校。

　　研究对象的选择对研究收集资料的信度和效度有着重要影响，为了选择恰当的研究对象，研究应关注三方面要素：（1）研究对象范围；（2）研究对象人数；（3）抽样策略（塞德曼，2006；德尔涅伊、田口，2010；郑新民、王玉山，2014）。

　　研究对象范围和人数的确定取决于研究总体情况。研究抽样主要采用分层目的性抽样，以尽可能保证研究的量化数据和质性资料在诠释高校英语教师职场学习的过程、特征和作用方面的多样化、准确性和代表性，更好地回答研究问题。

根据研究问题、概念框架和样本大小的需要，调查问卷发放学校选择为云南省拥有英语本科专业的 10 所主要高校。目的性分层抽样以学校层次、学校类型、英语教师人数为抽样原则；学校层次以 2013 年中国校友会网公布的《2014 中国大学评价研究报告》中的《2014 云南省大学排行榜》为标准，其中 7 所为省内办学层次最高的大学，两所为办学质量较好的地州本科院校，1 所为高职高专院校；学校类型为综合类两所、师范类两所、理工类两所、农林类两所、财经类 1 所、民族类 1 所。以上抽样策略的使用可以保证教师工作情境的多样化、教师学历和职称背景的丰富性，以及教师专业素质的稳定性。

为了按照抽样情况收集问卷数据，研究者通过个人关系、领导协助和高校之间的联系获得 9 所相应院校外国语学院或大学英语教学部门的教师和领导的同意，利用各学院 2014 年 2 月底 3 月初开学召开全院教师会议的机会，留出 20 分钟时间发放并请教师填写本问卷。但由于缺乏进入路径，调查问卷未能在高职高专和独立学院等高校进行发放。按照有效问卷份数统计，最终参与问卷调查的教师共 321 名，分布在 9 所各类型本科高校中（见表 4.4）。

表 4.4 问卷调查对象抽样及参与情况 单位：所、人

高校类型	高校数	参与调查的教师人数	高校类型	高校数	参与调查的教师人数
综合类	2	44 + 22	师范类	2	41 + 17
理工类	1	57	财经类	1	36
农林类	2	28 + 29	民族类	1	47
			合计	9	321

在调查问卷的研究总体和具体研究对象确定之后，本研究对探索性访谈对象进行了抽样。本研究采用探索性访谈的目的是初步了解高校英语教师职场学习的现状，为调查问卷内容的选择和修订，以及后续深度访谈提纲的设计提供真实的资料依据。因此探索性访谈对象和问卷调查对象需来自同一研究总体，且需要进行分层抽样。本研究结合分层目的性抽样和便

利抽样策略，按照教师的年龄、职称、学历、任课情况，参照研究总体的年龄、职称、学历、任课情况的比例，选取了来自云南省高校的三名英语教师作为探索性访谈对象（见表4.5）。

表4.5　　　　　　　　　　　　　探索性访谈对象简况

访谈对象（匿名）	年龄（岁）	职称	性别	学位与攻读情况	访谈时的任课情况
赵老师	38	讲师	女	硕士（国外脱产攻读）	大学英语
钱老师	35	讲师	男	硕士（国内在职攻读）	英语专业
孙老师	47	副教授	女	硕士（国内脱产攻读）	英语专业和大学英语

调查问卷数据反映出来的教师概况和教师专业发展满意度分析结果表明，职称为讲师的教师在云南省高校英语教师群体中具有一定的特殊性，需要对这一群体进行特别关注，因此在问卷调查之后和深度访谈之前，研究利用同质性抽样策略选择了六名讲师职称的教师参与小组访谈。因小组访谈对时间、地点要求较高，无法在访谈对象跨校的情况下完成，因此这六名小组访谈对象均来自同一高校的同一部门（见表4.6）。

表4.6　　　　　　　　　　　　　小组访谈对象简况

访谈对象（匿名）	年龄（岁）	职称	性别	学位与攻读情况	访谈时的任课情况
冯老师	38	讲师	女	硕士（国内在职攻读）	大学英语
陈老师	32	讲师	女	硕士（国内在职攻读）	大学英语和英语专业
卫老师	31	讲师	女	硕士（国内在职攻读）	大学英语
蒋老师	32	讲师	女	硕士（国内职前攻读）	大学英语
沈老师	36	讲师	男	硕士（国内在职攻读）	英语专业
韩老师	37	讲师	男	硕士（国外脱产攻读）	英语专业

对深度访谈对象的抽样则较为复杂。由于只有在访谈对象处于自愿和主动参与的前提下，研究才可能收集到教师职场学习的真实资料，因此在调查问卷的个人信息栏目内设有一道开放式题目，内容为"如您愿意参与后续访谈，请写下电话号码或邮件地址"，并在题目后留出相应空白供研究对象填写。在321份有效问卷中，共有40名教师主动提供了联系信息，

为使深度访谈资料能最大化地为研究问题提供细致、全面、多样、动态和完整的教师学习信息，研究者对这 40 名持有参与后续访谈意愿的教师进行了目的性分层抽样，以职称、性别和工作所在学校类型为抽样标准，抽出四名教师参与深度访谈；在这一过程中，通过研究者的多方努力，某高职院校一名英语教师同意参与深度访谈，使缺少高职高专院校教师样本的缺憾在深度访谈中得到了一定的弥补（见表4.7）。

表4.7　　　　　　　　　　　　深度访谈对象简况

访谈对象（匿名）	性别	职称	学校类型	学位与攻读情况	访谈时的任课情况
李老师	男	教授	综合类	博士（国外脱产攻读）	英语专业
周老师	女	副教授	理工类	博士（国内在职攻读）	大学英语和英语专业
吴老师	男	讲师	师范类	硕士（国内脱产攻读）	研究生公共英语
于老师	女	讲师	高职类	硕士（国内在职攻读）	大学英语
王老师	女	助教	财经类	硕士（职前攻读）	大学英语

第四节　数据收集

本研究主要通过问卷调查和访谈两种手段收集数据，其中，本研究采用的访谈类型可分为探索性访谈、小组访谈和采用三轮访谈序列的深度访谈。探索性访谈作为先导研究，对高校英语教师职场学习的情况进行初步了解，为修改调查问卷内容，制定深度访谈提纲提供实证资料。由于调查问卷便于收集大范围数据，其数据可用于描述群体中带有趋势性的特征或几个因素之间的关系，因此本研究利用其普查高校英语教师职场学习情况，为本研究的核心资料收集手段——深度访谈做准备，数据分析结果也用于与深度访谈资料进行比对分析，起到三角验证的作用。小组访谈则用于调查特定小群体的具体情况，在调查问卷数据得以初步分析后进行，所得资料用于准备深度访谈提纲，同时也可与问卷数据和深度访谈资料进行三角验证。深度访谈是本研究最核心的资料收集手段，本研究采用三轮式深度访谈模式，与每名访谈对象进行三轮访谈，第一轮关注教师的生活、工作和学习历程，第二轮着重调查教师的职场学习情况，第三轮关注教师对职场学习的作用的反思；基于塞德曼（2006）的建议，每轮访谈间隔时间为三天至七天，这样的时间安排有利于访谈对象有时间反思前一轮访谈的情况，又不会忘记两轮访谈之间的关系（数据收集步骤如图4.2所示）。

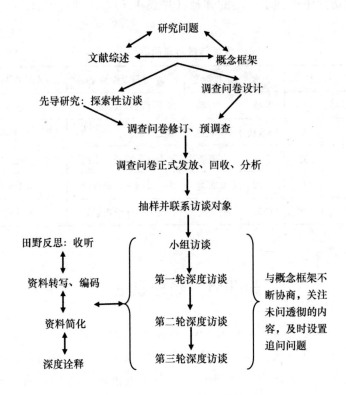

图4.2　本研究的数据收集步骤

一　探索性访谈

本研究采用探索性访谈作为先导研究，其目的是初步了解高校英语教师职场学习的情况，为后期调查问卷内容的设计，以及深度访谈提纲的制定奠定基础。从2013年12月15日至2014年1月13日，研究者共进行了三次访谈，三名访谈对象参与了本轮访谈，每人访谈一次。访谈开始前，研究者已与访谈对象就研究主题、访谈录音、研究伦理、数据保密和匿名处理等问题进行了介绍和协商，并在沟通良好的情况下进行了访谈。

　　为了了解研究的入场基本情况，摸清教师职场学习的可能状况，第一次访谈采用了非结构式访谈形式，然后在第二次和第三次访谈时调整为半结构式访谈。访谈目的随着对教师职场学习情况的逐步了解而越来越深入，第一次探索性访谈采用一份简略的访谈提纲做辅助（见附录1），第二次和第三次的访谈提纲结合研究目的、田野反思和资料整理情况进行了调整和修订。访谈利用数码录音笔进行录音，该录音笔为 SONY ICD - SX1000 型，专业性较强，体积虽小但录音效果清晰，存储容量共16G，可进行 21 小时 35 分钟的持续录音，并能防止声音失真，录音后可清楚辨别访谈对象的声音信息。但在第二次和第三次访谈时，由于该录音笔被人借走未及时返还，研究者不得不采用手机进行录音，在反复收听和转写过程中发现手机录音音质较差，并容易中途被其他程序打断，因此后续的小组访谈和深度访谈均未再利用手机，而是采用专业数码录音笔进行录音。访谈地点根据访谈对象的要求而定（见表4.8）。在每次访谈结束后，研究者立即反复聆听录音，结合田野反思笔记，撰写了访谈反思日志（见附录2）。

表4.8　　　　　　　　　　　　　　探索性访谈实施情况

访谈对象（匿名）	访谈目的	访谈类型	访谈日期	访谈时间	访谈地点	访谈工具	访谈气氛
赵老师	初步了解教师入职后的工作经历与学习经历，探究两者之间的关系，调查影响工作和学习的因素	非结构式	2013/12/15 周五	21：35—22：33	赵老师家书房	录音笔、访谈提纲	友好融洽
钱老师	进一步了解教师的职场学习经历和工作变动、学习途径、具体学习活动和影响因素之间的互动	半结构式	2014/1/4 周六	9：26—9：56	钱老师汽车内	手机录音、访谈提纲	稍有保留
孙老师	具体了解教师的工作经历和学习经历的相互作用以及不同学习途径的具体学习效果、内容和影响	半结构式	2014/1/13 寒假	10：26—11：05	孙老师家书房	手机录音、访谈提纲	友好融洽

在探索性访谈完成后，研究者立即对探索性访谈录音进行转写，根据转写稿进行编码和分析。探索性访谈资料的归纳结果显示三名访谈对象的职场学习途径和学习活动较为多样，可分为教学反思、合作学习、阅读观看和信息化应用等途径，各途径又包括相应的学习活动（见图4.3）。

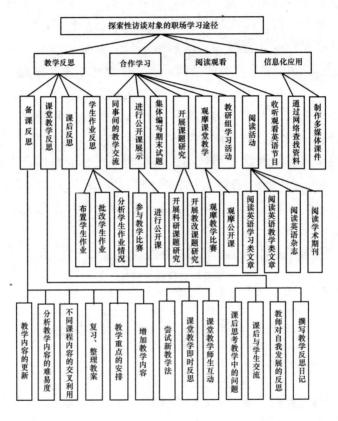

图4.3　探索性访谈对象的职场学习途径

探索性访谈资料分析结果也表明多种因素可对高校英语教师职场学习形成影响。根据三名教师的职场学习经历，影响职场学习的因素可归纳为教师认知因素、教师个人因素、教学任务因素、教学环境因素、教育环境因素和入职情况因素（见表4.9）。不同因素的影响因人而异，影响程度也各有不同，各因素间存在着一定的互动关系。

表4.9   影响探索性访谈对象职场学习的因素

教师认知因素	个人教学效能感	课堂教学技能	教学任务因素	学生特点	学生的学习态度
		英语学科知识			学生的英语基础
		英语教学知识		教学工作安排	课程类型
		通识性人文科学素养			课程调整
		对学生学习特点的了解			课堂气氛
		学生的认可			教材更新
		学生考试成绩			课时数
	一般教育效能感	与学生的关系			教学时间安排
		领导的认可			教师课程选择自主权
	教师学习动力			教师教学内容自主权
	教师职业态度	教师责任感	教学环境因素	学院管理制度	教学和科研团队安排
		教师自我评价			学院教学安排
	教师身份认同			学校考试制度
	教师语言教学观			教学条件	教学公共设施
	教师语言学习观				教学辅助设备
	教师职业倦怠			学校管理制度	教学部门变动
教师个人因素	教师教学经验				学校教学管理制度
	教师科研情况	教师科研方向			学校绩效考核制度
		教师科研能力			学校职称评定制度
		教师科研与教学的关系			学校师资培养制度
	教师的反思意识			学生评价	学生的非正式评价
	教师的兴趣爱好				学生评教
	教师的学习经历			同事的非正式评价
	教师的生活经历		教育环境因素	考试制度	
	教师的工作经历				学生学习方式的改变
入职情况因素	入职担任课程情况			信息技术应用	移动网络的挑战
	入职教学指导				网络课程教学的需要
	入职原因				便捷的信息获取方式
	毕业专业背景	教育专业背景		英语学科的发展	英语语言的更新
		学科专业背景			课程发展动态
					英语学科发展动态

　　基于探索性访谈资料分析结果，研究者对调查问卷的内容进行了修订，对各部分的项目均有调整。由于效能感在教师认知因素中占有重要地位，且探索性访谈资料分析结果也显示了教师认知对职场学习的重要影响

作用，因此在问卷中专门增设一个部分以调查教师效能感；对影响教师职场学习的因素的调查项目也依据访谈分析结果进行了修订，并最终形成预调查所用的调查问卷。接下来将综合介绍本研究的调查问卷设计与预调查情况。

二 问卷设计与预调查

本研究基于研究问题、文献综述、概念框架和高校英语教师职场学习概念的工作定义设计调查问卷，在设计过程中，注重保障问卷的信度和效度。研究的信度是指研究方法和手段以及取得的数据和资料的可靠性或者真实性，研究的效度一般是指研究方法、手段和结果测量目标现象或事物的有效程度（陈坚林，2004），由于问卷的效度和信度将决定问卷所收集的数据质量，为确保问卷具有较高水准的效度和信度，本调查问卷在设计过程中尽可能注重相关性、逻辑性、严谨性和可读性，问卷的设计和修订包括五大步骤（见图4.4）。

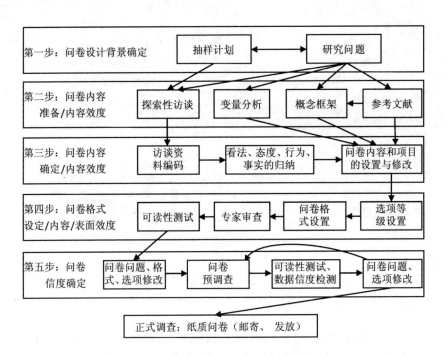

图4.4 调查问卷的设计与预调查过程

第一个步骤是确定调查问卷设计背景，依据研究问题确定研究总体、样本大小和抽样策略，制订好抽样计划并选择问卷调查对象，该准备工作在 2013 年 10 月完成。

第二个步骤是准备问卷应调查的内容，该步骤在 2013 年 11 月完成。本研究在问卷设计之初就注重保障问卷的内容效度。内容效度也被称为逻辑效度，是指调查问卷内的项目与研究目的之间的联系程度（秦晓晴，2009）。为保证问卷项目与研究目的之间的紧密相关性，调查问卷的设计首先以本研究的概念框架为基础。在概念框架中，职场学习活动是高校英语教师职场学习的主要媒介，教师在参与各类活动中，通过实践与反思学习所需知识与技能并获得认知发展，教师职场学习情况受个人因素、教学环境、教育环境和社会环境影响较大。由于调查问卷主要针对概念框架内的职场学习活动和影响因素进行调查，因此调查内容主要定位于高校英语教师职场学习活动及参与频率，以及职场学习活动的影响因素。

与此同时，本节也对研究问题内包含的变量进行了分析。陈坚林（2002）指出，科学地开展外语教学研究的前提就是正确认识和掌握变量与变量关系。由于本研究主要探索高校英语教师职场学习对教师专业发展的影响，其性质属于探索性研究，因此研究问题中牵涉到的变量主要包括因变量、自变量和调节变量；自变量为"职场学习"，因变量是"教师专业发展"，研究涉及的调节变量较多，如"性别""教学工作量""教学管理"等外在客观因素，以及"教师教学能力""教师科研能力""教师效能感""教师工作满意度"等内在主观因素等。通过对这些变量进行一一梳理并赋予操作化定义，结合研究的概念框架，研究者对文献综述中前人研究结果进行了查找和参照。调查问卷设计的主要参考文献为库韦克曼（2003）、梅林克等（2009b）、崔允漷和柯政（2013）的研究。但上述前两个研究在国外进行，需进行本土化改编，后一研究是针对我国中小学教师的专业发展进行调查，与本研究的研究目的、研究对象和研究场域有所不同，也应进行修订，因此本研究通过探索性访谈作为先导研究来收集质性资料，利用质性研究同中求异的特点，深入探讨教师工作经历、生活经历和职场学习经历，发现他们职场学习的差异，利用对探索性访谈资料的整理和开放式编码、归类来为修订调查问卷提供实证依据。

第三个步骤是确定和修订调查问卷内容，该步骤在 2014 年 1 月完成。根据前人研究所采用的设计思路和调查项目，综合本研究的概念框架、变量分析结果和操作化定义，初步对问卷的问题和选项进行设置，制定调查问卷的基本内容。同时基于扎根理论，采用类属分析法将探索性访谈资料进行整理归类，从中提炼出访谈对象对职场学习的看法和态度，并归纳出他们的职场学习行为和事实，将这些资料分析结果与调查问卷的初步内容设定进行比对修改，修订问卷内容。根据秦晓晴（2009）所提出的问卷问题的形式、内容和受访者三个方面的注意事项，调查问卷尽可能避免了使用有多重含义、模糊的词语。秦晓晴认为问卷项目中尽量不要使用"有时""经常""总是""偶尔"等笼统的词语，虽然这些词语意义清楚，但每个人对其理解不尽相同，容易造成研究数据的偏误，因此本调查问卷在对教师职场学习活动频率进行调查时，结合访谈对象意见，将其调整为更为具体的频率测量形式。此外，根据调查问卷设计的需要，本问卷还特别注意提高问题的区分度、控制问卷项目的长度、不用否定句或双重否定句、避免使用专业术语等。以上措施的采用可有效保障调查问卷的内容效度。

第四个步骤在 2014 年 1 月底完成。在上一步内容设定和修订的基础上，研究者调整了问卷的选项等级设置、问卷格式和项目排列顺序，项目顺序按照先易后难的原则进行排列，先问受访者觉得比较容易回答的问题，再问回答起来相对费力一点的问题。当调查问卷的初稿修改完成后，研究者通过电子邮件将其发送给研究兴趣分别为教师专业发展和外语教学的两位专家审查，检测调查问卷的专家效度。在根据专家意见对问卷再次进行修改后，研究者分别邀请了化学专业和计算机专业的两位高校教师阅读调查问卷，对问卷进行可读性测试，以确定问卷的表面效度，然后根据他们的反馈对问题的表达方式进行修改。

第五个步骤是调查问卷的预调查阶段，该步骤于 2014 年 2 月中旬完成。在问卷修改完成后，以私人关系邀请了 22 名不同职称、性别和学校类型的高校英语教师协助完成预调查。预调查采用网络问卷形式，但到截止时间为止，仅有 15 名教师完成并提交了预调查问卷。这一较低的参与率结果也最终使得在正式调查阶段中，问卷采用了纸质人工发放形式而不是更为便利、快捷、统计简便的网络问卷调查形式。根据预调查对象的反馈意见和问卷数据信度分析结果，研究者对问卷的问题、选项、格式和各部分排列顺序又进行了一次修订，并再次进行预调查，但这次只邀请到 7 名教师参与，人数较少。鉴于第一次预调查问卷的信度检测结果已经合格，因此本次预调查主要是针对问卷的可读性进行测试，又再一次对调查问卷进行了修改和完善，为正式发放做好了准备（见附录3）。

问卷各部分的维度建构和题项设置均基于本研究的概念框架进行，聚焦于高校英语教师职场学习活动频率和不同因素对教师职场学习活动的影响程度。供预调查使用的问卷除个人基本信息部分外，共有43个选项，采用利克特（Likert）五级评分法。问卷包括四大部分：（1）教师个人基本信息；（2）教师专业发展满意度；（3）教师职场学习活动频率与活动认可度；（4）不同因素对教师参与职场学习活动的影响程度。问卷的标题为《云南省高校英语教师职场学习情况调查问卷》，标题之下是采用信函形式的简短问卷说明，包括：（1）起首语；（2）调查内容介绍；（3）调查目的介绍；（4）保密承诺及措施介绍；（5）本调查在研究中的作用；（6）问卷填写要求；（7）鸣谢；（8）落款和自我介绍。

问卷首先调查教师个人基本信息，包括民族、性别、年龄、教龄、职称、最后学位、任教课程、入职时是否有师范背景、周课时、研究方向，并在该部分末尾请愿意参与后续访谈的教师留下电话号码或邮件地址，以供深度访谈抽样所用。

第一部分调查教师专业发展满意度，设置了1个项目，采用利克特（Likert）五级评分法，1代表"不满意"，2代表"不太满意"，3代表"尚可"，4代表"较满意"，5代表"满意"。

第二部分调查教师参与职场学习活动的频率和教师对相应活动的认可程度。该部分项目设置参考了库韦克曼（2003）、梅林克等（2009b）及崔允漷和柯政（2013）的研究，并根据访谈资料分析结果剔除了国内外存在差别的项目，补充了随着社会和科技的发展新出现的教师职场学习活动，以及高校教师教学工作中特有的活动，共设置了23个项目，采用利克特（Likert）五级评分法，1代表"从未进行"，2代表"每学期1小时以下"，3代表"每学期1小时以上"，4代表"每月1小时以上"，5代表"每周1小时以上"。

第三部分调查不同因素对教师参与职场学习活动的影响程度。该部分的项目设置参考了库韦克曼（2003）的研究结果，根据先导研究资料分析结果进行了修订。该部分共有19个项目，采用利克特（Likert）五级评分法，1代表"没有影响"，2代表"影响较小"，3代表"影响一般"，4代表"影响较大"，5代表"影响很大"。

问卷修订完成后于2014年2月10日至2014年2月18日进行了预调

查。信度分析结果显示，问卷的 Alpha 值为 0.894（见表 4.10）。根据秦晓晴（2009）指出，一般 Cronbach' Alpha 信度系数不低于 0.70 都是可以接受的，而本问卷整体的 Alpha 值达到了 0.894，内部一致性好，各项目的 Alpha 值也都比较稳定，信度水平达到了发放要求。

表 4.10　　　　　　　　　　预调查问卷信度分析结果

Cronbach's Alpha	项数
0.894	43

　　参与预调查的教师提出了许多修改问卷的建议，主要聚焦在四个方面：（1）对教师职场学习活动参与频率的五级评分表述不合理，造成回答问题的困难；（2）教师参与学习活动的频率与他们对这些活动的认可度往往存在差异，应增加相应调查项目；（3）问卷应就教师个人所采用的个性化学习方式进行调查，设置开放式问题；（4）可利用本次调查衡量职场学习活动对教师专业发展的重要性，与教师培训和学位攻读进行比较。

　　根据这些反馈意见，研究者对问卷又再一次进行了修订，调整内容如下：（1）第二部分对教师学习活动频率的五级评分法修改为：1 代表"从未进行"，2 代表"进行过 1 次"，3 代表"每学期 1 次"，4 代表"每学期五次"，5 代表"每学期 10 次"；（2）在第二部分增加了 23 个项目，调查教师对职场学习活动的认可度；（3）在问卷末尾增加了调查教师个性化学习方式的开放式问题；（4）增加了调查教师对职场学习活动、教师培训活动和学位攻读活动认可度的项目。经过多次修改和调整，本研究正式发放使用的《云南省高校英语教师职场学习情况调查问卷》终于定稿，本问卷包括个人基本信息和三个部分的分问卷，共有选择题 69 项，开放式问题 1 项（见附录 3）。

三　调查问卷的正式发放与回收

　　调查问卷的正式发放定于 2014 年春季学期开学前后，采用纸质形式进行人工发放和回收。选择该时间段来进行问卷发放主要基于高校英语教师的工作特点。由于云南省高校英语教师平时的生活地点、上课地点、上课时段等差异较大，给调查问卷的发放和回收造成很大困难。通过调研发现，抽样选中的 9 所高校外国语学院、大学外语教学部或其他负责英语教学的院系常在学期开学前一两天或是学期初召集全体教师开会，进行该学期工作布置和安排，这样的大型会议每学期仅会在学期初和学期末进行。由于需占用会议时间，通过与相关高校的相应院系领导进行协商获得了他们的支持，在会议时间段内留出 20 分钟用于填写问卷，使问卷得到了顺利发放和回收。问卷发放和回收自 2014 年 2 月 21 日起至 2014 年 3 月 12 日止，历时 20 天。问卷共发放 454 份，回收 394 份，其中有效问卷 321 份（筛选标准见下文），问卷回收率和有效率分别为 86.78% 和 81.47%，问卷在各高校的发放和回收详情见表 4.11。

表 4.11 调查问卷发放与回收情况

高校编号	发放份数	回收份数	有效问卷份数	发放时间	回收时间	发放地点	自愿参与后续访谈人数
1	42	38	28	2014/2/26 15：00	2014/2/26 16：00	外院会议室	4
2	56	50	47	2014/2/28 10：00	2014/2/28 11：20	教学楼 317	7
3	62	60	44	2014/2/21 15：00	2014/2/21 15：30	教学楼 304	2
4	54	49	36	2014/2/28 14：30	2014/2/28 15：40	教学楼 415	3
5	33	30	29	2014/2/23 10：00	2014/2/23 11：50	外院会议室	7
6	33	19	17	2014/3/10 16：30	2014/3/10 17：30	外院会议室	5
7	70	59	41	2014/3/12 16：30	2014/3/12 17：30	外院会议室	6
8	25	22	22	2014/3/10 15：00	2014/3/21 9：00	外院会议室	1
9	79	67	57	2014/3/10 15：00	2014/3/21 12：00	各学院	5
合计	454	394	321				40

对有效问卷的筛选采用以下标准：（1）未完成的问卷无效，但若全问卷仅有五处以下分散的选项未选，视为有效；（2）全部选择同一个答案，或每一个部分选择同一个答案的问卷无效；（3）若问卷答案存在某种人为答题规律，如以 1、2、3、4、5 和 2、2、2、3、3、3、4、4、4 或 1、3、5 等规律反复出现的问卷无效。完成有效问卷筛选后，数据由研究者本人录入 SPSS 19.0 软件，进行下一步的数据统计分析。

在问卷数据统计分析初步完成后，由于讲师职称的教师在调查对象中所占比例较高，但他们的专业发展满意度和工作满意度均处于较低水平，因此本研究特别对这一群体加以关注，对研究对象抽样进行了小组访谈。接下来将对小组访谈情况进行介绍。

四　小组访谈资料收集

小组访谈形式的采用源于调查问卷数据反映的结果——讲师职称的教师人数比例高，专业发展和工作满意度低，需特别关注这一群体的学习情况。由于小组访谈具备在较短时间内收集到较多信息的特点，也有助于访谈对象在访谈过程中进行互动，利于发现一些未知信息，因而该方法在本研究中用于调查讲师职称的教师职场学习情况。

小组访谈于 2014 年 4 月 1 日 17：53—18：29 进行，共有六名讲师职称的高校英语教师参与访谈。访谈开始前已与访谈对象就研究主题、访谈录音、研究伦理、数据保密和匿名处理等问题进行了磋商并取得了他们的同意。由于小组访谈形式可能造成教师的一些顾虑，影响教师对自己职场学习经历的畅所欲言，因此访谈仅针对教师入职以来的学习机会、学习途径、各途径的学习内容和学习效果、自我导向学习活动、合作学习活动、科研情况和职场学习的影响因素进行了调查。访谈的气氛比较活跃，基本达到了预想的调查目的。

由于探索性访谈时曾使用过手机录音，但发现录音音质不太好，且较容易被打断从而影响访谈录音的连贯性，而小组访谈因为可能会有多人同时发言，需要较高的声音辨别力，因此录音利用专业录音笔进行，访谈对象和研究者围坐在一个圆桌周围，录音笔放置在圆桌中间，访谈结束后研究者立即对访谈录音进行了转写，随后进行了编码、简化、分类整理和归纳。

在小组访谈录音收听和调查问卷数据分析基础上，研究者设计了深度访谈提纲，并与访谈对象商议好访谈时间，接下来将对相关情况进行描述。

五　深度访谈资料收集

深度访谈采用三轮式访谈序列，第一轮访谈围绕教师职场学习这一研究主题，让访谈对象尽可能多地谈论与其经历相关的背景信息；第二轮访谈聚焦于社会、教育和学校背景下高校教师职场学习的具体细节，重构其经历过程，描述实际工作和学习状态，力争尽可能全面地重构教师在其整个职场学习过程中的经历细节；第三轮访谈着眼于促使教师反思他们职场学习经历对其专业发展的意义，了解他们对自己经历的理解并赋予其意义。

深度访谈于 2014 年 4 月 2 日至 2014 年 4 月 15 日进行，共有 5 名访谈对象参与，其中 3 名访谈对象进行了三轮访谈，有 2 名访谈对象因特殊原因仅进行了两轮访谈（见表 4.12）。

联系访谈对象的过程并不是非常顺畅的。访谈对象均抽样选自在调查问卷上主动留下联系信息，表达了访谈参与意愿的 40 名教师；研究者在联系时首先会就本研究的主题、研究伦理、数据保密、匿名处理、访谈录音等问题进行说明和解释，但最初抽样选中并进行联系的四名教师中有一名教师拒绝参与研究，经研究者耐心解释与说明仍未能请得该教师参与访谈；另两名教师对访谈心存顾虑，经过研究者详细解释研究主题和他们的权益、隐私保护措施，并说明会签署知情同意书后（见附录 4），获得了他们参与深度访谈的同意。通过努力，研究者还得以联系到一名来自高职高专院校，且职称为讲师的教师参与深度访谈，在一定程度上弥补了调查问卷未能获得在高职高专院校发放机会的缺憾。

深度访谈采用专业录音笔进行录音，放置在访谈对象和研究者之间，访谈所选择的地点大多比较安静，仅有在宾馆大堂进行的那一次访谈受到背景噪声的干扰，但因录音效果较好，仍能顺利辨别访谈对象讲述内容。访谈内容事先已经根据先导研究的访谈资料分析结果、调查问卷数据分析结果以及小组访谈录音收听内容拟好，并设计了较为完善的访谈提纲。访谈提纲内的信息包括研究问题、拟提问的问题及其与研究问题的相关性、变量类型、问题类型、关键词、追问问题、备注，以及访谈对象、地点和时间信息（见附录 5）。提纲在访谈开始前已打印准备好，提纲中的备注一栏用于记录访谈中出现的新信息要点，协助进行追问以深入了解相关信息。

与访谈对象的接触过程比较顺利，第一轮访谈前研究者与访谈对象并不相识，因此在访谈开始时气氛显得有些拘谨。但第一轮访谈的主要目的是了解他们的生活和工作历程，以及生活、教育、工作背景信息，话题较为轻松，随着访谈的进行，气氛逐渐变得友好融洽。在第一轮访谈结束后，访谈对象通常还会与研究者就一些生活和工作方面的话题聊上一些时间，并互相留下微信和 QQ 号码以供今后联系所用，研究者也将访谈对象需要的一些资料和信息通过网络发送给他们，因此在第二轮访谈开始时，研究者与访谈对象已经拥有良好的关系和一定的信任感。

表4.12　　　　　　　　　　深度访谈实施情况

访谈对象（匿名）	访谈目的	访谈类型	访谈日期	访谈时间	访谈地点	访谈工具	访谈气氛
李老师 教授 男	了解教师的生活、教育、工作历程及相关背景信息	半结构式访谈	4月3日	14：22—15：05	宾馆大堂	录音笔、访谈提纲、笔	友好
	探索在社会、教育、教学环境下职场学习的经历细节及其意义		4月10日	14：08—14：50	咖啡厅		融洽
周老师 副教授 女	了解教师的生活、教育、工作历程及相关背景信息	半结构式访谈	4月2日	20：25—21：02	周老师家客厅	录音笔、访谈提纲、笔	友好
	调查教师在社会、教育、教学大环境下职场学习的经历细节		4月8日	14：02—15：10	周老师家客厅		融洽
	探索职场学习经历对教师专业发展的意义和作用		4月15日	9：19—9：39	周老师家客厅		亲密
吴老师 讲师 男	了解教师的生活、教育、工作历程及相关背景信息	半结构式访谈	4月3日	17：29—18：20	图书馆	录音笔、访谈提纲、笔	友好
	调查教师在社会、教育、教学大环境下职场学习的经历细节		4月9日	10：07—12：47	宾馆房间		融洽
	探索职场学习经历对教师专业发展的意义和作用		4月15日	20：24—21：43	宾馆房间		融洽
于老师 讲师 女	了解教师的生活、教育、工作历程及相关背景信息	半结构式访谈	4月3日	9：04—9：44	教学楼办公室	录音笔、访谈提纲、笔	友好
	调查教师在社会、教育、教学大环境下职场学习的经历细节		4月8日	10：54—11：51	教学楼办公室		融洽
	探索职场学习经历对教师专业发展的意义和作用		4月15日	10：33—11：06	教学楼办公室		亲密
王老师 助教 女	了解教师生活、教育、工作背景；调查教师在社会、教育、教学大环境下职场学习的经历细节	半结构式访谈	4月10日	16：37—17：41	图书馆咖啡厅	录音笔、访谈提纲、笔	友好
	探索职场学习经历对教师专业发展的意义和作用		4月14日	16：20—16：36	教学楼办公室		融洽

有两名教师仅参加了两轮访谈，王老师（匿名）由于家中有事未能参与第一轮访谈，也因她的工作压力较大，课时繁重，因此仅能保证两轮访谈的时间；李老师（匿名）参加了第一轮和第二轮访谈，但由于他必须赶赴其他城市开会，紧接着就要出国访学，因此未能参加第三轮访谈。但两位教师均提前通知了研究者以上情况，因此研究者将三轮访谈的内容压缩到两轮访谈内完成，所需信息均收集完全。此外，由于与访谈对象形成了良好的关系，因此在访谈结束后，五名访谈对象均将他们的各种联系方式留下，并说明若研究者还需要进一步了解其他相关信息，可以通过电话、邮件、网络即时通信等方式对他们进行后续补充性访谈。在深度访谈资料分析初步完成后，研究者对其中两名教师的两处访谈信息的理解不够确定，通过 QQ 确认了他们所述内容表达的意义。

在第三轮访谈时，还出现了一些意外情况。周老师因受伤在家休息，但她为支持本研究而执意坚持完成了访谈；王老师患上重感冒和咽炎，声音嘶哑，但是也同样要求完成第三轮访谈，令研究者十分感动和感激。鉴于周老师和王老师在该轮访谈时身体不适，对她们进行的第三轮访谈尽量做到言简意赅，直接切入主题调查需要的信息，访谈时间较短。

在深度访谈进行过程中，由于访谈对象较多，且时间和地点虽由双方协商决定，但也需根据访谈对象的时间安排和所处城市与地点来确定，因此研究者在此期间奔走较多，时间安排较为紧凑，许多访谈转写稿无法在访谈结束后立即完成，资料的编码、简化都无法立即进行。但是每次访谈结束后，研究者均利用休息时间反复收听访谈录音，进行田野反思，记录笔记，将收集到的信息与概念框架不断对比，思考访谈资料中能发现的信度和效度的验证问题，并根据该次访谈中出现的问题和新信息立即着手准备下一次访谈的补充问题和注意事项，修订下一次访谈提纲。

第五节　量化数据与质性资料的分析

本研究的量化数据为调查问卷数据，质性资料指通过探索性访谈、小组访谈和深度访谈所收集的访谈资料。研究将采用演绎法自上而下地分析量化数据，通过归纳法自下而上地分析质性资料，从而使两种研究数据达到互补，彼此巩固和印证对方的论证，使其能提供更丰富的细节来推动数据的分析，开创新思路，促进新认识的产生（罗斯曼、威尔逊，1994）。

接下来将首先论证调查问卷数据的分析方法。

一　调查问卷数据分析方法

　　基于研究目的、研究问题与概念框架，调查问卷数据分析将着重发现高校英语教师这一群体的职场学习趋势性特征。首先，本研究将通过信度分析和探索性因子分析验证问卷数据的信度和结构效度，并对教师职场学习活动及其影响因素形成更深入的认识；随后研究将通过描述性分析来对研究对象的基本概况进行统计描述，对这一群体的具体情况进行翔实的了解；为检验调节变量的作用，根据相关数据的特点，研究将分别采用独立样本 T 检验和单因素方差分析来完成差异性分析，以发现调节变量的作用效果及其影响情况。调查问卷数据分析采用的工具为 SPSS 19.0 软件，数据输入和分析由研究者本人进行，但研究者在调查问卷数据的分析方法，以及分析结果的解读方面，寻求了善于进行外语教学研究定量数据分析的专家对其进行指导，并检查了数据分析结果。在调查问卷数据分析完成后，研究者收集并分析了访谈资料。

二　访谈资料分析方法

　　本研究基于扎根理论对访谈资料进行分析，以数据为导向创建编码。扎根理论认为理论是通过自下而上对原始资料进行整理、分析和凝练这样一个归纳过程形成的；理论虽来自原始资料，但是又对下一轮的资料收集具有导向作用；理论的建构基于概念的形成，并扎根于原始资料中，所建构的理论应不断与原始资料协商进行相互论证（克雷斯韦尔，2009；杨鲁新等，2012）。克雷斯韦尔（2009）建议对质性资料的分析采用以下流程进行：（1）整理和准备用于分析的资料；（2）通读整理好的质性资料；（3）利用编码过程对资料进行详尽分析；（4）利用编码过程形成情境描述和分析类属；（5）计划质性叙事的描述和主题表现方式；（6）归纳质性资料的厚实诠释和深层意义。因此，本研究对访谈资料的分析程序包括寻找本土概念、形成概念、分析概念之间的联系，寻求解释、探求原因、分析意义等。"本土概念"是指访谈对象在访谈的口头表达中反复使用的一些概念，可反映访谈对象从自己角度对世界的观察，具有个性特色（陈向明，2000）。本土概念揭示了访谈对象生活中对其有意义的事物或者过程，反映了他们的心理和行为方式。

为了对访谈资料进行编码，本研究首先将深度访谈、小组访谈和探索性访谈的 17 份访谈音频文件资料进行逐字逐句转写，形成访谈转写稿文本。访谈转写稿的纸张为 A4，页边距设为上 2.54 厘米，下 2.54 厘米，左 2 厘米，右 8 厘米。在右边留出一定空间，方便下一步的资料简化、编码和深描。在访谈录音转写完成后，研究者对原始稿件进行了匿名处理，并删除了一些敏感的个人隐私信息或访谈对象要求不要作为研究资料的信息，随后对访谈转写稿进行编号。由于探索性访谈是作为先导研究的数据收集手段采用的，因此其编号采用"先导"的拼音首字母 XD，并按照探索性访谈日期先后以 XD1、XD2 和 XD3 依序编号；小组访谈仅进行了一次，编号采用"小组"的拼音首字母 XZ；深度访谈转写稿的编号按照访谈对象的匿名姓氏拼音和访谈轮次进行编号，如周老师的访谈转写稿编号为姓的拼音头两位字母大写 ZH，第三轮访谈编号为 3，因此周老师的第三轮访谈转写稿编号为 ZH3。访谈转写稿内的对话内容编号采用行号，为后续寻找本土概念、编码和深度诠释做准备（见表 4.13 和附录 6）。

在访谈资料转写整理完毕后，研究者将每份访谈转写稿通过邮件发送给相应的访谈对象，以确定转写稿记录的对话是否存在偏误，是不是他们真实的经历和想法，让访谈对象与研究者一起验证与其相关的资料，保证研究伦理的切实执行和访谈资料的效度。

在转写稿经访谈对象审核和认可后，研究者将已编号的访谈转写稿进行打印并对纸质转写稿进行反复阅读，在对访谈内容加以透彻理解的前提下，研究者开始逐行逐段地寻找本土概念、进行编码和主题标注。有些短语、语句、段落可能会表达多重含义，可能会拥有多个编码，此类情况往往暗示不同主题之间存在相关关系，因此在标注时会特别做出标记留待数据处理后期分析（见附录 7）。

在开放式编码基本完成后，研究者将初步编码寻找出的本土概念进行集中编码（见附录 8），并在集中编码的基础上采用类属分析法和情境分析法对访谈资料进行分析。类属分析法（Categorization）是指在对资料进行初步整理和意义单位确定的基础上，寻找反复出现的现象，探寻可解释这些现象的重要概念的过程，也就是将具有相同属性的编码单位划归同一类别并根据其特性以一定的概念命名；情境分析法（Contextualization）是基于访谈对象所处自然情境，按照访谈文本呈现的时间顺序或空间结构对人物或有关事件进行描述性的分析。类属分析法和情境分析法的结合有利于发现教师职场学

表4.13　　　　　　　　　　访谈转写情况及编号记录

访谈对象（匿名）	访谈类型	文本编号	访谈内容行号范围	页码范围	字数	访谈资料分类编号举例	页面设置
赵老师	探索性访谈	XD1	1—755	1—27	15268	转写稿第 1 行至第 3 行：XD1.1—3	A4纸张，页边距上2.54厘米，下2.54厘米，左2厘米，右8厘米
钱老师	探索性访谈	XD2	1—334	1—12	6883	转写稿第 1 行至第 3 行：XD2.1—3	
孙老师	探索性访谈	XD3	1—368	1—13	7641	转写稿第 1 行至第 3 行：XD3.1—3	
冯、陈、卫、蒋、沈、韩	小组访谈	XZ	1—495	1—18	7684	转写稿第 1 行至第 3 行：XZ.1—3	
李老师	深度访谈 1	LI1	1—518	1—18	10829	转写稿第 1 行至第 3 行：LI1.1—3	
	深度访谈 2	LI2	1—450	1—16	9690	转写稿第 1 行至第 3 行：LI2.1—3	
周老师	深度访谈 1	ZH1	1—410	1—15	8413	转写稿第 1 行至第 3 行：ZH1.1—3	
	深度访谈 2	ZH2	1—818	1—29	17877	转写稿第 1 行至第 3 行：ZH2.1—3	
	深度访谈 3	ZH3	1—216	1—8	4762	转写稿第 1 行至第 3 行：ZH3.1—3	
吴老师	深度访谈 1	WU1	1—647	1—23	12549	转写稿第 1 行至第 3 行：WU1.1—3	
	深度访谈 2	WU2	1—1765	1—61	39862	转写稿第 1 行至第 3 行：WU2.1—3	
	深度访谈 3	WU3	1—771	1—27	17822	转写稿第 1 行至第 3 行：WU3.1—3	
于老师	深度访谈 1	YU1	1—514	1—18	10726	转写稿第 1 行至第 3 行：YU1.1—3	
	深度访谈 2	YU2	1—755	1—27	15122	转写稿第 1 行至第 3 行：YU2.1—3	
	深度访谈 3	YU3	1—379	1—13	8110	转写稿第 1 行至第 3 行：YU3.1—3	
王老师	深度访谈 1	WA1	1—760	1—27	14768	转写稿第 1 行至第 3 行：WA1.1—3	
	深度访谈 2	WA2	1—164	1—6	3037	转写稿第 1 行至第 3 行：WA2.1—3	
总计	17 份各类访谈转写稿			共 358 页		共计 211043 字	

习的主题、途径、手段和影响因素，同时也能重构教师职场学习的空间相互结构和时间经历过程（陈向明，2000；杨鲁新等，2012）。

迈尔斯和休伯曼（1994）认为在对质性资料进行编码、形成描述、产生初步结论后，应利用图表来展示资料，以达到对资料进行解释的目的。本研究在对编码进行概括和分类后，采取横向比较的方式对类属之间的关系进行识别，逐层形成主类属到次类属再到下一集类属的树形图（见图4.3和附录9）；随后以纵向的方式分析访谈对象所处的自然工作和生活情境，按照文本呈现的时间顺序与空间结构整理教师职场学习有关事件的原因、过程、作用与意义，形成相应的情境分析图（见附录10）。

在扎根理论的指导下，本研究对理论的建构采用自下而上的归纳形式，通过对原始访谈资料进行整理和归纳逐步建立。陈向明（2000）建议采纳以下步骤构建理论：（1）对资料进行初步描述、分析和整合；（2）基于资料特征建立初步理论框架；（3）按照初步理论框架对资料进行系统分析；（4）在原始资料与理论框架的概念和命题之间不断协商；（5）建立具有内在联系的理论体系。由于本研究兼有质性研究方法和量化研究方法，因此也兼有概念框架和初步理论框架、调查问卷数据和访谈资料，在通过自下而上的归纳建构了初步理论框架后，也利用量化数据和概念框架来自上而下地与初步理论框架协商，结合访谈资料、文献综述等，最终建立本研究的理论框架和理论体系（见图4.5）。

三 质性资料与量化数据的联结

量化研究和质性研究的选择在学界曾引起过激烈的争议，但到20世纪80年代后，部分学者对多项质性与量化并举的研究进行复查，发现量化数据与质性资料可通过三角验证彼此巩固，有助于推动资料分析深度和广度，获得更完整的细节，还可能在两种资料结果出现分歧时促进思路的转变，产生新的认识［罗斯曼、威尔逊，1984；费尔斯通（Firestone），1987；格林（Greene）、卡拉切利（Caracelli）、格雷厄姆（Graham），1989］。因此，学界逐渐开始对质量并用的混合研究持赞成态度，随着这两大研究范式之间对立状态的缓和，到90年代后，质性与量化研究的结合逐步开始形成趋势。

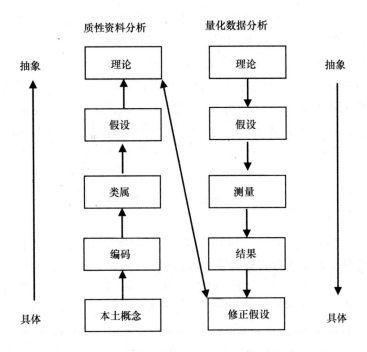

图4.5　本研究的理论建构程序(改编自杨鲁新等，2012)

　　根据迈尔斯和休伯曼（1994）的建议，质性资料与量化数据可在以下三个方面进行联结：（1）将质性资料进行计算或是转化为相应计量等级；（2）将质性资料和量化资料做逐一比较；（3）在整个研究设计的层次上利用不同类别资料回答不同问题，并进行对比整合。克雷斯韦尔（2009）则进一步探析了量化数据与质性资料的结合，认为可采用如下方法进行：（1）数据转换，将质性资料进行定量处理；（2）探索异常值，利用质性方法探索量化数据分析中发现的异常值；（3）数据收集工具开发，利用质性方法收集的资料开发量化数据收集工具；（4）多层次检验，同时利用质性方法和量化方法收集同类资料，并对两者进行对比；（5）建立矩阵，将量化数据和质性资料放入同一个矩阵图进行对比分析。

　　根据本研究的研究问题、研究方法以及数据收集步骤，参考以上混合研究资料的分析方法，本研究采用了多项策略保证质性资料与量化数据的有效结合。第一，本研究利用探索性访谈收集的资料修订了调查问卷内容；第二，本研究拟在数据分析过程中将部分访谈资料进行定量处理，通过统计本土概念出现频次与问卷数据进行对比分析；第三，在问卷数据分析结果的基础上，本研究拟利用小组访谈和深度访谈对数据分析中出现的异常值进行探索；第四，本研究同时利用问卷和访谈调查教师职场学习活动参与情况、不同因素对教师职场学习的影响情况，并将对两类资料进行对比分析；第五，本研究将在讨论部分对量化与质性资料分析结果进行结合，通过对比分析，归纳高校英语教师职场学习的特征。

第六节　研究信度与效度

信度与效度是所有研究的重要议题，两者均关系到研究设计的具体指标与这些指标预测的概念之间的关系。研究的信度是指研究方法及其取得的数据的可靠性或者真实性，因此信度一般可以从研究方法和数据资料两个方面进行分析；研究的效度指研究方法和结果对目标现象或事物进行测量的有效程度，可分为内在效度和外在效度（梅里亚姆，1998；陈坚林，2004；克雷斯韦尔，2009）。下文将论证本研究调查问卷数据与访谈资料的信度与效度。

一　调查问卷数据的信度与效度

问卷的信度是指其可靠的程度，有信度的问卷通常具有一致性、稳定性、可靠性和可预测性等。信度分析的方法有多种，如评估者之间的信度、再测信度、复本信度、折半信度和内在一致性检验（Cronbach Alpha 系数）等，其中，内在一致性检验被认为是最常用的问卷信度分析手段（秦晓晴，2009）。在 321 份有效问卷的数据统计完成后，研究者利用 SPSS 19.0 软件求出 Cronbach Alpha 系数，对《云南省高校英语教师职场学习情况调查问卷》（正式调查使用）的内部一致性进行了分析。

调查问卷的效度是指该问卷可以在多大程度上准确地测量所要测量的东西，通常在社会科学领域采用逻辑证据和统计证据来证明调查问卷的效度。逻辑证据就是证明调查问卷中的问题与研究目的是否合适，论证问卷的内容效度；而用统计证据来确立效度是通过统计分析结果来证明问卷项目与研究目的之间的关系（秦晓晴，2009）。本研究利用以下方法在调查问卷设计过程中保障问卷的内容效度：（1）研究者自评：本研究基于变量分析、概念框架和现有文献进行初次设计后所进行的自我检查；（2）质性研究资料作为内容设定和修改依据：研究利用探索性访谈资料的分析结果修订调查问卷；（3）专家评价：研究邀请了两名本领域的专家对问卷项目与应测的内容范围进行对比，并检验了不同专家评价之间的一致性；（4）可读性测试：研究邀请其他学科的高校教师阅读并填写问卷，提供反馈意见，对问卷的表面效度进行检验；（5）调查对象评价：通过预调查对象的反馈意见分析问卷项目与应测内容之间的关系。

在问卷正式发放和回收之后，研究又利用统计分析对收集到的数据进行了结构效度评价。结构效度是指问卷在多大程度上对某些需要检测的特征进行了有意义的测量，因此结构效度分析常采用因子分析方法进行。因子分析通过分析项目间的内部相关关系来检测数据中的基本结构（秦晓晴，2009）。由于本研究的调查问卷主要是依靠变量分析、概念框架和前人研究基础设计，并结合探索性访谈资料分析结果修订而来，虽预设了观测数据维度，但无理论依据，因此采用探索性因子分析，利用主成分分析法来检测问卷的结构效度。

二　访谈资料的信度与效度

梅里亚姆（1998）建议通过谨慎对待研究的概念界定、数据收集、分析和解释的方式，以及研究发现的呈现方式来实现质性研究的效度和信度。吉布斯（Gibbs）（2007）认为质性研究的效度指研究者运用特定程序检测到的研究发现的准确性，信度指不同研究者和不同项目间的一致性。

梅里亚姆（1998）认为研究者可以采用三种方法来保证质性研究结论的信度：（1）解释分析研究者的立场：研究者应对研究的基础理论、研究假设、对研究对象群体所持的立场、资料收集的背景、研究对象的选择等进行解释；（2）三角验证法：运用多重数据来源、多重方法、多个研究者进行三角验证；（3）痕迹追踪法：研究者应对研究起源、数据收集、研究分析进行详尽描述。吉布斯（2007）提出了一些提高质性研究信度的方法：（1）检查转写稿以避免转写错误；（2）避免编码定义的随意性和编码过程中的偏误；（3）研究小组成员间需进行定期沟通；（4）交叉比对不同研究者完成的编码。

本研究切实采用多种方法来保证研究的信度。首先在导论中对研究者立场和研究背景进行介绍；在文献综述中对研究的基础理论和研究现状进行详述和分析；利用严格的研究抽样和严谨的混合研究方法来确保三角验证的力度；并在资料分析过程中利用研究者自查和访谈对象审核的方式检查访谈转写稿，利用概念框架和扎根理论指导访谈资料编码，并对以上过程进行了详尽的描述。

克雷斯韦尔（2009）认为研究效度是质性研究的优势所在，主要取决于研究发现从研究者、研究对象和研究报告读者的立场来看是否准确。质性研究资料的效度可分为内部效度和外部效度，主要包括描述性效度、解释性效度、理论效度、概括性效度和评价性效度五类。其中描述性效度、解释性效度和理论效度是质性研究首先需关注的三类效度［马克斯韦尔（Maxwell），1992］。描述性效度是指研究人员对所观察到的现象的描述是否客观；解释性效度指研究人员对现象描述的解释是否真实合理；理论效度则是指研究人员提出的这些解释是否能从理论性的高度来概括研究现象（杨鲁新等，2012）。

梅里亚姆（1998）建议采用六种基本策略来加强质性研究的内部效度：（1）三角验证法；（2）研究对象鉴定法；（3）长期的观察；（4）同伴检验法；（5）研究对象的参与或合作模式；（6）研究者偏见的澄清。与梅里亚姆的观点相似，克雷斯韦尔（2009）也提出了以下策略来保证质性研究的效度：（1）三角验证法；（2）同伴检验法；（3）厚实诠释；（4）阐明研究者偏见；（5）负面或差异性信息的呈现；（6）长期研究；（7）外部专家检验法等。

本研究主要利用三角检验法、研究对象鉴定法、对访谈资料的厚实诠释、负面或差异性信息的展示来保证访谈资料的内部效度。首先是研究对象检验，在访谈资料整理完成后，将访谈转写稿发送给对应的访谈对象，请他们检查确定文本记录的是不是他们的真实想法和学习活动。其次是三角验证，通过对调查问卷数据和访谈资料的三角验证，对不同访谈对象之间相同事实性问题答案间的资料进行分析验证，对同一访谈对象同类别资料在三轮访谈中的内在一致性加以验证，检验了资料的内部效度。

克雷斯韦尔（2009）认为外部效度是质性研究的软肋，因为质性探究的目的并非将研究发现进行推广使用。外部效度是指一项发现在其他情景下应用的程度，即研究结果的通用化程度。梅里亚姆（1998）认为通用化问题的关键在于案例或质化探究资料的归纳结果与分析方法，可以利用以下策略来增强质性研究的外部效度：（1）丰厚的描述；（2）典型性或典型范畴；（3）多场景或多个案设计。

　　为提高研究的外部效度，本研究采用多案例研究策略，利用多个案例来研究教师的职场学习现象。对访谈对象的抽样采用了严格的目的性分层抽样方法，根据访谈对象的专业发展阶段（职称）、所属学校类型和性别进行选择，保证了他们的典型性，使读者可以与他们自己的情况进行比较。此外，研究还对访谈资料进行厚实诠释，提供足够的描述，使读者能判断自己的情境在多大程度上与研究场景相近，从而决定研究发现能否在自己的情况下应用。虽然研究仅在云南省进行了数据和资料收集，研究呈现的是特定省份教师职场学习的多个案例，但其中有些方面是普遍的，即可以跨地区地应用到我国所有高校英语教师职场学习中。每个案例都可以看作他/她自己独特的职场学习系统，但这个系统也以具体而不是抽象的形式展示了高校英语教师职场学习，甚至于高校教师学习的普遍特性。

第七节　研究伦理

　　为了规范研究的伦理问题，保障参与者的利益，1979 年美国出台了《贝尔蒙报告：保护研究中人体对象的伦理原则和指导方针》，确立了与人类相关的研究中必须遵循的三条伦理准则：知情同意以保障对个人自主权和个人需要的尊重；评估风险和利益以增加研究可能给予参与者的益处，降低潜在的损害；参与者的平等选择权，并保证对所有参与者的公平对待。

　　虽然深度访谈不像医学研究那样可能带来生命危险，但由于深度访谈的深入探究特点，在一系列的访谈过程中，访谈者和访谈对象将可能形成亲密关系从而促使访谈对象分享他们生活、工作和学习中产生的一些不满情绪、情感、生活和工作困扰，当访谈者撰写报告时误用这些信息就可能对访谈对象造成一定的伤害（塞德曼，2006）。为确保访谈对象的权益不会因为本研究受到侵害，根据陈向明（2000）的建议，本研究采取以下策略来遵守研究伦理规范。

首先，研究秉持自愿原则。在访谈开始前，通过告知访谈对象研究目的、访谈资料的保密、访谈过程、访谈可能涉及的内容、访谈工具的使用和成果转化形式等情况，确保他们在自愿的前提下参与访谈，并允许中途退出。由于大部分访谈对象认为没必要签署知情同意书，因此本研究仅在其中一名访谈对象的主动要求下，与其签署了知情同意书（见附录4）。知情同意书包括七方面内容：对本研究的简要说明、访谈记录的保密和匿名处理、研究成果的发布形式、访谈对象的自愿参与权利、访谈对象可能遭遇的风险、可能获得的收益，以及研究者的联系信息。

其次，研究注重保密原则。访谈中凡对个人隐私信息存在泄露和可能造成侵害的部分，均采用化名、不具名或删除的策略以保护访谈对象的隐私和资料的机密性。

再次，访谈对象核查。为了确保访谈资料的效度、准确性和安全性，在整理完访谈资料后，研究者均会发送给相关访谈对象进行核查，听取他们的评价和建议。

最后，研究遵循互惠原则。在本研究中，互惠原则不仅是保障访谈对象利益的有效措施，同时也是研究者与访谈对象建立友好亲密的关系的必要手段。在协调访谈时间和地点时，尽量不影响访谈对象的正常工作与生活，尽可能调整研究者自己的安排来满足他们对时间和地点的需要；在力所能及的范围内，研究者也要协助访谈对象，如为他们查找资料、提供科研信息、提出学习建议等。

第八节 小结

本章在研究问题、文献综述和概念界定基础上介绍了研究设计，使用个案研究策略，采用质化、量化兼取的混合研究方法收集数据（见图4.6）。

下一章将基于调查问卷数据分析结果，报告高校英语教师职场学习的主要途径与影响因素情况。

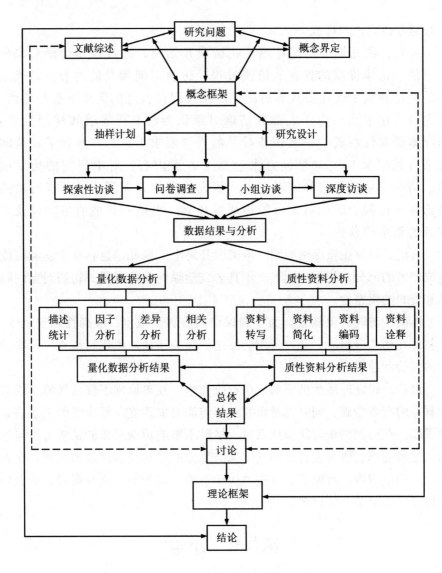

图 4.6 本研究的研究路线

第五章 高校英语教师职场学习的
主要途径与影响因素

上一章介绍了研究设计，为增强研究资料分析的深度和广度，本研究通过问卷调查和访谈法收集数据，调查问卷用于了解教学工作情境下教师学习活动参与和部分影响因素的普遍情况，为后续深度访谈做准备。本章报告调查问卷数据分析结果，通过描述统计、信度分析、因子分析、相关分析、独立样本 T 检验和单因素方差等分析方法解析问卷数据。

第一节 参与者情况

《云南省高校英语教师职场学习情况调查问卷》（见附录 3）是本研究的研究工具之一，用于调查高校英语教师这一特定群体职场学习的共性，寻找其趋势性特征，为接下来的深度访谈铺路。参与该问卷调查的对象为云南省九所高校的英语教师，问卷共发放 454 份，回收 394 份，其中有效问卷 321 份。抽样选取的教师样本大体符合我国高校英语教师师资的基本特征，根据有效问卷统计结果，问卷参与者中，女性教师多，中青年教师多，拥有讲师职称和硕士学位的教师多；男性教师少，拥有助教、副教授、教授职称以及学士和博士学位的教师少，年龄和职称分布情况呈两头少中间多的态势。在教学工作方面，大学英语教师占高校英语教师总体的大半，不同教师的周课时差距较大，最少课时为 4 节，最多课时达 24 节，平均周课时为 12 节，按平均课时来看，高校英语教师的教学任务较为繁重。

在 321 份有效问卷中，因有些信息部分教师未填写或勾选，问卷各项目的回答人数可能少于有效问卷份数。根据填写信息，参与调查的男教师有 61 人，占 19.7%，女教师 248 人，占 80.3%；职称为助教的教师 26

人，占 8.1%，讲师 190 人，占 59.2%，副教授 87 人，占 27.1%，教授 18 人，占 5.6%；对比教师性别与职称比例发现，男教师与女教师拥有助教、讲师和副教授职称的人数比例没有显著差异，但拥有教授职称的男教师比例较高（见表 5.1）。

表 5.1　　　　　　　　　　教师职称与性别交叉对比　　　　　　　　单位：人

职称	性别		合计
	男	女	
助教	2	24	26
讲师	37	148	185
副教授	14	67	81
教授	8	9	17

参与调查的教师绝大部分拥有硕士学位，占总人数的 81.9%，14.3% 的教师拥有学士学位，拥有博士学位的教师人数仅占总人数的 3.7%。担任大学英语课程教学的教师占总人数的 62.9%，入职时有师范背景的教师占总人数 58.9%，由于云南省少数民族人口比例较高，占全省总人口的 1/3，因此本研究也收集了教师的民族信息，结果显示少数民族教师人数为 59 人，仅占总人数的 18.38%。

由于信度与效度是实证研究的重要议题，因此下文将首先描述调查问卷数据的信度分析结果，再论证因子分析结果。

第二节　信度分析结果

利用 SPSS 19.0 软件对调查问卷数据进行的信度分析结果显示，本问卷 69 个选择题项目的整体 Cronbach Alpha 值达到了 0.940（见表 5.2），远高于秦晓晴（2009：220—221）指出的 0.70 的可接受 Alpha 信度系数，问卷内部一致性好。但 Cronbach Alpha 系数易受问卷项目数的影响，项目数越多，系数可能越高；且信度系数还受测量内容的干扰，因此研究者又对问卷各部分数据分别进行了信度分析，结果显示各部分的 Alpha 系数均在 0.820 以上，各单项项目的信度系数均符合要求，系数最低的项目为 Alpha 值 0.815，说明问卷内部一致性好。问卷中用于调查教师专业发展满意度的项目仅有一项，调查教师对职场学习、教师培训和学位攻读活动认可度的项目仅有三项，这四个项目分属两个不同独立部分，因项目数太少，通过问卷总体分析了其 Alpha 值，未再对其进行各部分单独信度分析。

表5.2　《云南省高校英语教师职场学习情况调查问卷》信度分析结果

项目	Cronbach's Alpha	项数
问卷总体	0.940	69
教师参与职场学习活动的频率	0.829	23
教师对职场学习活动的认可度	0.941	23
职场学习活动的影响因素	0.915	19

第三节　因子分析结果

因子分析通过分析项目间的内部相关关系来检测数据中的基本结构，将具有相关性的变量转化成少数能代表众多变量的主要信息的因子，起到降维的作用（秦晓晴，2009）。本研究的调查问卷主要基于研究问题、概念框架和变量分析，根据前人研究基础进行设计，结合探索性访谈资料分析结果和预调查结果修订完成，虽预设了观测数据维度，但并无相应有力的理论依据。为了检测问卷的结构效度，分析观测数据的基本结构，进行数据简化并寻找到能代表原始变量主要信息的少数几个因子，本研究对问卷的各部分项目进行因子分析，首先进行 KMO 检验和 Bartlett 球形检验，在确定了结构效度之后，采用主成分分析法，进行最大方差旋转，以使差异最大化，提取的因子相互独立，有助于分析结果的解释。在因子提取时，本研究采用以下三项原则：提取因子的特征值（Eigenvalue）大于或等于1；每个项目的因子负荷值（factor loading）大于或等于0.4；在决定项目的因子归属时，根据该项目在各因子上的负荷值，依据最大负荷值判定项目归属（见附录11）。

问卷的第二部分调查了具有相关性的两方面内容——教师职场学习活动的参与频率以及教师对相应学习活动的认可度，共设置了23项职场学习活动项目（见附录3）。对这两方面数据分别进行因子分析，结果显示后者，即教师对职场学习活动的认可度这一部分的问卷项目数据更适合因子分析，该部分 KMO 检测值为 0.923，Bartlett 球形检验值为 3677.347，显著性为 0.000，表明数据具有较高的结构效度，且以上两项的检测值均高于教师职场学习活动参与频率部分的数据，因此，第二部分利用教师对职场学习活动认可度的数据进行因子分析。本部分共提取出四个因子，因子特征值分别为 10.135、2.379、1.552 和 1.178；方差总解释率为66.274%，根据对旋转后成分矩阵中各因子对应项目的分析，分别对四个因子进行命名。第一个因子包含九个项目，主要为教师的教学实践与反思活动，因此将其命名为"教学反思活动"。第二个因子包含九个项目，主要为教师参与的各项合作活动，因此将其命名为"合作学习活动"。第三个因子包含三个项目，主要与信息技术有关，因此将其命名为"信息技术学习活动"。第四个因子仅包含两个项目，但因其重要性，仍在本研究中得到保留，与教师平时的阅读有关，因此将其命名为"阅读反思活动"（见表5.3）。

对问卷的第三部分——影响教师参与职场学习活动的因素的数据分析结果显示 KMO 检测值为 0.899，Bartlett 球形检验值为 2825.640，显著性为 0.000，表明该部分项目具有较好的结构效度，适合进行因子分析。本部分特征值大于 1 的因子共有四个，因子特征值分别为 7.527、1.851、1.550 和 1.243，方差总解释率为 64.06%。根据对旋转后成分矩阵中各因子对应项目的分析，第一个因子包含五个项目，主要为与教师个人经历和认知相关的项目，因此将其命名为"个人因素"。第二个因子包含五个项目，主要与教师具体教学任务情况有关，因此将其命名为"任务因素"。第三个因子包含五个项目，与教学管理制度、教育制度和教育信息技术等教学环境情况有关，因此将其命名为"环境因素"。第四个因子包含四个项目，分别与教师个人科研和教学能力、职称评定制度和绩效考核制度有关，经过综合考虑，发现上述因子间的内在联系集中在教师的职称评定与相应考核标准，因此将其命名为"晋职因素"（见表5.4）。

表 5.3　　　　　　　　　　教师职场学习活动因子命名

因子名称	问卷题目	负荷量
教学反思活动	10. 分析学生作业情况	0.790
	11. 指导学生学习技巧	0.787
	8. 与学生交流教学与学习情况	0.780
	5. 课后思考教学中存在的问题	0.779
	4. 撰写、整理教案	0.757
	7. 制作教学档案袋（纸质或电子）	0.661
	6. 撰写教学反思日记	0.625
	3. 收听或观看英语节目	0.547
	9. 指导学生教学实践或教学试讲	0.535
合作学习活动	15. 观摩教学录像	0.773
	16. 进行公开课展示	0.752
	14. 观摩公开课	0.738
	19. 参与集体备课	0.730
	18. 参与校内教研讨论或教研组学习	0.682
	20. 开展教改或科研课题研究活动	0.616
	17. 与同事进行教学、科研交流	0.587
	12. 参与教材编写	0.568
	13. 集体编写课程期末考试试题	0.556
信息技术学习活动	22. 通过网络查找资料	0.833
	23. 利用电脑进行文字与数据处理	0.831
	21. 制作并使用多媒体课件	0.497
阅读反思活动	1. 阅读国家和学校教学指导文件	0.743
	2. 阅读学术期刊或论著	0.640

表5.4 教师职场学习活动的影响因素因子命名

因子名称	问卷题目	负荷量
个人因素	9. 教师个人经历	0.801
	10. 教师个人教学经验	0.788
	11. 教师身份认同	0.734
	12. 教师职业态度	0.649
	8. 学生的英语基础与学习态度	0.574
任务因素	17. 授课课程类型	0.771
	15. 承担单门或多门课程	0.758
	16. 课时数	0.757
	19. 教师课程选择自主权	0.736
	18. 教师教学内容自主权	0.701
环境因素	3. 学校教学管理制度	0.811
	1. 学院教学要求	0.760
	2. 国家英语教育制度	0.723
	7. 教育信息技术	0.491
	6. 教学条件	0.441
晋职因素	14. 科研能力	0.768
	4. 职称评定制度	0.719
	13. 教学能力	0.700
	5. 绩效考核制度	0.588

第四节　高校英语教师职场学习的主要
途径与影响因素简况

　　确定调查问卷数据的信度和效度满足要求后，本研究又利用统计方法对问卷数据进行进一步分析。统计分析的第一步是对问卷数据进行描述统计，该方法是利用统计分析检验量化数据前必备的一个步骤，有助于简化数据，并利用比较清楚易懂的形式来表现数据，常用的数据表现形式有数字、表格和图形，主要涉及数据的频数、比例、比率、集中趋势、离散趋势、分布形式和标准值等统计量的计算（秦晓晴，2004）。

由于本问卷的主要调查目的是发现高校英语教师在工作情境中进行职场学习的现状及其影响因素，因此描述统计主要关注数据的集中趋势和离散趋势。集中趋势是指一组数据向某一中心值靠拢的程度，反映了一组数据的集中情况，常用均值、中值和众数作为指标。均值是最有代表性且应用最广的集中趋势，但较易受到极端数值的影响；中值适用于分析定序和定距变量的集中趋势，不受极端数值的影响，但灵敏度较低，不易反映数值的变化；众数有利于对集中趋势进行粗略估计，但可靠性低（秦晓晴，2004）。鉴于均值、中值和众数的统计特点，本研究采用中值和均值测量数据的集中趋势。在统计数据集中趋势的同时，本研究也参考数据的离散趋势，注重分析不同教师参与职场学习活动情况的差异。离散趋势指观测值偏离中心位置的趋势，反映了数据偏离中心值的离散分布程度，常采用异比率、四分位差和标准差来测量，其中标准差是与均值一起使用的离散统计量，能反映变量全部数值的差异情况，被认为是最重要和可靠的离散趋势指标（秦晓晴，2004），因此本研究采用标准差作为指标来测量观测数值的离散趋势，下文将依序对各项分析结果进行详细阐述。

一 高校英语教师职场学习活动参与频率

问卷的第二部分首先调查了教师参与职场学习活动的频率，该部分共设置了 23 个项目，采用利克特（Likert）5 级评分法，1 代表"从未进行"，2 代表"进行过一次"，3 代表"每学期一次"，4 代表"每学期五次"，5 代表"每学期十次"。

数据统计分析结果显示教师参与信息技术学习和教学反思活动的频率较高，而进行阅读反思和合作学习活动的频率偏低。教师参与各类学习活动频率的数据中值表明，大多数高校英语教师最经常进行的职场学习活动为通过网络查找资料和利用电脑进行文字与数据处理，均达到了每学期 10次的频率。此外，教学反思类活动中，收听或观看英语节目、课后思考教学中存在的问题、指导学生学习技巧、与学生交流教学与学习情况、分析学生作业情况达到了每学期五次的频率；信息技术学习类活动中，制作并使用多媒体课件在大多数教师中的参与频率也达到了每学期五次。

数据分析结果还表明，与教学反思和信息技术学习活动相比，教师参与合作学习活动的频率较低。虽然有些具体学习活动可能受到特定工作情境的影响而导致频率偏低，如参与教材编写、开展课题研究活动、集体编写课程期末考试试题等；但与工作具体要求无关的合作学习活动也呈较低频率，如大部分调查对象每学期仅与同事进行过一次有关教学和科研的交流。此外，数据也显示教师阅读学术期刊或论著的频率较低，大部分教师每学期仅阅读一次左右（见表5.5）。

表5.5 高校英语教师参与职场学习活动的频率

项目类别	问卷题目	中值	均值	标准差
教学反思 活动频率	收听或观看英语节目	4.00	4.06	1.044
	课后思考教学中存在的问题	4.00	3.88	0.964
	指导学生学习技巧	4.00	3.74	0.922
	与学生交流教学与学习情况	4.00	3.55	0.971
	分析学生作业情况	4.00	3.55	0.971
	撰写、整理教案	3.00	3.62	1.092
	制作教学档案袋（纸质或电子）	3.00	2.97	1.178
	指导学生教学实践或教学试讲	3.00	2.83	3.002
	撰写教学反思日记	2.00	2.47	1.112
合作学习 活动频率	与同事进行教学、科研交流	3.00	3.07	0.946
	参与校内教研讨论或教研组学习	3.00	2.83	0.985
	集体编写课程期末考试试题	3.00	2.65	0.815
	参与集体备课	3.00	2.48	1.110
	观摩公开课	2.00	2.54	0.873
	开展教改或科研课题研究活动	2.00	2.51	0.931
	观摩教学录像	2.00	2.30	0.873
	参与教材编写	2.00	1.99	0.894
	进行公开课展示	2.00	1.98	0.904
信息技术学 习活动频率	通过网络查找资料	5.00	4.33	0.907
	利用电脑进行文字与数据处理	5.00	4.29	0.934
	制作并使用多媒体课件	4.00	3.74	1.120
阅读反思 活动频率	阅读学术期刊或论著	3.00	3.25	1.118
	阅读国家和学校教学指导文件	3.00	2.57	0.994

　　绝大部分项目的标准差保持在 0.815—1.120，证明不同教师参与各项学习活动的频率差异不大。但指导学生教学实践或教学试讲项目的标准差较大，达到了 3.002，表明不同教师对该项活动的参与频率差别很大，数据稳定性较低，这一结果可能与该项活动的师范专业特征有关，仅师范专业本、专科学生需进行教学实践和教学试讲，非师范生则没有该项要求，因而非师范英语专业教师或大学英语教师基本不参与该项活动。

二　高校英语教师对职场学习活动的认可度

　　问卷第二部分的第二项内容是调查高校英语教师对职场学习活动的认可度，分析教师职场学习与教师专业发展的可能关系。共设置了 23 个项目，采用利克特（Likert）5 级评分法，1 代表"不重要"，2 代表"不太重要"，3 代表"一般"，4 代表"较重要"，5 代表"重要"。

　　统计结果显示教师对职场学习活动的认可度高，各项目数据的中值均达到了 4.0，标准差为 0.714—0.930，表明大部分教师认为职场学习活动对他们的专业发展起着较为重要的作用。

　　信息技术学习活动的重要程度最为教师们所认可，其中，通过网络查找资料这一项目的均值达到了 4.30，是所有职场学习活动中认可度最高的；利用电脑进行文字与数据处理项目的均值也达到了 4.23。

　　教学反思活动中，大部分项目数据均值都在 4.0 以上，依次包括收听或观看英语节目、课后思考教学中存在的问题、指导学生学习技巧、与学生交流教学与学习情况、分析学生作业情况和撰写与整理教案；数据表明，教师对教学反思活动的重要程度极为认可。

　　阅读反思活动仅包括两个项目，但阅读学术期刊或论著项目均值达到了 4.11，表明教师在认识上较为重视该项活动，但该项活动的参与频率较低，说明教师在该项目上的认识和行为之间存在一定的差距。

　　相对而言，教师认可度较低的是合作学习活动，该类活动的所有项目均值都处于 3.54—3.96，没有达到 4.0 以上的项目，同时教师参与合作学习活动的频率也较低，表明目前高校英语教师合作学习现状不太乐观，这与文献综述中发现的相关研究对教师合作学习的重视程度存在一定的差别（见表 5.6）。

表5.6　　　　　　　高校英语教师对职场学习活动的认可程度

项目类型	问卷题目	中值	均值	标准差
教学反思活动认可程度	收听或观看英语节目	4.00	4.29	0.790
	课后思考教学中存在的问题	4.00	4.25	0.762
	指导学生学习技巧	4.00	4.14	0.763
	与学生交流教学与学习情况	4.00	4.13	0.740
	分析学生作业情况	4.00	4.06	0.714
	撰写、整理教案	4.00	4.02	0.827
	撰写教学反思日记	4.00	3.74	0.930
	制作教学档案袋（纸质或电子）	4.00	3.73	0.914
	指导学生教学实践或教学试讲	4.00	3.72	0.905
合作学习活动认可程度	与同事进行教学、科研交流	4.00	3.96	0.769
	观摩公开课	4.00	3.83	0.756
	参与校内教研讨论或教研组学习	4.00	3.83	0.767
	开展教改或科研课题研究活动	4.00	3.81	0.825
	观摩教学录像	4.00	3.69	0.816
	参与教材编写	4.00	3.61	0.788
	参与集体备课	4.00	3.60	0.883
	集体编写课程期末考试试题	4.00	3.58	0.800
	进行公开课展示	4.00	3.54	0.885
信息技术学习活动认可程度	通过网络查找资料	4.00	4.30	0.737
	利用电脑进行文字与数据处理	4.00	4.23	0.799
	制作并使用多媒体课件	4.00	3.99	0.812
阅读反思活动认可程度	阅读学术期刊或论著	4.00	4.11	0.833
	阅读国家和学校教学指导文件	4.00	3.64	0.842

三　影响高校英语教师参与职场学习活动的因素

问卷的第三部分调查了影响教师参与职场学习活动的因素，该部分共设置了20个项目，除第20项为开放式问题外，其他19个项目均为选择题，采用利克特（Likert）5级评分法，1代表"没有影响"，2代表"影响较小"，3代表"影响一般"，4代表"影响较大"，5代表"影响很大"。

数据统计结果显示，大部分调查对象认为问卷所列因素对他们参与职场学习活动的情况形成较大影响。其中，教师职业态度项目的中值为4.00，均值为本部分各项目最高值4.16，标准差为本部分各项目最低值0.710，表明在该项目上，调查对象的看法较为集中，教师们普遍认为职业态度是问卷所列因素中对职场学习活动的参与度影响最大的一项。

个人因素和晋职因素对教师参与职场学习活动的影响程度较大。个人因素共有五个项目，除教师职业态度项目外，还有三项均值在3.80以上，分别是学生的英语基础与学习态度、教师个人教学经验、教师身份认同。晋职因素共有四个项目，其中两个项目均值在3.90以上，分别是科研能力和绩效考核制度，另两个项目均值在3.80以上，分别是职称评定制度和教学能力。环境因素中，数据均值最高的项目为教学条件因素，均值为3.80；均值最低的项目为国家英语教育制度，均值为3.57；而任务因素中，数据均值最高的两项分别为教师教学内容自主权和教师课程选择自主权，均值分别为3.80和3.75，最低的项目是承担单门或多门课程，均值为3.57（见表5.7）。

表5.7　　　　　影响高校英语教师参与职场学习活动的因素

项目类型	问卷题目	中值	均值	标准差
环境因素	教学条件	4.00	3.80	0.843
	学校教学管理制度	4.00	3.74	0.857
	学院教学要求	4.00	3.70	0.813
	教育信息技术	4.00	3.68	0.826
	国家英语教育制度	4.00	3.57	0.906
个人因素	教师职业态度	4.00	4.16	0.710
	学生的英语基础与学习态度	4.00	3.86	0.832
	教师个人教学经验	4.00	3.85	0.788
	教师身份认同	4.00	3.85	0.893
	教师个人经历	4.00	3.79	0.803

项目类型	问卷题目	中值	均值	标准差
晋职因素	科研能力	4.00	3.93	0.825
	绩效考核制度	4.00	3.90	0.892
	职称评定制度	4.00	3.88	0.874
	教学能力	4.00	3.83	0.778
任务因素	教师教学内容自主权	4.00	3.80	0.853
	教师课程选择自主权	4.00	3.75	0.879
	课时数	4.00	3.65	0.855
	授课课程类型	4.00	3.64	0.817
	承担单门或多门课程	4.00	3.57	0.921

四　高校英语教师的专业发展满意度

问卷第一部分调查高校英语教师的专业发展满意度，采用利克特（Likert）5级评分法，1代表"不满意"，2代表"不太满意"，3代表"尚可"，4代表"较满意"，5代表"满意"。

数据统计结果显示该项目中值为3.00，均值为3.08，标准差为0.784，表明大部分调查对象对自己的专业发展情况仅有"尚可"的满意度（见图5.1）。

通过交叉对比该项统计数据与教师职称数据，研究发现教师的职称与教师对自己的专业发展满意度有一定关系；其中19.2%的助教、23.7%的讲师、11.6%的副教授和5.5%的教授选择了1和2选项，分别代表"不满意"和"不太满意"，拥有讲师职称的教师对自己的专业发展情况不满意的比例最高（见表5.8）。

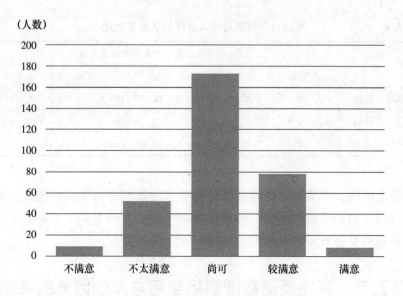

图5.1　高校英语教师的专业发展满意度

表5.8　　　　　　　　高校英语教师职称与专业发展满意度对比

职称	我对自己的教师专业发展情况					合计
	不满意	不太满意	尚可	较满意	满意	
助教	1人　3.8%	4人　15.4%	15人　57.7%	5人　19.2%	1人　3.8%	26人
讲师	5人　2.6%	40人　21.1%	94人　49.5%	46人　24.2%	5人　2.6%	190人
副教授	3人　3.5%	7人　8.1%	56人　65.1%	18人　20.9%	2人　2.3%	86人
教授	0人	1人　5.5%	8人　44.4%	9人　50%	0人	18人

五　教师对不同职后学习途径的认可度

第二部分末尾调查了教师对职场学习、学位攻读和教师培训活动的认可度，共有三个项目，采用利克特（Likert）5级评分法，1代表"不重要"，2代表"不太重要"，3代表"一般"，4代表"较重要"，5代表"重要"。数据结果显示，大部分调查对象认为，与学位攻读和教师培训活动相比，职场学习活动对他们的教师专业发展更为重要（见表5.9）。

表 5.9　　　　　　　　　教师对不同职后学习途径的认可度对比

选项　　　项目	该活动对自己教师专业发展的重要程度				
	不重要	不太重要	一般	较重要	重要
职场学习活动	1 人　0.3%	1 人　0.3%	60 人　18.7%	187 人　58.3%	72 人　22%
学位攻读活动	3 人　0.9%	17 人　5.3%	73 人　22.7%	180 人　56.1%	48 人　15%
教师培训活动	1 人　0.3%	20 人　6.2%	99 人　30.8%	164 人　51.1%	37 人　11.5%

综上所述，本节对调查问卷项目各部分的数据进行了描述统计，并对结果进行了初步分析，为进一步探究数据之间的关系奠定了基础。下一节将分析高校英语教师职场学习与其他因素之间的关系。

第五节　高校英语教师职场学习与其他因素的关系

本研究利用相关分析验证教师职场学习活动频率与教师对这些学习活动的认可度之间的关系；独立样本 T 检验分析师范背景对教师采用各项职场学习活动的影响；单因素方差分析检测不同职称的教师在参与各项职场学习活动时出现的差异。

一　教师职场学习活动参与频率与活动认可度的关系

研究首先分析了教师参与职场学习活动的频率和教师对这些学习活动的认可度之间的相关关系。自变量和因变量的关系一般可分为确定性关系和非确定性关系，确定性关系指当自变量取一定的值时，因变量相应会有一个对应值；而非确定性关系指自变量是多种因素作用或相互作用的结果，因变量与自变量之间相互依赖，但作用的对应性无法确定。变量间的这种非确定性关系就是相关关系（correlation），因此相关分析就是分析两个变量一起发生变化的程度。相关分析常用来探究变量之间的共同变化关系，不区分变量间的因果关系（秦晓晴，2004）。

不同变量之间的相关关系包括正相关、负相关和零相关。正相关表示两个变量的变化方向相同，当一个变量增加时，另一个变量也随之增加；负相关表示两个变量的变化方向相反，当一个变量增加时，另一个变量相应减少；零相关表示两个变量之间的变化无规律可循，不存在相关关系

（秦晓晴，2004）。统计学用相关系数（correlation coefficient）来表示变量之间的相关程度，取值范围介于 +1 和 −1 之间，+1 表示完全正相关，而 −1 表示完全负相关，0 表示变量之间是零相关。相关系数在 0.20 以下的为最低相关，一般忽略不计；±0.20—±0.40 为低相关；±0.40—±0.70 为较显著的相关；±0.70—±0.90 为显著相关；大于 0.90 则为最高相关，极为少见。在进行相关分析时，还需要对数据进行显著性检验，双侧（two – tailed）显著性检验用于不知道变量间的相关方向时采用，而单侧（one – tailed）显著性检验则在知道变量间的相关方向时使用，只有显著性检验的 p 值小于 0.05，相关系数才具有统计意义。此外，数据样本量大小对相关系数的统计分析结果存在一定影响，样本量越大，相关系数值在一定程度上相对越低。

数据分析结果显示，在教师的自我学习活动中，信息技术学习和大部分教学反思活动的参与频率与教师对它们的认可度具有较显著的相关关系。这些活动包括通过网络查找资料、利用电脑进行文字与数据处理、制作并使用多媒体课件，以及撰写和整理教案、收听或观看英语节目、课后思考教学中存在的问题、制作教学档案袋、与学生交流教学与学习情况、指导学生学习技巧、撰写教学反思日记、分析学生作业。

教师的阅读反思活动和大部分合作学习活动的参与频率与教师对它们重要程度的看法具有低相关关系。这些活动包括阅读国家和学校教学指导文件、阅读学术期刊和论著，以及与同事进行教学和科研交流、参与集体备课、参与校内教研讨论或教研学习、观摩公开课、观摩教学录像、集体编写课程期末考试试题、开展教改或科研课题研究活动。

有三项活动的参与频率与教师的认可度之间基本不相关。这三项分别为进行公开课展示、指导学生教学实践或教学试讲、参与教材编写活动（见表 5.10）。指导学生教学实践或教学试讲的参与频率在描述统计结果中已经被发现统计量的标准差偏高，说明教师间的参与频率差别大，该结果受到该项目活动内容特点与教师工作具体要求的影响，从而也导致了相关分析的不相关结果。而进行公开课展示和教材编写活动的参与频率与教师认可度之间的低相关和不相关结果将在后续的深度访谈中进行深入探讨。

表5.10　　　教师职场学习活动参与频率与活动认可度相关分析结果

高校英语教师职场学习活动参与频率 与教师对该活动认可度的相关性	相关 系数	显著性 （双侧）	相关程度
通过网络查找资料	0.555	0.000	较 显 著 相 关
撰写、整理教案	0.540	0.000	
收听或观看英语节目	0.531	0.000	
利用电脑进行文字与数据处理	0.530	0.000	
课后思考教学中存在的问题	0.522	0.000	
制作并使用多媒体课件	0.489	0.000	
制作教学档案袋（纸质或电子）	0.487	0.000	
与学生交流教学与学习情况	0.462	0.000	
指导学生学习技巧	0.451	0.000	
撰写教学反思日记	0.448	0.000	
分析学生作业情况	0.412	0.000	
阅读国家和学校教学指导文件	0.375	0.000	低 相 关
阅读学术期刊或论著	0.369	0.000	
与同事进行教学、科研交流	0.368	0.000	
参与集体备课	0.339	0.000	
参与校内教研讨论或教研组学习	0.272	0.000	
观摩公开课	0.253	0.000	
观摩教学录像	0.244	0.000	
集体编写课程期末考试试题	0.241	0.000	
开展教改或科研课题研究活动	0.218	0.000	
进行公开课展示	0.191	0.001	最低相关 或不相关
指导学生教学实践或教学试讲	0.171	0.003	
参与教材编写	0.109	0.058	

　　以上分析探究了教师职场学习活动参与频率与教师对该活动的认可度之间的关系，鉴于教师职场学习影响因素较多，因此本研究认为在具体职场学习活动上，若两方面的项目数据较显著相关，表明在该活动方面教师的行为和认知存在较高的一致性，后续访谈将着重探究该现象出现的原

因；若活动的两方面数据出现了低相关、最低相关或是不相关的结果，表明在该活动方面教师行为与认知不符，针对该活动的后续访谈将主要着重探究其他未知因素对该活动的影响。

二　师范背景和职称对高校英语教师职场学习的影响

根据先导研究资料分析结果，师范背景和职称可能是教师职场学习的两个重要调节变量，因此本研究也对其进行了分析。研究首先利用独立样本 T 检验分析师范背景对教师职场学习活动参与频率、对职场学习活动的认可度和专业发展满意度的影响，检验拥有和没有师范背景的教师在职场学习方面是否存在显著差异。独立样本 T 检验是通过比较两组数据的平均值来检验两个样本是否来自两个平均数相同的总体，因此用于比较来自不同群体的研究对象的两组数据之间是否存在差异（秦晓晴，2004）。

方差分析适用于同时检验两个或两个以上样本均数之间的差异，通过同时分析多个自变量，检验自变量间的相互作用以及相互作用对因变量产生的影响；单因素方差分析适用于检验一个因变量在具有三个或三个以上水平的单一变量各组的平均值之间是否具有显著差异（秦晓晴，2004）。本研究利用单因素方差分析检测不同职称的教师在职场学习活动频率、对职场学习活动的认可度和专业发展满意度方面是否存在显著差异。

（一）师范背景对教师职场学习的影响

问卷在个人基本信息部分调查了教师入职时是否具有师范背景，该项有两个选项，分别为"有"和"没有"（见附录3），在将数据输入 SPSS 软件时，1 代表"有师范背景"，2 代表"没有师范背景"。分析结果显示，入职时有师范背景的教师和没有师范背景的教师在专业发展满意度方面没有显著差异，而在教师职场学习活动频率、对职场学习活动的认可度少数项目上存在显著差异（见表5.10）。

在职场学习活动的参与情况方面，没有师范背景的教师在指导学生学习技巧的频率方面显著高于有师范背景的教师，而在参与校内教研讨论或教研组学习的频率方面显著低于有师范背景的教师。在教师对职场学习活动的认可度方面，没有师范背景的教师对分析学生作业情况和指导学生学习技巧的重视程度显著高于有师范背景的教师（见表5.11）。

表5.11 师范背景对教师的影响情况分析

项目类别	存在显著差异的项目	Sig.	项目数据均值
教师职场学习活动参与频率	指导学生学习技巧	0.040	有3.64；没有3.86
	参与校内教研讨论或教研组学习	0.018	有2.93；没有2.66
教师对职场学习活动的认可度	分析学生作业情况	0.023	有3.98；没有4.17
	指导学生学习技巧	0.027	有4.07；没有4.27
教师专业发展满意度	无显著差异		

注：有：有师范背景的教师的数据均值；

没有：没有师范背景的教师的数据均值。

（二）职称对教师职场学习的影响

本研究利用单因素方差分析检验职称对教师参与职场学习活动的频率、对职场学习活动的认可度和专业发展满意度是否存在影响作用。由于本研究选择对因变量和因素变量（自变量）进行描述统计、方差齐性检验（Test of Homogeneity of Variances）和单因素方差检验（ANOVA）后，还会对变量进行事后多重比较，以检验因素变量间的交互效应。数据分析结果的汇报较长，受篇幅所限，本节中，凡是方差齐性检验显著值低于0.05的项目，即不符合单因素方差检验要求各组方差相等这一前提条件的项目，分析结果均进行省略；此外，单因素方差检验结果表中F值和Sig.值未达到显著水平的项目，即职称未能起到显著影响作用的项目，也不进行汇报。

单因素方差检验结果显示，不同职称的教师仅在阅读反思活动频率上存在显著差异。随着职称的提高，教师阅读学术期刊或论著的频率也相应增加，助教与副教授、教授，讲师与教授之间在阅读学术期刊或论著的频率方面存在显著差异。在阅读教学指导文件的频率上，讲师处于最低频率水平，除讲师以外，职称与教师阅读教学指导文件的频率呈相应递增的趋势，其中助教与教授，讲师与副教授、教授，副教授与教授之间在阅读教学指导文件的频率方面存在显著差异（见表5.12）。这些数据分析结果表明，教师的职称与教师进行阅读反思的频率存在一定的相互效应。

表 5.12　　　　　　　　　职称对教师职场学习活动频率的影响

存在显著差异的项目	均值		多重对比	Sig.
阅读学术期刊或论著的频率	助教	2.73	助教—副教授	0.004
	讲师	3.17	助教—教授	0.001
	副教授	3.44	讲师—教授	0.009
	教授	3.89		
阅读国家和学校教学指导文件的频率	助教	2.54	助教—教授	0.008
	讲师	2.43	讲师—副教授	0.010
	副教授	2.75	讲师—教授	0.000
	教授	3.33	副教授—教授	0.022

单因素方差检验结果也证实了不同职称的教师对六项职场学习活动的认可度存在显著差异。这些活动包括"收听或观看英语节目""撰写教学反思日记""参与教材编写""观摩公开课""观摩教学录像"和"参与集体备课"。助教与副教授在"收听或观看英语节目"活动的认可度上存在显著差异，助教更为重视该活动；助教与副教授、讲师与副教授之间对"撰写教学反思日记"活动的认可度存在显著差异，助教、讲师和教授更为重视该活动；助教与讲师、副教授、教授之间对"参与教材编写"活动的认可度存在显著差异，该活动的重要性均值随职称提高而降低；助教与副教授、教授，讲师与副教授之间对"观摩公开课"活动的认可度存在显著差异，该活动的重要性均值随职称提高而降低；助教与副教授、教授，讲师与副教授、教授之间对"观摩教学录像"活动的认可度存在显著差异，该活动的重要性均值随职称提高而降低；助教与讲师、副教授、教授之间对"集体备课"活动的认可度存在显著差异，该活动的重要性均值随职称提高而降低（见表 5.13）。以上结果表明，教师的职称与教师对职场学习活动的认可度存在一定的相互效应，特别是在教师合作学习活动重要性方面，教师对其重要程度的看法随职称提高而呈降低的趋势。

表 5.13　　　　　　　　职称对教师的职场学习活动认可度的影响

存在显著差异的项目	均值	多重对比	Sig.
收听或观看英语节目的重要性	助教　4.62 讲师　4.30 副教授　4.14 教授　4.39	助教—副教授	0.007
撰写教学反思日记的重要性	助教　4.04 讲师　3.81 副教授　3.48 教授　3.83	助教—副教授	0.008
		讲师—副教授	0.007
参与教材编写的重要性	助教　4.04 讲师　3.58 副教授　3.56 教授　3.56	助教—讲师	0.007
		助教—副教授	0.009
		助教—教授	0.047
观摩公开课的重要性	助教　4.12 讲师　3.89 副教授　3.68 教授　3.53	助教—副教授	0.010
		助教—教授	0.012
		讲师—副教授	0.031
观摩教学录像的重要性	助教　3.96 讲师　3.79 副教授　3.45 教授　3.39	助教—副教授	0.005
		助教—教授	0.020
		讲师—副教授	0.001
		讲师—教授	0.042
参与集体备课的重要性	助教　4.08 讲师　3.61 副教授　3.49 教授　3.39	助教—讲师	0.013
		助教—副教授	0.003
		助教—教授	0.011

　　分析结果表明教师的专业发展满意度随职称的提高而增加。讲师对自己的教师专业发展满意度最低，甚至稍低于助教，讲师与教授之间在专业发展满意度方面存在显著差异（见表 5.14）。

表 5.14　　　　　　　　　职称对教师专业发展满意度的影响

存在显著差异的项目	均值	多重对比	Sig.
我对自己的教师专业发展情况的满意度	助教　3.04 讲师　3.03 副教授　3.10 教授　3.44	讲师—教授	0.033

　　以上数据分析结果表明，教师的职称对教师职场学习活动参与频率、教师对职场学习活动的态度和专业发展满意度均存在一定的影响。基于以上发现，本研究在对深度访谈对象进行抽样时，考虑到教师职称及其专业发展阶段因素，将职称也作为抽样标准之一，选取了职称分别为教授、副教授、讲师和助教的教师，鉴于讲师职称的教师在数据分析中出现的特殊性，本研究共邀请了两名讲师职称的教师参与访谈，共有五名访谈对象。

第六节　小结

　　本章报告了调查问卷所收集的数据分析结果，采用了描述统计、信度分析、因子分析、相关分析、独立样本 T 检验和单因素方差分析来探索高校英语教师职场学习的情况，对教师职场学习的主要途径、教师对学习活动的认可度、影响教师职场学习的因素、职场学习活动与教师专业发展的关系等方面进行了探索。

　　下一章将阐述深度访谈资料分析结果，从高校英语教师职场学习的主要途径和学习内容、主要影响因素与影响作用、教师因地制宜的学习过程、职场学习对教师专业发展的作用等四个方面对五名深度访谈对象的职场学习进行厚实诠释，并利用小组访谈资料分析结果对深度访谈的分析进行补充和印证。

第六章　高校英语教师职场学习经历与专业发展

上一章报告了调查问卷数据分析结果，在一定程度上揭示了高校英语教师职场学习途径和影响因素的普遍性趋势。但教师职场学习因其个性化、过程性、动态性以及不同因素存在交互作用的特点，还需利用质性资料加以细致深描。本章以五个研究案例为序，详细阐述深度访谈资料分析结果，描述深度访谈对象的学习途径、过程、内容、效果和影响因素及其作用，解释职场学习各途径之间和影响因素之间的互动关系与作用，探索职场学习对高校英语教师专业发展的意义。

第一节　案例分析一：李老师的职场学习

本研究采用类属分析和情境分析法对李老师（匿名）的深度访谈资料进行编码、提炼与凝练，根据研究目的的需要，先对深度访谈资料进行整体的情境性分析，描述李老师的个人简况和学习经历；随后在访谈资料中查找与李老师的教师职后学习途径有关的本土概念，在形成概念后，分析本土概念之间的关系并进行分类，概括出不同学习途径类别；随后将分类资料与访谈资料中体现的情境结合，按时间顺序和空间结构来深入诠释李老师的职场学习过程和学习内容；接着查找李老师职场学习影响因素的本土概念并对其分类，基于访谈资料分析不同因素的影响作用，探析它们的互动关系；最后诠释职场学习对李老师专业发展的意义。

一　李老师的个人简况与学习经历

参与访谈时，李老师（匿名）是一所综合性高校外国语学院的教授，他的父亲也是一名高校英语教师，虽然父亲并未亲自教过他英语，受家庭和生长环境影响，他从小对语言的学习比较敏感。李老师在北方出生，并在北方完成小学和初中的学习，高中快毕业的时候回到云南，顺利考上一所师范院校英语教育专业进行本科学习。由于任课教师严格训练他们的英语语言技能和语言知识，本科学习期间，李老师打下了良好的英语学科知识基础，毕业时他的英语词汇量已经在 15000 个左右，在多次重要考试中都取得了优良的成绩。

毕业后，李老师被分配到一所本科院校从事大学英语教学。虽然从师范专业毕业，但本科学习内容对他的教学工作帮助不大。教学初期因为不清楚该怎样教学，不熟悉教材，也未得到任何教学方面的培训或指导，因此李老师在这一时期的大量时间都用于备课和独自摸索教学方法。因对工作环境不太满意，四年后李老师在职攻读了英语专业硕士学位。读硕期间的指导教师大多为海归博士，其教学理念和教学方法较为新颖，使李老师在硕士学习期间对英语教学研究产生了一定的兴趣，加上希望自己的研究能有助于解决教学中发现的问题，他的研究方向逐渐由文学转为英语教学。获得硕士学位后，李老师所在的学院设立了英语专业，他从大学英语教学转为英语专业教学，先后教过《高级英语》《跨文化交际》《英语听说》等课程。三年后，李老师申请到国外访学项目，在 S 大学访学一年，系统地学习了 TESOL 课程，通过对教学法知识和理论的梳理，他对教学研究有了进一步了解，形成了自己的研究兴趣。在对教学的不断反思、探索和研究过程中，李老师养成了学术阅读和写作习惯，频繁参加国际学术会议，聆听专家讲座并进行学术交流，取得了丰硕的科研成果，顺利通过副教授和教授职称评审。在已获得教授职称后，出于自我提高的愿望与更换工作环境的需求，他又继续攻读了博士学位，得到许多 TESOL 领域著名专家的指导，研究水平进一步得到了提高。获得博士学位后，李老师调动到一所综合性大学任教，承担硕士生和本科生专业课程教学任务。目前他的工作重心主要放在科研方面，希望通过他的研究帮助其他教师解决一些实际问题。

二　李老师的职场学习途径

为了在访谈资料中对李老师的职场学习途径进行归纳，分析不同学习途径对李老师专业发展的影响，在反复通读、透彻理解访谈内容的基础上，本研究首先查找了李老师的深度访谈资料中与职后学习途径有关的本土概念。查找结果显示李老师获得的学习机会较多，学习途径丰富多样，相关的本土概念和相应访谈资料如下：

（1）攻读硕士，如他在访谈中提到"我的硕士就是在职读的"（LI1. 76 – 77）；

（2）攻读博士，如访谈资料显示"博士是全职去读的"（LI1. 77）；

（3）国外访学，如访谈资料显示"我出国去 S 大学（匿名）访学"（LI1. 86 – 87）；

（4）参加国际学术会议，如访谈资料显示"2003 年就出国开第一个学术会议"（LI2. 90 – 91）；

（5）参加国内学术会议，如访谈资料显示"两三年前，有一个研究生论坛，我就去了"（LI1. 213 – 214）；

（6）教师培训，如访谈资料显示"最早就是外研社的（培训）"（LI2. 52）；

（7）专家讲座，如访谈资料显示"讲座只要我有时间都去听"（LI2. 427 – 428）；

（8）阅读文献，如访谈资料显示"开始看的还是国内的这些文章……慢慢地开始看原版的东西……因为有了那个数据库以后，这就很方便了"（LI2. 366 – 369）；

（9）教学研究，如访谈资料显示"我做的最早的行动研究"（LI1. 181）；

（10）学术论文写作，如访谈资料显示"先做一个研究……为这个会议准备一个 paper"（LI2. 200 – 201）；

（11）文献阅读反思，如访谈资料显示"读完一个文献会给你一些启发，你会反思"（LI2. 383）；

（12）进行教学实验，如访谈资料显示"我就拿来我的班上试一试"（LI2. 179 – 180）；

（13）撰写研究日志，如访谈资料显示"为了完成一个项目……写一个 learning journal"（LI2. 384 – 385）；

（14）掌握教材内容，如访谈资料显示"在工作的前五年都是花很多时间备课，因为不知道怎么去教，对教材不熟悉"（LI2. 349 – 350）；

（15）补充教学内容，如访谈资料显示"一些和教学内容相关的 PPT 啊，音像啊，我都会去放给他们看"（LI2. 346 – 348）；

（16）进行教学设计，如访谈资料显示"我的时间主要在教学设计"（LI2. 351）；

（17）布置学生作业，如访谈资料显示"布置什么样的作业"（LI2. 356）；

（18）课后教学反思，如访谈资料显示"我发现学生从老师要我学到我要学，很多活动，背诵啊，互动啊"（LI2. 274 － 275）；

（19）批改学生作业，如访谈资料显示"哪怕我改学生的作文，你突然发现，咦，对这个观点用这样的表达很不错"（LI2. 386 － 387）；

（20）分析学生作业，如访谈资料显示"（学生作文）你有你自己的评论"（LI2. 389 － 390）；

（21）国外同行合作研究，如访谈资料显示"跟国外合作多"（LI2. 396）；

（22）国内同行合作研究，如访谈资料显示"回国后跟 B 大的老师在合作"（LI2. 396）。

通过对比分析查找到的本土概念，探查它们之间的相关关系，研究发现文献阅读反思、进行教学实验和撰写研究日志之间存在较紧密的相关关系，李老师在访谈资料中讲述他时有在阅读学术文献的过程中受教学反思内容激发而产生与教学相关的文献阅读反思的经历，从而促使他在教学中对自己的反思结果进行实验，实验结果使他产生进一步反思。同时，他还有在研究过程中撰写研究日志的习惯，研究日志的撰写也有助于他的研究反思。由于李老师文献阅读反思常早于他的教学研究过程，且不一定会导致教学研究的发生，而教学实验的实施和研究日志的撰写常发生于教学研究过程中，因此将文献阅读反思单独归纳为一个职场学习手段，而将进行教学实验和撰写研究日志归纳为课题研究反思这一职场学习手段下的具体学习活动。

深度访谈资料分析结果显示掌握教材内容、补充教学内容、进行教学设计和布置学生作业活动均发生于李老师备课过程中，这些活动与李老师的教学紧密相关，除了促使李老师对与教学内容相关的学科知识进行学习外，也推动他对教学内容、课堂组织和学生学习情况进行反思，因此将以上四项活动的学习手段归纳为教学准备。批改学生作业和分析学生作业两项活动发生于李老师批改学生作业阶段，促使他对学生的英语学习情况和英语水平进行反思，因此将其归纳为学生作业反思。李老师在访谈中还反映他与国外同行进行合作研究较多，与国内校外同行也进行了一些合作研究，究其关系，它们都属于教师课题研究合作，仅在合作对象方面存在差别，因此将它们归纳为课题研究合作。

　　基于凯利（Kelly）（2006）对教师学习的分类标准，结合以上分析结果，本研究将李老师的职后学习途径归纳为继续教育途径，包括攻读硕士、攻读博士、国外访学、参加教师培训活动；校本学习途径，主要指专家讲座活动；职场学习途径，包括阅读文献、进行教学研究、撰写学术论文、参加国际学术会议、参加国内学术会议、文献阅读反思、课题研究反思、教学准备、课后教学反思、学生作业反思、课题研究合作活动（见图6.1）。根据下图的描画可以看出，在李老师职后的学习途径中，职场学习途径形式较为多样，涵盖具体学习活动较多，与他的教学实践和反思关系较大。

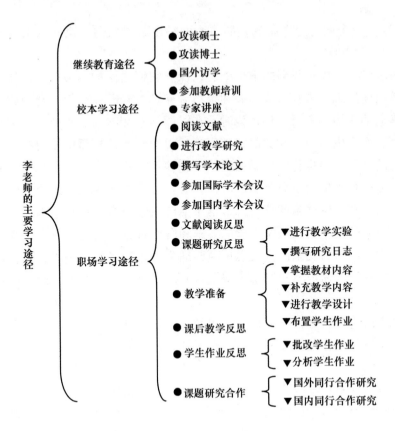

图6.1　李老师的主要学习途径

三　李老师的职场学习过程和学习内容

深度访谈中李老师提到他曾有过攻读硕士、攻读博士和国外访学经历，此外他还多次参加了国际学术会议和教师培训，并充分利用机会去各校各学院聆听与英语或其他与语言和教育相关的讲座；拥有阅读、写作、教学反思和研究反思习惯，这些习惯对他的教学和科研都形成了良好的促进和循环作用；同时他也曾在主持和参与一些科研项目期间与国内外同行进行合作；根据访谈资料分析结果，他在以上多种途径中的学习过程和学习内容各有偏重，但各途径的学习过程在不同程度上存在互动，学习内容也互有促进和融合。

根据李老师在访谈中讲述的职场学习情况，入职后的前几年，他没有参加过入职培训，也未曾得到教学指导。虽由师范专业毕业，但本科学习内容主要针对语言技能和知识，对他的教学工作没有实际指导作用。在新手期阶段，他对教学和语言知识的学习主要靠自己摸索。入职前期，由于不懂得教学方法，不熟悉教材内容，李老师在备课过程中主要通过阅读课文、分析课文、查询单词等方法进行自我学习；在逐渐熟悉了教学方法、学生特点、教学内容等教学工作的各方面情况后，他开始注重教学设计，对自己的教学进行反思，并根据发现的问题和反思结果对教学进行修正。在这一阶段中，他较为关注课堂教学的组织、学生作业与任务的布置，并从批改和评价学生作业的过程中发现和总结学生学习情况与学习基础：

> 我觉得在工作的前五年都是花很多时间备课，因为不知道怎么去教，对教材不熟悉。后来只要不换教材，很熟悉了，但我的时间主要在教学设计，所以这个就是变了，慢慢转移了，看课本就轻车熟路了，但你学生是不一样的。其实后来更多的时间就是在组织教学，这上面是花了很多，怎样去引入一个课堂，怎么样开始，这要解决什么样的问题，完成什么样的任务，布置什么样的作业，去怎么样检测它，这时候花了更多的时间。所以我觉得，教书教书，最后成匠的最好的办法，就是省下了你不用去查单词（的时间）了，但是更难的在于你要准备，准备这个东西永远不可能完美。（LI2. 349 – 359）

李老师刚参加工作时并没有明确的研究方向，他在文学研究方面做了一两年，但由于对文学研究不太感兴趣，也就没有坚持下去。参加工作几年后，李老师通过在职的方式攻读了硕士学位。在硕士学习期间，由于担任李老师硕士课程教学的教师大多为海归博士，在教学中采用了国际上较新的教学法，使李老师对教学法产生了兴趣，通过初步接触 TESOL 课程，他阅读了一些关于英语教学理论的学术著作，对英语教学理论有了一些较为浅显的理解：

> 硕士期间刚刚入个门嘛，你要读个 Gary 的那些书啊，那些英语教学法的书啊，看原版的，讨论啊，对吧？我才初次接触。
> （LI1. 92 - 94）

完成硕士学习，取得硕士学位后，李老师开始自己摸索着进行了一些教学研究。他认为作为一名高校英语教师，自己的主要任务就是教学，因此如果研究能帮助自己解决在教学中发现的问题，对提高教学效果、促进课堂管理、帮助学生掌握学习技巧、提高自己的教学能力和研究能力都有好处，是一种双赢的选择：

> 因为你的主业就是教书啊，你要解决你教学的问题，你做这方面的研究是不是双赢啊？第一，你积累了新的经验，第二，你解决了你课堂教学的问题，其实是帮自己省了很多力啊。这个初衷非常简单，也不是说我要干个什么事情，我就觉得这东西拿来，就要帮我解决问题。（LI2. 317 - 321）

在访谈中，李老师描述了自己进行教学研究的过程。他在开始进行教学研究之前，已经通过几年来不同课程的教学，积累了一定的教学经验，也发现了一些教学方面的问题，感受到学生特点对自己教学情况的影响，如学生的英语基础较差，学习方法效率较低等问题。基于这些问题，他对自己的教学情况进行了反思，着手准备研究。在刚开始进行教学研究时，他手上拥有的学术资源较少，也还没有经过非常严格的学术训练，对研究方法的了解也不多，但出于提高自己教学效果和促进学生学习效果的目的，他通过自我导向的职场学习，对教学研究进行摸索：

你可以发现一些教学的问题，带着问题去做研究。不一定非要有什么样的资源。（LI1. 180 – 181）

应该说还是教了很多课，一直教得最久的还是这个综合英语啊、高级英语这些，然后听说课也教了，语法课也教。反正我就觉得这个学生的学习非常被动，我以前学的方法很笨，但发现他们比我还笨。（LI2. 324 – 327）

（教学中遇到的问题）肯定有很多啊，比方说这个，最早我是从大外开始教，当时还是以教师为中心的。但是当时我就在尝试着以学生为中心，因为虽然他们不是英语专业的，有很大的问题，公外的学生语言基础比较差，但那个时候呢就是抱着两个目的，一个就是做实验了，实验不外乎两种结果，成功了都是 win – win 对大家都好，失败了他们是我的试验品，我总结了经验。（LI2. 261 – 267）

李老师最初进行的教学研究是利用行动研究法完成的，但他当时由于没有接受过研究方法的学习和训练，并不知道自己采用了何种方法进行研究，但该次教学研究在很大程度上提高了他的教学效果，学生在参加省内统一组织的大学英语三级考试时取得了优异的成绩。这一结果在一定程度上改变了他对教学研究的认知，对他后续的教学研究起到激励的作用：

我觉得还是要改，勇于尝试，因为当时我是在教一个专科班……那些学生第一次过三级，那个班很烂的班，后来居然百分之九十都过了三级，我都很吃惊。因为我发现学生从老师要我学到我要学，很多活动，背诵啊，互动啊，group work，pair work，很不讲究这些。90 年代，那个时候还是填鸭式的比较多，我觉得这个对自己是个激励。（LI2. 270 – 277）

由于第一次的研究就取得了成功，有效促进了学生的学习效果，因此李老师进行教学研究的信心也得到增强。他也参与了其他教师主持的科研课题，得到了项目主持人的一些引领，并通过自我学习提高了自己的研究能力。因此，在讲师职称阶段，他已撰写并发表了十几篇学术论文，随后基于这些研究成果，成功申请到了国外访学一年的访问学者项目。李老师非常重视自己在国外访学的学习经历，由于访学项目申请到的指导教师就是 TESOL 方面的专家，在访学的那一年中，他系统地学习了教学理论知识，确立了教学研究方向，因此李老师认为国外访学期间学习的内容奠定了自己学术研究的基础：

> 真正系统地学呢，还是在国外，在去做访学那一年。因为当时我那门的老师，他就讲 TESOL，英语教学。（LI1.94-96）

从国外访学归来后，由于在国外阅读了一些英语文献资料，体会到学术阅读的重要性，李老师希望能通过文献阅读了解国际研究动态，于是向学校申请购买了两三个学术文献数据库，通过阅读国外研究文献进行学习，了解国际学术界教学研究的最新动向、学术论文结构和写作方法，通过长期坚持文献阅读养成了良好的学术习惯：

> 学术习惯的培养不是一天两天的。因为我从澳洲回来以后，受过训练以后就要想读原版的东西，但我原来那个学校没有任何资源，外边的 Journal 一篇都没有，因为后来我在那里当英语教研室主任嘛，我才回国，然后呢我就促请学校买了几个数据库，好像就买了一个什么 ELT Journal，还有一个什么，还有哪一个，反正有两三个数据库。后来我看看基本用的就是我，但是那个东西非常重要，因为你即便不能出去，你知道别人在做什么，做到什么程度了，人家语言是怎么用的。（LI2.79-87）

在国外访学期间，李老师参与了由访学项目的指导教师主持的一个科研项目，并撰写了学术论文。访学归国后，他与导师报名参加了一个国际学术会议，并由导师代他在会议上宣读了论文。从那次会议之后的第二年起，李老师多次参加了在国内外举办的国际学术会议，至访谈时为止，他已参加过二十多次国际学术会议。李老师在访谈中指出，学术会议为他提供了与国内外同行进行研究交流的机会，获得了与自己研究相关的一些交流和反馈，了解了研究的国际动态，并通过参加学术会议推动了他的研究实施和学术论文的撰写与发表：

　　　　反正就是后来源源不断……前后开了，现在我数一下，20 个左右
了，就是说是在国内的和国外的，属于国际级的会议。（LI2.99 -
102）

　　　　先做一个研究……就为这个会议准备一个 paper……（在会议上）
读完了，会上呢大家就要对你的这个 paper 讲得怎么样，进行评论。
评论完了我再整理，整理完我就把这个东西（论文）发（表）掉。
（LI2.200 -203）

　　李老师在攻读博士时已经获得了教授职称，在教学和研究方面都已积
累了丰富的经验，他的导师是 TESOL 领域的著名学者，李老师在访谈中谈
及攻读博士的经历时，总结说他在博士阶段的学习中收获很大。首先，李
老师在博士学习过程中，系统学习了几门课程，对教学理论和研究方法课
程的深入学习使他从理论角度重新理解和诠释自己曾做过的研究；同时，
博士阶段的学习更加侧重于研究能力的提高，注重研究创新能力和跨学科
视角，进一步拓宽了他的学术视野：

　　　　到博士阶段已经是两点要求了。第一点是创新，第二点是跨学
科，因为语言只是一个工具了……所以博士嘛，就是强调你要从不同
的角度来看这个问题……你接触不同的学科，经常听不同学院的讲
座，你对同一个问题的理解肯定是不一样的。（LI1.134 -142）

　　李老师比较重视讲座对自己的启发作用，他对讲座的主题和地点选择
都比较宽松，对他来说，凡是觉得不错的讲座，不管在哪个地方开讲，只
要他能赶得过去，他都会积极参加。他对讲座的主题选择比较宽泛，认为
不同专业的讲座内容有助于从不同视角促进自己的反思和解读，给自己带
来很大启发：

　　　　讲座只要我有时间都去听。因为那个是短、平、快，可以从不同
的视角去考虑同样的问题，你哪怕是教学的问题……去听语言学系的
讲座……还有教育学院的老师，还有文学院的老师，这三块都是在搞
语言，但他看同一个东西，比如一个 identity 的问题，他可能就有一个

不同的视角，解读就不一样，可能对你的启发就很大，所以我基本上都是（讲座都听）……B 大有，我就在 B 大听，C 大有，我就去 C 大听。哪里有我就去哪里听了，串着去听。（LI2. 427 – 437）

李老师曾多次参加由出版社组织的短期教师培训。在初次参加教师培训时，他对培训内容比较感兴趣；但由于参加培训次数较多，逐渐发现每年的培训内容和培训专家基本一样，内容与培训专家更新较少，因此感觉后来的培训内容对他不再具有学习意义：

最早就是外研社的，对大外的，2000 年好像在北京搞第一次……反正就是一开始觉得还有兴趣，后来发现就是每年讲的（同样）一些内容，就那几个人，那儿张面孔……第一次还可以，听几次讲，讲来讲去就那些，也没啥可讲的……后来就（变成）出去旅游了嘛。（LI2. 52 – 76）

访谈资料分析结果表明，李老师认为自己与其他教师的合作较少，职场学习基本都靠自己单打独斗进行摸索。但在李老师入职后的前几年中，由于自身研究能力有限，他也参与了其他教师的科研课题，在合作研究过程中学习了如何进行研究并提高了自己的研究能力。研究过程中，合作教师对他的科研学习和摸索有一定的指导作用：

后来跟 B 大的老师在合作，也是两个课题都是跨文化的，所以说这个还是，有人带是很重要的。你毕竟一个年轻的老师，你要去摸索，这个是需要有人的嘛！你每一步成长都需要有人，站在别人的肩膀上，你不可能一次跳上去啊。（LI2. 168 – 172）

然而当李老师研究能力得到较大提高，处于一个较高的研究水平并开始主持自己项目的时候，却发现要组建一个自己的研究团队非常困难，在合作研究中，很难找到水平相当的研究伙伴：

这么多年，在原来单位，包括到现在啊，基本都是单打独斗，跟国外合作多，跟国内合作少。因为国内有几个问题，第一人家有资历的人看不上跟你合作，对吧？这是其一。其二呢，如果你是只为了挂别人的名字，跟比你弱的人去合作，你就只有输出没有输入，也不会有什么学术提高，这是最大的问题。（LI2. 395 – 405）

访谈资料分析结果还显示，李老师的教学反思和研究反思通常基于课堂教学情况，并拓展至其他职场学习活动。在参与某一个职场学习活动期间，可能有某种现象、某个理论、某篇文献等作为触动点来激发他的反思，反思内容也依平时教学和研究经验的积累及触动点的特点而定，通过各种形式的职场学习来逐渐提高自己：

　　这个其实还有一个过程，一开始也没有什么反思。但有的时候，你读完一个文献会给你一些启发，你会反思；再有就是，有时候可能为了完成一个项目，一个课题，你还是应该写一个 learning journal 那种，学习日志一样的那个东西，我觉得这个是非常宝贵的。哪怕我改学生的作文，你突然发现，咦，对这个观点用这样的表达很不错，我就会把它收集下来。不仅仅把它当成一个 demo 给别的学生看，你把它作为你的语料，你有你自己的评论，这也是很重要的。（LI2. 382 – 390）

以上访谈资料分析结果表明，在李老师的主要学习途径中，继续教育途径的学习内容偏重于教学理论知识的学习和研究能力的提高；校本学习途径的学习内容侧重于学术思想的交流；职场学习途径中，教学准备、课后反思、学生作业反思促进了李老师教学知识和学科知识的提高，并通过课堂管理、教学设计等教学实践经验的积累促使了李老师教学能力发展；课题合作研究通过教师合作完成科研课题促成教师研究能力的提升，在合作过程中，当李老师研究能力较弱时，合作研究对他研究能力提高作用较大，而当他的研究能力较好时，受合作伙伴情况影响，合作研究的促进作用降低；同时，研究能力的提高和教学研究的实施也促进了李老师教学效果的改善和教学能力的提高。综上所述可以发现，李老师职场学习各途径的学习过程在不同程度上存在互动，学习内容也存在交互现象（见图6. 2）。

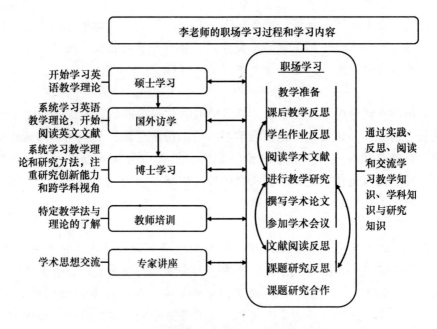

图6.2　李老师的职场学习过程和学习内容

在对李老师的职场学习过程和学习内容的探究中，访谈资料显示，多项因素对他的职场学习产生了影响，因此下文将对影响李老师职场学习的因素及其作用进行归纳，分析教学工作情境与李老师职场学习的关系。

四　影响李老师职场学习的因素与作用

深度访谈资料分析结果显示，影响李老师参与职场学习的因素很多，影响情况错综复杂，为了能清晰地探析究竟有哪些因素形成了影响作用，它们的作用程度如何，研究对访谈资料中关于职场学习影响因素的本土概念进行查找和统计，根据本土概念在访谈资料中反复出现的次数，可以基本判断它们对李老师的影响程度。根据查找结果，对李老师职场学习影响程度较大的因素有学生特点和学习资源，影响程度中等的是工作经历、专家引领、学校文化、学科知识和领导支持，影响程度较低的是教学知识、学习规划、职称评定、教学经验、职称情况、教学条件、高考改革、社会改变和经济因素（见表6.1）。

表6.1　　　　　　李老师职场学习影响因素的本土概念及影响程度

	工作经历	教学知识	学科知识	学习规划	教学经验	职称情况	学生特点	学习资源
访谈中出现次数	7	2	4	2	1	1	21	10
	学校文化	领导支持	职称评定	教学条件	专家引领	高考改革	社会改变	经济因素
访谈中出现次数	6	4	2	1	6	1	1	1

学生特点是所有因素中对李老师的职场学习影响程度最大的一项。根据李老师在访谈资料中对学生情况的讲述，学生特点包括学生的英语基础、学习方法、学习习惯、专业特点、学习层次、学习态度等特征。学生特点影响到李老师教学水平和教学效果的提升，并为教学研究找到切入点。在李老师的教学经历中，为了适应所教学生特点，达到较好的教学效果，入职后的前五年中，李老师花费大量时间备课以便较好地安排恰当的教学方法，在熟悉了英语教学工作后，他逐渐将备课的重心转移为教学设计、布置学生作业、课后教学反思和对学生作业情况的反思。为了解决在教学过程中发现的问题，如学生的学习方法效率较低等，李老师与文献阅读反思相结合进行教学研究，并通过教学研究促进了教学效果：

> 学生的背景不一样，他的学习基础也不一样啊，对吧？来源不一样啊，这个民族也不一样啊，他的学习文化也不一样。所以说前期的教书呢，主要是备课花的时间比较多。到后期对教材比较熟了，花的更多时间就是在课堂设计上、教学管理上面。主要是这个我要花更多的精力。（LI1. 66 – 71）
>
> （做研究主要是因为）我就觉得这个学生的学习非常被动。（LI2. 326）

学习资源是李老师认为比较重要的一个影响因素。学习资源为李老师提供了阅读文献的渠道，有助于李老师提高自己的学术水平。通过对学校购买的纸质和网络数据库的中英文学术文献进行阅读，他逐步了解了国外研究的最新动态、研究现状和英文学术论文写作方法，对他的研究能力和教学能力的提高起到了重要的作用：

> 所以我觉得学术要提升，一个大学的图书馆要有强有力的资源。（LI2. 194 - 196）
>
> 有了那个数据库以后，这就很方便了，下了就看了……但是慢慢觉得人家写得很好，至少有一点可以提升我们的写作水平。（LI2. 369 - 373）
>
> 那个东西非常重要，因为你即便不能出去，你知道别人在做什么，做到什么程度了，人家语言是怎么用的。（LI2. 86 - 87）

工作经历也对李老师的职场学习形成了较大影响，它激励了李老师在入职高校后继续攻读更高学位。由于李老师对自己原单位的学校类型、工作环境和学校文化不太满意，调动工作就成为促使李老师去攻读硕士和博士学位的动力之一：

> 有两个原因，一个就是感觉对那个单位是不太满意，原来我在那个综合性的理工科的院校，然后也不是很对口，还有就是觉得想换换环境，读书（攻读硕士）就是一个最好的逃避。（LI2. 13 - 15）
>
> 当时就还是想提高一下自己（攻读博士），也是在原单位，也是不太舒服那段时间，感觉还是想换个环境。（LI2. 36 - 37）

专家引领对学术研究能力的提高作用在李老师的访谈中得到了强调。他认为在国外访学期间得到指导教师的引领，开始进行跨文化研究；回国后又参与了另一所大学两位教师的项目研究，他们的帮助和引导对于他学术意识的提高起到了重要的作用：

> 然后其实还是靠带，这个学术的眼光是靠比你层次高的人、朋友，在某个圈子里边一直把你带起来，就参加别的课题啊，帮人家打工啊，慢慢地就找到这个门道了吧，其实这个是很大的影响。（LI2. 69 - 73）

学校文化则对李老师与其他同事的合作情况产生影响。学校没有形成较为浓厚的学术氛围，李老师的同事们对提高自己的研究能力，进行学术学习和参与课题研究就不太积极，导致李老师与同事间的合作较少，无法建立和培养自己的一个学术团队，教研活动也无法顺利进行：

> 就是以前那个单位，包括到现在，没有一个学术传统，让你能够建立一个学术梯队，你能够自己培养一批人。（LI2. 400 - 402）

> 才回国那时候，希望给大家搞教研活动，也准备了材料，也费尽了口舌。后来大家发现，与其听你讲，不如出去打点工啊，赚点外快啊，解决下实际生活的问题，这真的是一件很纠结的问题。这确实是，因为这是一个习惯的形成，一个学术气氛，学术传统，它需要时间。（LI2. 444 - 449）

访谈资料分析结果表明李老师很重视学科知识对教学的影响。学科知识对他的职场学习的影响主要体现在入职早期的学习方面。刚开始教学工作时，李老师在备课阶段需要花费较多精力和时间，在备课期间，他需要熟悉教材内容、查找不熟悉的单词、分析课文结构等，因此他认为只有当学科知识达到一定程度后才能将精力集中到课堂设计等教学方法方面：

> 首先是学科知识的不足。学科知识到了一定程度了，我们才能考虑课堂。（LI1. 51 - 52）

领导的支持对李老师参加学术会议形成影响。在访谈中李老师谈到原单位非常支持他参加学术会议，为他提供了资金支持和时间便利，这也促进了他的专业成长：

> 所以我觉得学术要提升……第二就是舍不舍得让你出去开会，这是非常重要的。我原来那个单位，虽然说是理工科的嘛，但对我还是比较关照的，我在那个单位可能会开了 10 次左右吧，就经常全国跑。（LI2. 194 - 196）

李老师认为只有在教学互动中通过自我导向学习才能提高自己的教学知识。教学知识对李老师入职初期的职场学习有着一定的影响，由于不知道应该怎样进行教学，他在备课和课堂教学中往往需要反复思考教学方法：

> 因为这个语言知识和教学知识是两个不同的概念。所以你要想控制好一个课堂，你要把东西很好地展示出来，这就需要很多互动，比如说课堂管理方面、对教材的把握、沟通技巧这些都是非常非常重要的。（LI1. 25 – 29）

学习规划对李老师的职场学习也有着一定影响。他认为自己在职场学习方面具有较强的规划意识，有利于教学研究和论文撰写，学习规划起着引导学习方向、提高学习效率的作用。如李老师谈到自己的学习规划对撰写博士学术论文的帮助：

> 因为我这个人做事情目标性比较强……我每一个小的那个 course paper 和我的 main study 都是将来有可能成为它的一个章节，我才要去写……这样就比很多人省了很多力，就是规划。（LI2. 219 – 229）

访谈资料显示职称评定也对李老师的职场学习有一定影响。虽然李老师职称评定的过程一直非常顺利，而他最初阅读文献和教学研究时，也并不是以评职称为目标的，然而职称评定作为一个潜在的衡量高校教师专业能力的因素，对他的职场学习的重心也存在影响：

> 那就完蛋了，你评职称一塌糊涂，你很多时间都花在准备教学上，确实是这样。（LI2. 361 – 362）

教学经验对李老师职场学习的影响主要是在学习的侧重点方面。当李老师教学经验较少时，他在备课阶段自我学习较多，而有了一定的教学经验后，他更重视课堂设计和教学管理等方面的自我提高：

> 前期的教书呢，主要是备课花的时间比较多。到后期教材比较熟了，花的更多时间就是在课堂设计上、教学管理上面。主要是这个我要花更多的精力。（LI1. 69 – 71）

职称情况对李老师的影响主要在学术文献阅读方面。他在访谈中提到在评讲师之前,他通常阅读国内的学术文献,而在评上讲师之后,又去国外访学一年,慢慢养成阅读国外文献的习惯:

> 应该还是有变化的,因为这个在讲师之前没有什么国外的资源,就是看的还是国内的这些文章,还挺高兴的……后来觉得就是慢慢地开始看原版的东西。(LI2. 365 – 368)

学校提供的教学条件对李老师实验新教学方法和教学内容起到了一点作用。他在访谈中提到自己访学回国后,开始实验以学生为中心,采用任务型教学法开展行动研究,语言实验室为他提供了一定的便利:

> 但是语言实验室是有的……给学生看一些东西。我从澳洲回来以后,我带了录像带,带了十几盘。反正就是感觉当时用这个,这些方法还是有一点点效果。(LI2. 292 – 297)

李老师认为高考改革对我国的英语学科的发展方向影响很大,将来可能对从事某些方向研究的高校英语教师形成较大影响,他本人也感到了一些压力:

> 现在这个高考改革以后啊,我个人认为,我也跟一些同行,北京、上海的一些,他们这些学科的名家探讨过,将来我们可能要失业了。(LI1. 317 – 320)

李老师觉得社会的改变和发展对学生的学习基础、学习态度和学习需求产生了一些影响,学生的改变又影响到教师的教学,因此他在教学过程中不断调整内容和方法以适应学生的变化:

> 因为社会在变,比如说扩招以后啊,学生的学习有没有那个心思啊,这也是个问题。或者学生就想考什么学什么,功利性比较强,你再做一些额外的,它未必受欢迎,所以你要不断地调整。(LI2. 278 –

281）

经济因素则从另一个角度影响了李老师的职场学习。访谈资料表明，李老师最终选择 E 大去攻读博士学位是因为 E 大为他提供了全额奖学金，表明经济因素对李老师选择是否攻读博士学位以及在哪里攻读博士学位有着影响作用：

> 还有一个最主要的原因，E 大它一次就把六十几万元奖学金都给我了。（LI2.44－45）

上述访谈资料分析结果表明，影响李老师的因素较多，其中最重要的因素有学生特点、学习资源、工作经历、专家引领和学术氛围。大部分因素主要影响到李老师职场学习的不同学习手段，如学生特点的影响作用主要在教学反思、文献阅读反思和教学研究方面；学习资源为李老师提供了学术阅读资料；专家引领有助于他进行教学研究；学校的学术氛围影响到他的课题研究合作情况；学科知识影响到他在备课过程中的自我学习内容；教学知识影响到他在备课和教学过程中的学习情况；职称评定影响到他的自我学习的重心；教学经验影响到他自我学习的侧重点；职称情况影响到他对学术文献的选择；教学条件影响到李老师实验新教学方法和教学内容；高考改革带给李老师一定的压力；社会改变影响到学生特点，从而影响到李老师的自我学习。

小部分因素影响到李老师对更多学习途径的选择，如工作经历促使他继续攻读更高学位；领导支持影响到他参加学术会议的机会；学习规划有助于他在攻读博士期间的学术论文撰写和学习效率的提高；经济因素则对李老师博士学习形成影响。

此外，影响因素间也存在交互作用，如学生特点与社会改变、工作经历和教学经验存在交互作用，职称评定、职称情况和经济因素之间存在交互作用，学科知识、教学知识和教学经验存在交互作用，学习资源、领导支持和教学条件存在交互作用，学校文化和专家引领存在交互作用等（见表6.2）。

表 6.2　　　　　　　　不同因素对李老师职场学习的影响作用

影响因素 \ 学习途径	阅读学术文献	进行教学研究	撰写学术论文	参加学术会议	文献阅读反思	课题研究反思	教学准备	课后教学反思	学生作业反思	课题研究合作	其他方面
学生特点	√	√			√	√	√	√	√		
学习资源	√	√	√								
工作经历											学习途径选择
学校文化										√	工作调动
专家引领		√									研究意识提高
学科知识							√				
领导支持				√							
教学知识							√	√	√		
学习规划		√	√								学习效率
职称评定	√	√	√							√	职场学习侧重点
教学经验							√	√	√		职场学习侧重点
职称情况	√										
教学条件		√									教学内容
高考改革		√									学习压力
社会改变											影响学生特点
经济因素											学习途径选择

五　职场学习对李老师专业发展的意义

李老师在访谈中提及不同途径的职场学习在他的专业发展过程中的交互作用。他在描述自己完成的第一个行动研究时提到，在进行该项研究之前，他首先阅读了很多相关文献，参考了别人的研究方法，随后进行了一项关于任务教学法的行动研究，根据研究结果撰写并发表了研究论文。然而在进行研究、撰写论文时，李老师并不知道自己所做的是行动研究，直到多年后他在攻读博士期间学习了研究方法课程，才从理论的角度重新理解了自己的研究类型。这一事例说明在李老师的职场学习过程中，教学反思、阅读文献及反思、教学研究、论文撰写等职场学习手段之间存在相互不断影响和持续促进的关系，而攻读博士期间的系统性教学理论和研究方法学习由外至内对他的职场学习起到了较强的推动作用，使他的学术水平从原基础上升到更高的层次：

> 我最早的行动研究就是做……project–based，就是现在说的task–based，这个 language learning 的一个 project，做得很成功……其实那个时候很好笑，就是说我做的套路就是 action research，应该说比较精准，但之前我根本没有接触过这个理论，你知道吗？等我研究做完了，文章也发表了，然后直到我读博士，去听导师讲 action research，我才想，哇，这个东西原来就是我以前做过的……但（我）并不是盲目地实践。因为在写那个文章，做那个项目的时候，已经看过很多东西了。写文章要看很多东西，看看别人怎么做的。（LI1. 181–202）

访谈资料分析结果也显示了文献阅读、教学研究、专家讲座、参加学术会议等职场学习手段之间的交互关系。李老师在访谈中以行动研究为例，讲述了他的职场学习过程。他一般是在阅读过程中读到某篇文献，其中的案例与他的教学情况吻合，可能有利于解决教学中存在的问题，因此他就参考文献中的方法，在自己的教学中实施行动研究，该方法可能在解决他的教学问题方面起到了积极的作用，使他改变了对教学的认知，也习得了新的教学知识和技能。在采用相应方法进行教学的过程中，他注重研究资料的收集，为将来分析资料撰写论文做准备。同时，他在参加讲座时可能也会受到讲座内容启发，进行项目研究时可能也会受到启发或是进行反思，出外参加学术会议时通过与同行的交流对研究现状进行了解，可能也会得到启发和反思，这些反思和启发的最终交互作用又返回到李老师在教学和研究工作过程中的职场学习，从而促进了李老师的专业发展：

> 我的习惯就是做那个 action research 行动研究。然后读到一个文献，有一个很好的 case，我就来拿来我的班上试一试，所以说我的学生都是我的试验品。而且我把他们所有的文字的、音像的、口头的资料一直都收集着，我也不知道什么时候用得上，但说不定什么时候就用得上。……然后你听一个什么讲座可能也启发你一个什么思路啊，还有项目啊，项目也很重要，我的第一个国家级项目就是 2006 年……但是觉得自己的试讲非常重要，就是你做研究最重要的就是经常

出去开会，这个是最重要的……你只看别人读的还不行，你要去了解
他做什么，你可以问他。（L2. 178 – 194）

在第二轮访谈中，李老师总结了自己的职场学习，认为他经历的不同
学习途径之间存在较大的互动，博士、硕士和访学学习经历以及学术会
议、培训和讲座等外在的学习途径主要在理论知识层面促进李老师的专业
成长，而职场学习通过自己的教学实践和教学研究，将实践经验与理论知
识相结合，最终转化成李老师个人的知识：

（各种）学习（途径）是交叉的，实际上理论的一些东西和新的
经验是在外面获得的，然后最终把它转换成实践和自己的研究是在自
我学习的这个阶段。（LI2. 213 – 216）

李老师在访谈中总结了职场学习对自己专业发展的意义，他认为职场
学习的意义主要表现在两个方面，首先是帮助他确定了研究方向与自我定
位。从刚入职时对文学研究的摸索，攻读硕士时对教学研究产生兴趣，访
学时开始进行跨文化研究，博士阶段将跨文化研究和教学研究进行结合，
到现在的双语和三语教育研究以及跨文化研究方向的定位，他逐步了解了
自己的研究兴趣和研究能力，并确定了以研究为主的工作重心：

（各种途径的职场学习）慢慢帮你定位了嘛，比如说我现在基本
上就是两块，一个是那个双语、三语的研究，还有一个就是跨文化，
这几年就一直在搞这个，所以你慢慢就定下来了，这个非常重要。语
言的学习兴趣可能还是会很广，但是第一是要自己喜欢，第二就是自
己能不能做得下来，这是最重要的。有了资源，有了爱、兴趣，那其
他就干活就行了。（LI2. 251 – 258）

职场学习对李老师专业发展的第二个意义是促进了他对自己教学的进
一步理解和改革，通过完成各项研究，他对自己的教学任务有了更深层次
的思考。他在谈到自己对硕士生培养目标的看法时，认为他完成的研究对
自己重新理解硕士生培养目标起到了重要作用，使他发现培养研究生时应
注意对学生进行研究方法等学术训练，利用研究生学习期间作为过渡，鼓

励学生多进行实证性研究，帮助他们从学生向研究者发展：

> 其实（做完这些研究后）最大的改变我还是觉得，这个学生啊，这两年主要是在培养研究生……所以你应该在研究生这几年，不管是硕士或是博士，你要给他一个过渡……培养他……在毕业以后，从一个 student 变成一个 scholar。这才是研究生教育最重要的问题。所以我现在还是鼓励学生多做一些实证性的研究。（LI1. 210 – 221）

综上所述，李老师职场学习的不同途径在李老师不同专业发展阶段均存在较大的相关和互动关系。学位攻读、培训、学术会议等外在学习途径帮助李老师掌握了教学理论和研究知识；教学反思、文献阅读、教学研究、学术论文撰写、课题研究合作等职场学习途径通过实践与反思，促进李老师改善自己的教学实践与教学研究，推动了李老师教学能力和研究能力的提高；职场学习的互动和循环过程使李老师确定了自己的研究方向和工作重心，并使他对自己的教学与研究有了更深入的理解，促进了认知发展（见图6.3）。

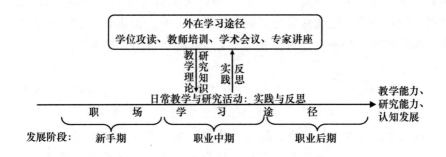

图6.3 职场学习对李老师专业发展的作用

作为教授，李老师已处于专业发展阶段的高层次水平，为了探索处于不同发展阶段的教师职场学习特征，本章下一节将分析职称为副教授的周老师（匿名）的深度访谈资料。

第二节　案例分析二：周老师的职场学习

本节主要探析周老师（匿名）的职场学习情况。与前一部分相同，周老师的深度访谈资料在反复通读和深入理解的基础上采用类属分析和情境分析相结合的方法进行分析。本节首先描述周老师的个人简况和学习经历；随后描述周老师的职场学习途径分析结果；接着按时间顺序和空间结构来探索周老师的职场学习过程和学习内容；在查找影响周老师职场学习的因素的本土概念的基础上，归纳影响因素的类别，分析不同因素的影响作用，解析它们的交互关系；最后分析职场学习对周老师专业发展的意义。

一　周老师的个人简况与学习经历

访谈时周老师（匿名）是一所理工类高校外国语学院的副教授，她的家乡在我国中部，父亲高中毕业，是当地农村文化程度较高的知识分子，对她的成长有着很大影响。她的父母十分重视教育，周老师在家乡完成了小学、初中和高中的学习，由于当地重视教育的传统，她就读的重点中学学习压力较大，每次考试都会根据成绩总分进行年级排名，因此同学之间也存在一定的竞争心理。中学时期的周老师是英语科代表，会帮助老师收作业和改卷子等。高考时考入云南一所大学进行英语专业本科学习，本科期间周老师学习成绩优异，每年都获得甲等奖学金，担任学习委员，参与了班会、迎新晚会、主题活动和英语第二课堂等活动的组织。

本科毕业后，周老师进入目前任职的高校工作，承担了大学英语课程教学任务。她的年龄与学生差距小，师生关系十分融洽，工作热情很高。工作三四年后，随着身边拥有硕士学位的同事逐渐增多，周老师也在职攻读了英语应用语言学硕士学位。在教学工作情境下，周老师通过自我学习养成了反思和文献阅读习惯。教学实践中周老师发现学生文化背景知识对学习效果存在影响，通过查找相关教学资料和学术文献，她希望找到相关跨文化理论依据来指导她的教学和科研，过程中她在教学和研究方面得到成长，形成了自己的研究方向。受研究成果的启发和自我兴趣的激励，她对跨文化研究进行了探索，基于研究成果为学生开设了新的选修课程。在完成硕士学习的三年后，受学习方式和自我提高的促动，周老师又攻读了博士学位。博士学习经历带给周老师较为系统和长期的专业训练，对个人研究能力的提升起到了重要的作用，也进一步促进了研究成果的积累，因此在博士学习期间，她通过了副教授职称评审。目前周老师仍承担着大学英语和英语专业课程教学任务，组建了自己的研究团队。

二 周老师的职场学习途径

对周老师的职场学习途径的分析首先是通过查找她的深度访谈资料中与职后学习途径有关的本土概念进行的。本土概念查找结果显示周老师的主要学习途径包括攻读硕士、攻读博士、学术会议、教材培训、专家讲座、补充教学内容、分析教材内容、修改课件内容、进行教学设计、课堂即时教学反思、师生课间交流、师生课后交流、课后思考教学中的问题、阅读学术文献、撰写学术论文、教研反思、文献阅读反思、同事教学交流、观摩课堂教学、同行研究合作、团队研究交流、管理工作合作、制作多媒体课件、维护和更新网络课程等。相关的本土概念和相应访谈资料如下：

（1）攻读硕士，如访谈资料显示"就是觉得应该读个硕士吧"（ZH2.104）；

（2）攻读博士，如访谈资料显示"我读博士那会儿"（ZH2.108）；

（3）参加学术会议，如访谈资料显示"包括参加学术会议"（ZH3.22）；

（4）参加教材培训，如访谈资料显示"只有这个教材培训"（ZH2.79）；

（5）聆听讲座，如访谈资料显示"学校方面可能会组织一些讲座"（ZH3.9）；

（6）补充教学内容，如访谈资料显示"对文化背景知识的要求要更多一些"（ZH1.243）；

（7）分析教材内容，如访谈资料显示"包括分析修辞啊"（ZH1.246）；

（8）修改课件内容，如访谈资料显示"你自己可以进行个性化的修改"（ZH2.351）；

（9）进行教学设计，如访谈资料显示"我怎么监控，我要怎么讲"（ZH2.264）；

（10）课堂即时教学反思，如访谈资料显示"上课的时候我基本上也会反思我的教学"（ZH1. 348 – 349）；

（11）师生课间交流，如访谈资料显示"我比较喜欢和学生交流，……一种是课间交流"（ZH2. 389 – 390）；

（12）师生课后交流，如访谈资料显示"我比较喜欢和学生交流……然后课外交流"（ZH2. 389 – 391）；

（13）课后思考教学中的问题，如访谈资料显示"反思就是我觉得我今天上课没感觉了"（ZH2. 17 – 18）；

（14）阅读学术文献，如访谈资料显示"读一些文献"（ZH3. 31）；

（15）进行教学研究，如访谈资料显示"你上课你自己可能希望更加结合你自己的实际研究"（ZH3. 188 – 189）；

（16）撰写学术论文，如访谈资料显示"在写论文的时候"（ZH3. 41）；

（17）思考教学和研究的结合，如访谈资料显示"看能不能通过这个促进教学的研究"（ZH2. 26）；

（18）开设新课程，如访谈资料显示"它会促使我去开一些新课"（ZH1. 257 – 258）；

（19）文献阅读反思，如访谈资料显示"这些文献可能会激发你的想法，可以刺激你的教学改革或是某一个尝试"（ZH3. 32 – 33）；

（20）同事教学交流，如访谈资料显示"我问过我们很多同事，探讨过这个教学方法"（ZH3. 138）；

（21）观摩课堂教学，如访谈资料显示"我就会跑去听我同事的课"（ZH2. 399）；

（22）同行研究合作，如访谈资料显示"有些项目的话呢，也是通过研究兴趣组合的"（ZH2. 444 – 445）；

（23）团队科研交流，如访谈资料显示"跟所在的团队一起沟通和交流"（ZH2. 186）；

（24）管理工作合作，如访谈资料显示"管理方面的合作需要"（ZH2. 454）；

（25）制作多媒体课件，如访谈资料显示"比如多媒体课件的使用"（ZH2. 154 – 155）；

（26）维护和更新网络课程，如访谈资料显示"我只是负责资源更新维护"（ZH2. 339）。

通过分析本土概念之间的相关性，研究发现补充教学内容、分析教材内容、修改课件内容和进行教学设计四项活动均发生在周老师备课过程，与她的教学内容有着紧密的关系，有助于她对学科知识的自我学习和学生情况的反思，因此这四项被归纳为教学准备阶段的职场学习活动。课堂即时反思和师生课间交流的作用均为促使她进行教学反思，且两项活动都发生于上课期间，因此这两项被归纳为课堂教学反思阶段的职场学习活动。师生课后交流和课后反思教学中的问题两项活动发生于课堂教学完成之后，有助于她思考和了解教学和学生学习方面存在的问题，寻求解决方法，基于它们的相关性，将其归纳为课后教学反思阶段的职场学习活动。

周老师在访谈中也提到在发现教学中存在的问题后，她往往会思考是否可以对相关问题进行研究，将教学与研究进行结合；同时，她也谈到对自己研究的反思促使她在学校进行学分制改革的背景下开设了与研究方向相关的新选修课程的经历，由于这两项学习活动均与教研反思有关，且互相促进和影响，因此这两项活动被归纳为教研反思。团队科研交流和同行研究合作均与周老师参与或主持科研课题研究有关，团队科研交流有助于研究团队成员间对科研的想法进行交流，研究合作则将研究想法付诸实施，因此两项活动是周老师在课题研究合作不同阶段与其他教师的合作活动，故而将这两项归纳为课题研究合作。

而制作多媒体课件、维护和更新网络课程需要周老师自行在日常教学中摸索和学习相应技术，是她为了达到与时俱进所做出的努力，本研究将这两项活动归纳为信息技术学习活动。

基于凯利（2006）对教师学习的分类标准，结合以上分析结果，周老师的学习途径被归纳为继续教育途径，包括攻读硕士、攻读博士、参加教材培训；校本学习途径，指聆听专家讲座；职场学习途径，包括教学准备、课堂教学反思、课后教学反思、阅读学术文献、进行教学研究、撰写学术论文、参加学术会议、教研反思、文献阅读反思、同事教学交流、观摩课堂教学、课题研究合作、管理工作合作、信息技术学习（见图6.4）。

基于对周老师职场学习途径的归纳，下文将探究周老师的职场学习过程和学习内容。

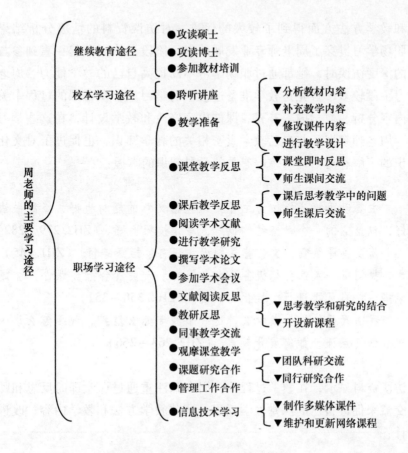

图 6.4　周老师的主要学习途径

三　周老师的职场学习过程和学习内容

周老师的深度访谈资料分析结果显示，她的职场学习途径较多，曾有过硕士和博士学习经历，参加过教材培训、学术会议，听过本校组织的专家讲座；她也积极进行职场学习，养成了教学反思、教学研究和研究反思习惯，为了促进教学，她对信息技术进行了摸索与自学，并利用与同事的合作来促进教学和研究。在这些学习手段中，她最重视的是硕士、博士的学习经历，以及教学反思、学术文献阅读和研究反思等职场学习经历。

访谈资料显示，周老师在入职后首先通过一些职场学习途径对教学进行学习。她主要承担大学英语教学任务，也担任过英语专业综合英语课程教学任务。由于主要教学任务属于公共基础课，教学内容相对简单，因此她在职场学习过程中并未感觉到自己英语语言能力的明显提高，但在教学知识和教学方法方面得到了较大的促进。对访谈资料的情境分析结果表明，职场学习贯穿了周老师专业发展的每个阶段，从入职起一直到参与本研究的深度访谈时，她都通过职场学习不断提高自己的教学能力。周老师的学习手段较多，首先是教学准备过程中的学习。她在备课的过程中关注教材内容分析、教学内容补充、课件内容修改和教学设计，在这些学习活动中，周老师掌握了与自己教学紧密相关的教学知识，也促进了对文化背景知识的了解和对语篇与修辞有关的学科知识的掌握：

> 主要以语篇分析作为主导……包括文章的题材也好，修辞手法也好，包括它的一个动态结构也好，写作技巧也好。（ZH2.279-282）
> 需要备课量啊，文化背景知识，还有包括修辞啊。（ZH1.245）
> 我们每个人都会积极备课，专门有个人负责会把（课件）主题框架搭好，自己再进行个性化的修改。（ZH2.350-351）
> 我明天要给学生做什么，这一节我要怎么监控，我要怎么讲……然后如何点评，如何展开教学。（ZH2.263-266）

访谈资料显示，在教学过程中，周老师注重通过课堂即时反思和师生课间交流来促进自己的课堂教学反思，调整教学方法和教学内容，改进教学设计：

> 然后我上课的时候基本上也会反思我的教学，可以随时进行调整和更改。内容啊，计划啊。（ZH1.348-349）
> 我自认为是有亲和力的一个人，所以说学生还是积极主动地跟我沟通，有时上课的时候（他们）也会说，老师怎么回事，这两天上课没感觉了呀，你也没感觉，我也没感觉，怎么办啊老师？（ZH1.342-344）

基于自己的教学情况，周老师在课堂教学完成后，有时候会思考课堂上存在的问题。她进行课后教学反思往往是因为在课堂教学过程中学生配合度不高，教学过程不顺畅，为了找出教学中存在的问题，她通常会与学生在课外进行交流，通过交流去了解学生的情况和看法，以及其他教师的教学方法和教学内容：

> 我一般反思就是我觉得我今天上课没感觉了，怎么上课学生配合也不大，我自己也没感觉，我才会反思。(ZH2. 17 – 19)

> 然后课外交流，因为一般学生都有 QQ，都会联系，我一般都因为自己心里大概有个底嘛，会找几个比较认真的学生，他们也会关注这个教学过程，沟通下。就同学们怎么样啊，在干什么呀，他们有什么想法啊，别的班的老师是干什么啊，反正都会有这样的讨论，他们就会把他们的想法、亮点告诉你，你下次可以借鉴。(ZH2. 391 – 397)

访谈资料还显示，周老师也采用同事教学交流和观摩课堂教学的手段来进行自我学习。与同事的教学交流对周老师了解其他教师的教学内容、教学方法和教学设计，借鉴他们处理教学中存在的问题的经验有着积极的作用，有利于她向其他优秀教师进行学习：

> 因为我们上课大部分时间是统一的，所以遇见的时候我就会问问他，你这段时间上什么？你怎么上的啊？这个你怎么处理的？这个部分我上着怎么没感觉啊？这样讨论一下。(ZH2. 402 – 405)

> 我一般是这样的，有时候觉得上课没感觉了……我就会跑去听我同事的课，因为有些是教学骨干嘛，都是在学校里、省里面获过奖的骨干，那我就去听一节课。(ZH2. 397 – 402)

通过以上教学准备、教学反思、同事交流和课堂教学观摩等自我学习活动，周老师逐渐在与自己教学有着密切关系的教学方法、教学手段、教学理念、师生关系、教学内容选择、学生作业布置、评价方法等方面得到提高：

> 就是你的教学方法、教学理念、教学手段，然后包括和学生的一个关系。然后这些内容的取舍、材料及对课后问题的设置、评估方式，等等，这些都是很细的问题。(ZH2. 132 – 135)

周老师也很重视自己研究能力的提高，她通过阅读学术文献、进行教学研究和撰写学术论文等手段学习研究知识，提高研究能力。周老师对学术文献的选择大多基于自己在教学中发现的问题，根据相关问题的关键词查找文献，在阅读相关文献的过程中寻找教学和研究的一些理论依据，并参考文献中的方法进行教学研究：

> 偶尔读一些论文啊，买点书看看啊……像语言教学肯定要了解，像语言教学啊，二语习得啊，然后包括文化啊，中国文化的，还有文化对比的，然后跨文化交际啊，大概基本上就是这些吧。（ZH2.458－466）

> 看看我这里（教学中发现）的关键词，看看论文里有没有出现过。自己再偶尔看看，把这些理论翻出来看看，有没有哪个理论能够套得上去，能不能结合的这种，就这样子。（ZH2.61－64）

周老师目前阅读的学术文献基本集中在文化和语言教学方向，访谈资料分析结果表明，她选择文化研究首先是基于自己教学的需要，同时也是为了结合地方特色，以便获得科研课题立项：

> 其实是教学里面的一部分，可能文化方面更多。对教学有感悟，然后申报课题，申报课题的时候想到着手点，那么就想到我们云南特色，云南少数民族，少数民族跟汉族的差异肯定会涉及一个身份问题，才会想到把两个融合在一起，这样的一个契合点。（ZH1.249－253）

在进行教学和科研的过程中，周老师也经常会进行反思，她希望能尽可能地将教学与科研结合起来，因为作为一名高校英语教师，她的首要任务就是教学。由于有这样的价值观，在她阅读学术文献时，时常会受到文献的启发而进行反思，通过参考他人的研究结果对自己的教学实施研究，提高自身的研究能力。对教学研究结果的反思也进一步促成了周老师在教学方面的成长，她根据研究结果的启示，开设了新的选修课程，并在教学方法、教学内容、教学设计等方面进行改变和提高：

你无意中捡到一篇论文，也许这篇论文挺好的，教改经验推广啊什么的，那你是不是也可以尝试一下，就这样子试一试。(ZH2.437-439)

它会促使我去开一些新课，比如说我现在开设的中国文化英语课……对我的教学方法也会有一定的改进，内容、设置、方式啊都会有一些改变。(ZH1.257-265)

周老师在访谈中提到她与同事之间存在一些课题研究合作和管理工作合作，但是合作情况很少。她在访谈中提及学院成立了几个研究中心，根据教师的研究兴趣组建了研究团队。作为其中一个研究中心的负责人，有时她会组织团队成员进行交流，讨论一些研究想法，促进思想的交流。但是由于团队合作和交流的机会很少，加上她是讨论的组织者和团队的负责人，主要的研究想法都是由她自己思考出来，因此研究团队交流活动对她自己的提高作用不大：

偶尔我有想法了，我就会约着我的几个（团队成员）……一起开个会，沟通一下，讨论一下，然后他们的想法与我分享一下。可能也会有一点促进，因为别人的想法跟我们的不一样，别人的知识层面啊，包括阅历背景啊都会不一样，看法也会不一样，这样也会有促进作用……但是这只是少数……而且我属于组织者……对我而言，他们的个别想法对我是有帮助的，但大部分时候的话都是我自己想的问题，我会约他们来聊一下，最近他们有什么困惑啊，有什么疑问啊，或者什么，问一下他们。(ZH2.177-192)

基于教育技术的发展和大学英语教学的需要，周老师所在的学校为教师搭建了网络教学平台，为了掌握自己教学与研究需要的信息技术，她通过阅读、请教同事和自我摸索来学习制作多媒体课件以及维护和更新网络课程：

就是不断地摸索，不会的问同事，然后自己也去看看书，就这样子。(ZH2.343-344)

　　周老师的深度访谈资料还显示，她的硕士和博士都是在职攻读的，硕士和博士学习对她系统性地学习和提高自己的理论素养起到了很重要的作用，硕士学位论文和博士学位论文的撰写也对个人的学术能力提升有较大帮助：

　　　　如果是理论素养方面的话肯定是学历教育最重要，它比较系统，战线也比较长，对我而言是一个很重要的事情。(ZH3. 17 – 19)

　　访谈资料显示，周老师认为教材培训、学术会议和专家讲座的学习内容系统性较差，一般根据该次活动的主题而定，但如果主题与自己的研究兴趣和教学情况有关，也能在某些方面给她一些研究和教学启发。教材培训刚开始举办时，培训内容和培训方法更适合她的需要，而且培训时间也略长一些，后期教材培训情况有所改变，因此她认为教材培训对她的专业发展意义不大：

　　　　(效果) 一般，因为……我也去过好几届，觉得以前的还更正规一些，培训的时间长一些，讲座的细节，现在可能它给一些自主时间更多一些。这个一般要看人，它会给你一个点，这个点他不会讲得很透，你如果有想法，你继续坚持做可能有影响，如果你听一听，回来又忘记了也不动的话，也就没任何意义了……另外讲的刚好又是你感兴趣然后你又正在做的事情，可能就会有更好的促进作用了，如果说那个讲的那个东西跟你没什么关系，你也不懂这行的话，可能听着就(走神了)。(ZH2. 92 – 101)

　　　　学术会议啊，它都是很有针对性，就是某个点。比如说，翻译的、跨文化的或者是教学的会议。(ZH3. 42 – 44)

　　以上访谈资料分析结果表明，在周老师的学习途径中，硕士和博士学习内容主要偏重于系统性的学术理论知识学习；教材培训、学术会议和讲座的学习内容则侧重于某个方面的学术理论知识学习。

　　在职场学习途径中，教学准备、课堂教学反思和课后教学反思促进了周老师教学知识和学科知识的学习与提高，并对周老师研究方向的选择和研究切入点的确定起到了重要作用；学术文献阅读、教学研究和撰写学术论文帮助周老师了解目前的研究现状和趋势，并帮助她进一步提高自己的学术理论知识和研究能力；文献阅读反思和教研反思促使周老师将自己的研究成果与教学结合起来改进自己的教学内容和教学设计等，促进了教学能力的提高，并激励她为学生开设了新的选修课程；课题合作研究通过周老师与同事合作完成科研课题以及团队成员的研究交流促成研究能力的提高，但在合作过程中，由于周老师处于主导地位，因此合作对周老师本人研究能力的促进作用较小；同事教学交流和观摩课堂教学为她提供了对比自己和同事的教学情况、教学方法、教学策略等的机会，有助于教学能力的提高。

综上所述可以发现，周老师的不同学习途径和学习活动之间存在较大的互动现象；除此以外，不同学习途径的学习过程和学习内容也存在一定的重合与交互（见图6.5）。

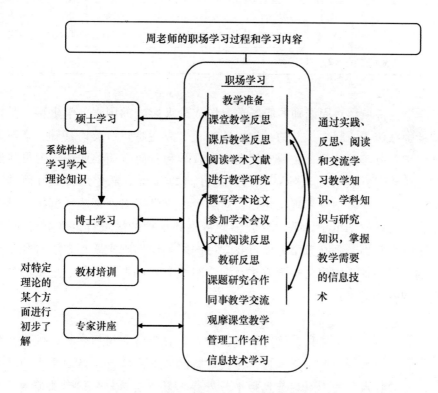

图6.5　周老师的职场学习过程和学习内容

四 影响周老师职场学习的因素与作用

根据周老师访谈资料中关于职场学习影响因素的本土概念的统计结果，影响程度较大的因素有学生特点、考核制度、课程类型和职称评定，影响程度中等的因素有学生认可、管理制度、个人兴趣、工作量，影响较小的因素有生活因素、学分制改革、教学要求、单位支持、学历压力、同事认可、语言政策和政治因素（见表6.3）。

表6.3　　　　　　　　　　　周老师职场学习影响因素的本土概念

	学生认可	同事认可	个人兴趣	生活因素	职称评定	管理制度	考核制度	教学要求
访谈中出现次数	8	1	5	3	11	6	18	2
	单位支持	学历压力	学生特点	课程类型	工作量	学分制改革	语言政策	政治因素
访谈中出现次数	2	2	20	12	5	3	1	1

学生特点是对周老师的职场学习形成最大影响的因素。学生特点是指周老师在访谈资料中提及的学生民族特色、专业特点、英语基础、学习态度、学习方法等特征，主要对周老师在教学和科研方面的职场学习形成影响。访谈资料表明周老师对自己研究方向的选择主要受到两个方面的驱动，首先是在教学中发现文化知识对学生语言学习有所影响，其次是结合了自己所教的学生中少数民族较多的特点和学校的区域特色来进行研究。学生特点对周老师在教学方面自我学习的影响作用则主要存在于对师生交流的增强和教学内容、教学方法及课堂组织方式的取舍，促进了她的教学反思和教学尝试：

> 我是个比较喜欢做需求分析的人，我经常会询问学生，听学生的话，因为每个学生不一样，他们的特点、专业特点，然后学生的学习背景特点和他们的就是包括难易差异也好，包括他们的专业差异，包括地域差异，我会看看，比如我们 A 班大部分是省外同学，那么我就会觉得省外人那肯定会不一样，那么 B 班大部分是云南同学，那我们

C班的话，大部分是少数民族同学，那这些差异的话我都会考虑，因为这些差异会影响我的教学……从而会对我的方法有些取舍，然后改进，或者调整，那么对我个人而言的话，我感觉对我影响蛮大的。（ZH2.729－741）

考核制度是另一项对周老师的职场学习形成较大影响的因素。访谈资料显示她所在的高校采用量化标准对教师的教学和科研工作进行细致的年度考核，考核的每一项内容均转化成具体分数并计算总分。周老师认为教师量化考核体系的出发点是促进教师的专业发展，提高教学和科研工作的积极性，也根据教师个人教学和科研工作成绩进行分配，有助于促进分配制度的公平性，然而，由于考核项目均细化进行了相应分数的分配，因此在实施当中如果考核体系不完善，项目分数设定不合理，在进行分配时就可能在有些方面出现问题，对她在教学方面和科研方面的学习形成误导，也会打击她的工作热情：

> 最头痛的事情就是量化考核。这个东西，个人感觉，当时出发点是好的，具体操作的话，可能对于人都会有些影响，至于导向，包括评估体系可能还需要更加细化，这个也是值得我们思考的，可能去年我们听到的高频词汇就是它了。（ZH2.588－592）
>
> 有时候会打击积极性了嘛，因为很多人干了以后，你这样坚持干和别人干了，有时候考核体系不一样，成果差异这东西，不对等的情况下，你会觉得稍疏公平了嘛。（ZH2.52－55）

课程类型对周老师的职场学习也有较大影响。课程类型的影响作用与学生特点有关，这两个因素的互动关系较大，在互动作用过程中对周老师的职场学习形成影响。任教课程类型的改变对周老师在教学和研究方面的学习都有较大的影响，她先是担任大学英语教学，后来承担了英语专业教学，然后又转为大学英语教学，课程类型的改变使教学要求、教学内容和教学目标都相应发生了变化，学生专业特点也有所不同，因此对她的教学准备、教学反思和研究方向都产生影响：

比如课型转型，以前我可能还教过一些英语专业的学生，后来我又转到了大学外语这边，可能这个教学对象的改变对你本身也会有一定的影响。(ZH3. 167－170)

课型转型其实跟你的（教学和）研究也有很大的关系，比如说自己以后除了常规的公共基础课外你是否会愿意去开拓一些更新的课程，比如可能更加贴合你的实际的研究方向。(ZH3. 184－187)

在访谈中，周老师讲述了她评职称的过程，她参加工作后，受个人兴趣和性格的影响，在教学中比较喜欢进行尝试，经常对信息技术进行摸索，也喜欢对教学中发现的一些相关问题进行研究，因此较早地确定了自己的研究方向，做出了一定的教学和研究成果，顺利评上了副教授职称。然而她也认为职称评定作为一个潜在的工作目标，对她以前的职场学习和学历提高起到潜在的影响作用，而且由于她会继续努力去争取通过教授职称评审，职称评定标准对她接下来的学习目标和学习活动情况有着很大影响：

因为以前我也不关注这些科研评的条件，可能我也知道，我平时也看那个条件，其实我本身是并不排斥科研的这样一个人，就是说我自己没事干我也愿意去琢磨琢磨的一个人……所以也没想那么多，但是它确实是会影响，我个人感觉是，我评副高的时候没有细看文件，那到我下一步评正高的话，那我肯定是看着文件去做的。(ZH2. 789－799)

访谈资料显示学生认可也对周老师的职场学习存在一定的影响。学生认可主要通过对周老师职业态度的影响作用产生间接影响。她在访谈中谈到学生对她教学的赞扬和认可会提高她的成就感，消除她的倦怠心理，使她继续努力学习，不断提高自己的教学效果：

比如说学生可能觉得老师你讲得挺有道理的，那我肯定觉会更加促进我，更加激发，更加保持这个状态，我才会做得更好，才觉得更对得起他们，要不然的话，我觉得，那肯定不行。(ZH2. 659－661)

管理制度则对周老师的职场学习内容和方向起着导向性的作用。访谈资料表明管理制度的倾向性对周老师反思自己的教学、尝试新方法、改进教学等方面存在一定的影响，管理制度的具体规则也对她设定教学工作的重心有着一定的作用：

> 比如说像我们学校这段时间调研，这段时间要抓学风、教风什么建设啊，那你就觉得现在学校里比较重视这个问题，那我们自己也需要思考一下，教学当中我是否也要进行尝试，是否也进行大方向的改变什么的……包括学生评教体系都会给你一个触动，这是肯定的。（ZH2. 415－428）

个人兴趣因素在周老师的访谈资料中也反复出现过几次，她认为个人兴趣主要影响到她对研究方向和教学研究的选择和实施。在入职后不久，周老师由于对教学和研究有着较为浓厚的兴趣，在不具备理论和研究基础的情况下就开始对教学研究进行自我摸索，尝试对自己的教学进行改变：

> 刚开始的时候可能凭一股脑的兴趣和想法，你刚刚开始搞一大堆，那个时候你可能没想那么多理论知识基础。（ZH2. 243－245）
> 是个人的兴趣和爱好，就自己有这个尝试。（ZH3. 98）

工作量是另一个对周老师的职场学习有一定影响的因素。访谈资料显示工作量与考核制度存在一定的相互作用，在对教师的科研和教学考核要求很严格的情况下，教学工作量对周老师的教学投入存在一定的影响，使她没有那么多精力在教学工作方面进行学习：

> 像现在我们的考核很严格，考核中间、前后都要考核的话，可能精力就不够，要看你当时的工作量或者当时的工作情况和状态。如果当时要求比较多，你的工作又比较繁忙的时候，可能你的教学投入会少一些。（ZH3. 74－78）

生活因素主要是指家庭情况和生活中的一些变化因素，对周老师有着较大影响的生活因素主要指照顾孩子的需要。访谈资料分析结果表明生活因素对周老师选择学习途径、学习地点有着一定的影响，对学习时间、频率和效率也存在着影响：

> 比如出国进修啊，还有访学啊，或是国内进修啊，这样的机会我都不会考虑，因为孩子的因素而去放弃，不会申请。因此很多时候都会考虑一些短期的，或是假期的，又能够不离开本地的一些培训机会……（自我学习方面）精力有限嘛，你要管孩子，照顾孩子，孩子的学习，很多时候都是忙于这些日常琐事，所以学习时间第一可能不连贯，第二可能不集中，第三可能效率不会那么高，这个肯定会有影响，当然这个主要是讲到它的一些负面的消极的影响。（ZH3. 201 - 215）

学分制改革和单位支持两个因素存在交叉和互动。学分制改革对周老师开设新课程，将自己的研究成果应用于教学起到了积极的促进作用，有利于她在教学方面的学习；单位支持则通过鼓励周老师开设新课程，提供研究平台和网络教学平台等方面的支持促进了她在教学和研究两方面的学习，如周老师在对学生的语言学习情况与文化背景知识的相关性进行研究后，发现文化背景知识的匮乏对学生的学习造成了一定影响，在学校学分制改革背景和制度支持下，她为学生开设了文化方面的新选修课：

> 特别鼓励，因为我们现在是学分制了嘛，因此学生选课，课程更多，学生选的余地就更多了嘛……学院行政也好，学校行政也好都是一路绿灯，他们鼓励，只要你开，有人选就可以开了。（ZH1. 272 - 277）

教学要求因素通过对教师任教课程的具体要求和规定影响到周老师的职场学习。她主要担任大学英语课程的教学任务，由于大学英语教学班级多，为了能较好地进行统一管理，课程教学内容、教材和评价方法都有一定的规定，同时也就降低了教师在教学中的自主权，对教师的职场学习有着一点影响：

> 大学英语的话为了公平，对评估的公平性的话，统一性的管理的

话，基本上内容是被规定了，你上几个单元，哪个单元上哪些内容，必讲的会给你一部分，还有一部分是选讲的，自由选择，然后呢课件给你做好了，你把必讲的讲完，选讲的你爱讲就讲。（ZH1. 324－328）

根据访谈资料，学历压力对促进周老师提高自己的学历起到了一定的作用。在访谈中周老师解释自己攻读硕士的原因是身边的同事们拥有硕士学位的比例一直在增加，这一现象从认识上给她带来了一定的压力，促使她也去攻读了硕士学位：

就是觉得应该读个硕士吧，那个时候觉得，就是大势所趋嘛。因为像我们那会儿还有本科可以进高校，后面慢慢都还是硕士生较多，然后你就会觉得，哎呀，我应该也要读一个。（ZH2. 104－107）

同事的认可则对周老师进行职场学习的动力存在影响。她在访谈中提到同事的信任对她也是一种促进作用，会督促她更进一步地进行职场学习提高自己：

同事也是一样的，如果你得到认可的话，这可能也会鞭策你，可能会更加促进你的学习动力，因为你如果不行的话，这个可能也会辜负他们对你的信任的感觉吧。（ZH2. 662－665）

周老师在访谈中也提到了语言政策对她的研究和教学的影响。她认为国家的语言战略规划首先会通过项目申报的因素影响到她的研究方向，其次语言政策也会对语言教学形成影响，从而对她的教学和科研起到影响作用：

国家的语言战略规划，这个对我们老师的影响，第一是对你研究的一个方向可能会有一定的影响。我觉得第一就是方向，你会关注这一块。因为大宏观之势改革，你对实际教学或是一些科研会有调整。（ZH3. 111－115）

最后，周老师在访谈中讲述了政治因素对她的触动。国家提出的中国文化"走出去"的方针对周老师的职场学习形成了影响，使她更深入地去重新看待自己所进行的文化教学研究和文化课程教学，促进了她的职场学习：

> 国家提出中国文化要"走出去"的话，对我们语言学习也是一个很大的触动……关注英美文化的同时，对自己母语文化的关注，可能也是一个比较正态的影响。让我们更知道在学好外语的同时，其实自己的母语也是很值得去培养和提升的。（ZH3. 117 – 122）

上述访谈资料分析结果表明周老师的职场学习影响因素很多，其中对她影响最大的因素依次为学生特点、考核制度、课程类型和职称评定。大部分影响因素主要作用于周老师的职场学习，如学生特点、课程类型、考核制度、学分制改革、单位支持、教学要求、语言政策和政治因素对周老师进行教学和科研的自我学习有着影响效果；职称评定对她的职场学习目标和学习活动情况有着较大影响；学生认可则通过提高她的成就感和职业态度促进她在教学方面的职场学习；管理制度对她的职场学习内容和方向起着导向性的作用；个人兴趣影响到她对研究方向的选择；工作量则对她的教学投入有着一定影响；同事的认可提高了她进行职场学习的动力。

有两个因素对周老师其他学习途径形成影响。生活因素对她选择学位攻读的方式和学习地点都有影响，也对她进行自我学习的时间、频率和效率存在着影响；学历压力则促使她去攻读硕士，进一步提高自己的学历（见表6.4）。

上述分析表明影响周老师职场学习的不同因素之间存在较大的交互作用，如学生特点、课程类型、教学要求和工作量存在交互作用，职称评定、考核制度和管理制度之间存在交互作用，学分制改革和单位支持存在交互作用；这些因素相互影响，共同作用于周老师的职场学习，影响到她的专业发展。

表6.4　　　　　　　　　不同因素对周老师职场学习的影响作用

影响因素 ＼ 学习途径	教学准备	课堂教学反思	课后教学反思	阅读学术文献	进行教学研究	撰写学术论文	参加学术会议	文献阅读反思	教学研究反思	课题研究合作	同事教学交流	观摩课堂教学	管理工作合作	信息技术学习	其他方面
学生特点	✓	✓	✓	✓	✓			✓	✓						
考核制度	✓	✓	✓	✓	✓	✓				✓					
课程类型	✓	✓	✓		✓										
职称评定				✓	✓	✓				✓					
学生认可															身份认同
管理制度	✓	✓	✓												学习导向
个人兴趣					✓										研究方向
工作量	✓	✓	✓												
生活因素															途径选择
学分制									✓						
教学要求	✓	✓	✓												
单位支持					✓						✓	✓		✓	
学历压力															攻读学位
同事认可															学习动力
语言政策	✓	✓	✓		✓										研究方向
政治因素															认知改变

五　职场学习对周老师专业发展的意义

　　周老师在访谈中反思了职场学习对她专业发展的意义。她从不同学习途径的角度进行讲述，认为在职攻读硕士和博士的经历从学术理论知识和研究能力方面对她的专业发展起到了很大的促进作用。参加工作两年后，她就在职攻读了硕士学位，取得硕士学位五年后又在职攻读了博士学位，这两次学位攻读都为她提供了长期、系统地学习理论知识与撰写学位论文的机会：

理论素养方面的话肯定是学历教育最重要，它比较系统，战线也比较长，对我而言是一个很重要的事情。特别是写硕士论文、博士论文，这些都对我个人的提升有很大的帮助……学历教育是一个大方面的提升。（ZH3. 17 – 23）

周老师认为教学准备、课堂教学反思和课后教学反思等职场学习活动具有较强的实践性和时效性特点，能够从实际教学方面立竿见影地促进她的教学能力的提升，提高课堂教学效果，解决教学中发现的一些问题，并激发她的教学兴趣，消除倦怠心理，促使她在教学中不断提高：

我觉得教学方面的自我学习对我最大的提高，应该是本身的业务能力。因为我们在教师岗位，是教学的，它对这些的指导意义就大。……就是你的教学方法、教学理念、教学手段，然后包括和学生的一个关系。然后这些内容的取舍、材料及对课后问题的设置、评估方式等……平时因为通过其他方式的话，学历教育也好，或者是刚刚提到的培训也好，它都不切合实际。只有自我学习，有问题了……我就马上去查阅材料，马上就来改进我的教学方法，马上就去验证这些方法，这些都是很有效果的，就说是我学习完就能马上运用……而且能够指导我的教学，肯定是能够从正面提升促进我的教学。我觉得这个最大的优点就是它的时效性……同时呢也激发了我的教学兴趣……消除我的一些倦怠心理，让我继续往下走下去，这方面我觉得也是一个很好的促进作用。（ZH2. 128 – 163）

在周老师的访谈资料中，她谈及多项职场学习活动之间的互动关系，并指出这些学习活动的互动情况对她的专业发展起着重要作用。如教学反思、研究反思和阅读学术文献以及教学研究之间的相关关系。在周老师的职场学习经历中，她往往先通过教学反思或研究反思发现一些问题，为了解决问题，她会查找资料并对找到的学术文献进行阅读，这些文献中可能有一些信息会启发她的思路，促使她进行教学改革或是尝试进行某一项研究，因此上述职场学习活动之间存在着互相影响和牵制的作用：

作用还是蛮大的，这个应该是很大的一个。你一般自我学习是因为你发现工作需要或是自己研究的需要，它可能需要你马上去读一些书，读一些文献，它立马就可以见到效果。这些文献可能对你的想法有帮助，可以刺激你的教学改革或是某一个尝试，我觉得这应该是一种立竿见影方式，应该比刚刚那个短期培训或是学术会议的作用更大些。（ZH3.29 – 35）

教材培训、学术会议和专家讲座对周老师的专业发展意义较小，这些学习手段有助于启发周老师在某些教学和研究方面的思路，但由于参与这些活动的机会较少，时间也短，加上学习内容较为分散，因此对周老师专业发展的影响作用较小：

其他的一些培训、讲座，还包括参加学术会议，这些可能都是某个点的，不是一个宏观的……它可能给你一个想法或是给你一点刺激，让你觉得可能有点兴趣，继续发展。它可能很直接，但是它的影响范围是比较小的。（ZH3.21 – 26）

周老师在访谈中分析了不同学习途径之间的关系和职场学习对自己专业发展的意义。她认为不同学习途径之间存在互补的关系，继续教育和职场学习促成了她在教学和研究两方面的成长。在硕士和博士的学习期间，她系统性地对学术理论知识进行了较为全面的学习，研究能力得到很大提高；教材培训、学术会议和专家讲座则从某些具体教学理论方面对她的职场学习形成一定的刺激，这些学习活动持续时间很短，当她在这些活动中了解到某些与自己的教学或研究兴趣有关的信息时，她会继续对相关信息进行深入了解，从而促进自己的专业发展；而职场学习对她的专业发展的影响则是立竿见影的，当她发现自己的教学或研究中出现了一些问题，她会立即采取查找资料、询问同事、阅读文献等学习手段来进行自我学习，因此职场学习具有较强的实践性、目标性和时效性：

我觉得肯定是相辅相成的，肯定是互补的一个关系，或者说是一个宏观，一个微观。学历教育呢它主要是给你一个宏观的、比较全面的一些理论介绍，也可能在某个点的关注，只有在写论文的时候关注。但是像培训啊，学术会议啊，它都是很有针对性，就是某个点。比如说翻译的、跨文化的或者是教学的会议，可能对你的刺激就是一个比较微观的、很直接的刺激。然后看文献更直接，我知道要什么，然后就学什么，所以说它们的关系是一个宏观和微观、互补的关系。（ZH3.38－47）

综上所述，周老师的不同学习途径之间存在着紧密的互补关系，学位攻读帮助周老师掌握了学术理论知识，提高了研究能力；教学反思、研究反思、文献阅读、教学研究和论文撰写等职场学习活动通过教学实践和教学研究促进周老师教学能力和研究能力的提高，使她改进了教学实践并为学生开设了新的选修课程，通过以上途径的职场学习，周老师的专业发展水平得到了促进和提高（见图6.6）。

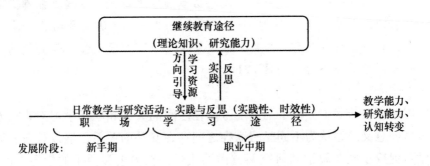

图6.6　职场学习对周老师专业发展的作用

通过以上分析，研究发现，职场学习是周老师的重要学习途径之一，到访谈时为止，职场学习贯穿了她的教师职业生涯的全过程，是学习的实践和反思阶段，具有实践性、目的性和时效性特征，但也存在偶然性、随意性等特点，是她将外来知识真正应用于教学与研究，并对其进行学习反思的过程，可促进她的教学能力、研究能力的真正提高，促使她转变对教学和研究的认识。本研究也对具有讲师职称的教师进行了访谈，下一节将对吴老师（匿名）的职场学习进行探究。

第三节　案例分析三：吴老师的职场学习

本节主要分析吴老师（匿名）的职场学习情况。与上两节相同，在反复通读和深入理解深度访谈资料的基础上，研究通过类属分析和情境分析相结合的方法对吴老师的职场学习进行探索。本节首先简述吴老师的个人简况和学习经历；随后论述他的学习途径；接着探索吴老师的职场学习过程和学习内容；紧接着在深度访谈资料中查找影响吴老师职场学习的因素的本土概念并归纳其类别，分析不同因素的影响作用，解析它们的交互关系；最后，本节还将分析职场学习对吴老师专业发展的意义。

一　吴老师的个人简况与学习经历

进行深度访谈时，吴老师（匿名）是一所师范类高校外国语学院的讲师。吴老师的家乡是我国西北地区的一个省会城市，由于深厚的历史文化积淀，该地成为非常重要的旅游城市，外语专业毕业的旅游从业人员收入较高，因此吴老师从小学起就被大人灌输将来要学习英语专业的观念。他小学和中学都在厂矿子弟学校学习，中学的学习受将来要从事英语或旅游行业的观念影响，一直非常重视英语、语文、生物和地理的学习，文科成绩较好，考入一所外语院校进行英语专业本科学习，在本科三年级分方向时，他选择了教学方向，学习了教学法课程。在本科学习期间，吴老师一直在外兼职家教，担任过从幼儿园到初三学生的英语教学和辅导工作，积攒了一定的教学经验。

毕业后，吴老师成为一所厂矿中学的英语教师，本科学习的教学法课程对他的教学没有很大的帮助，而家教过程中积累的教学经验对他入职后适应教学工作起到了一定的作用。由于该校学生中学毕业后就可以分配到工厂内工作，因此学生的学习积极性较低，在这样的环境下，吴老师萌生了离开该校的想法。与此同时，一位朋友积极向上的人生态度和她考研成功的事例对他产生了很大影响，他立志辞职考研，两年后来到云南一所高校攻读翻译方向的硕士学位。硕士学习期间他一直半工半读，在一所大学的独立学院担任兼职大学英语教师。获得硕士学位后，吴老师进入目前所在高校工作，承担大学英语课程教学任务。在摸索教学方法和熟悉任教课程的过程中，他通过反思和文献阅读提高自己，由于翻译方向与自己教学结合不太紧密，他的研究方向慢慢转为能对自己教学工作起到指导作用的教学研究方向。在刚入职高校的前三年，他参加了两次大学英语教学示范点的考察交流活动，负责设计了部门的网络教学系统，这两次活动对他的教学以及信息技术能力的提高形成了很大影响。在工作过程中，他参加过四五次由出版社组织的教材培训，这些培训对他的教学方法提高起到了一定的作用。随后，吴老师调到了负责研究生公共外语教学的部门，承担研究生公共英语课程教学。随着教学经验的增加和教学的需要，他参与编写了研究生公共英语教材，教材编写和教学的需要促使他进一步在知识内容和结构方面进行自我学习。受能力提升和职业发展两方面愿景的推动，吴老师报考了博士，备考的过程对他的教学理论提高起到了促进作用，虽然还没有考上，但他表示还要继续努力备考，不断提高自己。

二　吴老师的职场学习途径

为了分析吴老师的职场学习途径，研究首先在他的深度访谈资料中对有关职后学习途径的本土概念进行了查找，查找结果显示吴老师主要的学习途径包括攻读硕士、参加学术会议、参加教材培训、进行外校考察、聆听专家讲座、学习教学内容、教学反思、阅读学术文献、文献阅读反思、同事教学交流、课题研究合作、教材编写合作、参加教学比赛和设计网络教学系统等，相关的本土概念和相应访谈资料如下：

（1）攻读硕士，如访谈资料显示"读研的过程当中"（WU1.34）；

（2）参加学术会议，如访谈资料显示"参加的会议也比较多"（WU2.114）；

（3）参加教材培训，如访谈资料显示"教材培训……我去参加这些培训"（WU2.103－107）；

（4）进行外校考察，如访谈资料显示"把北方和南方的兄弟院校都集中考察了一遍"（WU3.12－13）；

（5）聆听讲座，如访谈资料显示"还有一些专家……进行访学或者进行交流的时候进行的 seminar"（WU2.105－106）；

（6）学习教学内容，如访谈资料显示"我就把从头到尾的整个的建筑史，自己学了一遍"（WU3.527－528）；

（7）教学反思，如访谈资料显示"那么自己的教学也就是这样，你会不断地反思"（WU3.203－204）；

（8）阅读学术文献，如访谈资料显示"通过阅读文献和期刊"（WU3.187）；

（9）文献阅读反思，如访谈资料显示"在看文献和其他书籍的过程中，你会不断地反思自己的现有的水平"（WU3.192－193）；

（10）同事教学交流，如访谈资料显示"直接会找一个老师去问"（WU2.1383）；

（11）课题研究合作，如访谈资料显示"参加他们的这样一个科研项目"（WU2.278）；

（12）教材编写合作，如访谈资料显示"刚刚完成了我们学校的研究生公共外语教学的课本编写"（WU1.126－127）；

（13）参加教学比赛，如访谈资料显示"参加教学竞赛"（WU3.722－723）；

（14）设计网络教学系统，如访谈资料显示"网络教学系统是我和另外一位技术人员合作完成的"（WU2.370－371）；

（15）学习并利用慕课资源，如访谈资料显示"慕课我最近也有了解，还用了些国外的东西"（WU2.571－572）。

根据以上查找到的本土概念，基于凯利（2006）的分类方法，本研究将吴老师的主要学习途径归纳为继续教育，包括攻读硕士和参加教材培训；校本学习，包括外校考察和专家讲座；职场学习，包括参加学术会议、学习教学内容、教学反思、阅读学术文献、文献阅读反思、同事教学交流、课题研究合作、教材编写合作、参加教学比赛、设计网络教学系统、学习并利用慕课资源（见图6.7）。

基于对吴老师主要学习途径的分析和归纳，下文将对吴老师的职场学习过程与学习内容进行探究。

三　吴老师的职场学习过程和学习内容

深度访谈资料显示，吴老师在教学工作方面经历了较大的变动，他2000年从一所外语院校本科毕业后先进入家乡一所初中进行英语教学，由于对工作环境和发展前景不太满意，2001年他辞掉了工作去报考硕士研究生，2003年入学，2006年毕业后在一所高校任教。在2000年参加工作之初，他的职场学习途径是以教学反思为主的自我学习。在攻读硕士学位期间，他一直半工半读，担任一所三本高校的大学英语课程教学任务；不仅通过硕士专业课程的学习，掌握了翻译理论知识，也通过课余承担的大学英语教学任务进行职场学习，对教学方法、学科知识等进行自我摸索。2006 年入职高校后，他在领导的带领下与同事一起进行了外校考察，也多次参加过教材培训和学术会议，聆听了本校组织的专家讲座。在职场学习方面，他通过学习教学内容、教学反思、阅读学术文献、文献阅读反思、同事教学交流、课题研究合作、教材编写合作、参加教学比赛、设计网络教学系统活动进行学习。在以上学习活动中，他最重视的是教学反思、阅读学术文献、文献阅读反思和外校考察。

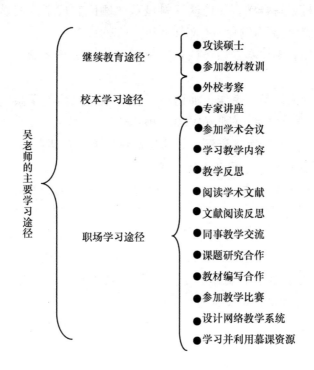

图 6.7　吴老师的主要学习途径

吴老师硕士专业为翻译，在攻读硕士期间主要的学习内容是翻译理论知识，但由于硕士学习时间仅有三年，对翻译理论和翻译实践的训练仅有一年半，因此他认为硕士学习期间虽掌握了翻译理论知识，但自己的翻译实践能力提高不大。在攻读硕士期间，他也同时在一所三本高校兼职大学英语教学，感到翻译专业学习内容与教学工作的需要存在一定差距，无法对自己的教学起到指导作用，因此将研究兴趣转向了教学研究：

> 翻译理论对实践的指导是有距离的……我自己的总结来说呢就是要经过自己大量的翻译练习，才能够有一些想法，甚至跟理论真的能联系起来。但是这个要非常长的时间，因为学习的时间是很短的……真正学习的时间就只有一年半，一年半的时间对于翻译来说，基础业务水平是难以很快提高的。（WU1.621－628）

入职高校后，吴老师首先在教学过程中进行自我学习，提高自己的教学能力。在进行教学准备时，为了更好地组织教学，帮助学生理解教学内容，他首先自己要熟悉教材内容，对教材内容中相关的其他专业知识进行学习。访谈资料显示吴老师认为对教材内容的自我学习有助于提高他的知识面：

> 我前两天在课文当中讲了一个 architecture，我就把从头到尾的整个的建筑史，自己学了一遍。比如说你对比中国的古代建筑和西方的古代建筑……我在备这节课的时候，学到太多的东西了，但是你讲这些东西的时候，你做成精美的 PPT 之后，学生是一种陶醉，你也是一种学习，我觉得这是一个很好的学习过程。（WU3.526－556）

吴老师在教学过程中也通过教学反思进行学习。访谈资料显示他在教学中遇到问题时，往往会在教学反思的基础上去查找文献资料或是与同事进行交流，通过教学反思，他学习解决自己教学问题的策略并尝试新的教学方法：

> 那么自己的教学也就是这样，你会不断地反思，然后运用到教学当中去……在这个教学的环境当中，具体的教法当中有一个创新，每一次都有一定的创新。（WU3.203－209）

吴老师进入高校工作的那一年正逢学院在进行大学英语教学改革，由于该校被选为大学英语教学示范点之一，他跟随领导去其他示范点高校进行了两次对大学英语教学改革的考察和交流。访谈资料显示他在考察其他院校大学英语教学模式的过程中，通过与其他院校和教育部专家的座谈、听课和参观等活动，对大学英语教学改革的目标、模式和教学方法进行了学习：

> 我们等于是去学习了一圈。这样就是对顶层设计者，以及发达地区的试点院校，对他们已经做出来的模式有了一个很好的学习。你去听课，包括看他们的语言实验中心以及学习中心……有一个很好的启示和经验，我觉得这是一个很好的过程。（WU3.27－34）

访谈资料显示吴老师在学校建设大学英语教学示范点的过程中，与另一名技术人员一起负责共同设计了学校的网络教学系统。在承担这项工作的过程中，他通过自我学习和摸索掌握了与教育技术相关的信息技术，随后一直保持他对信息技术学习的热情，最近又开始接触慕课，学习慕课的相关信息，并在教学中采用了一些慕课资源：

> 必须是靠自己摸索，没人教你……你要知道我要去用它做什么事，能够做到什么程度，能够呈现出什么效果，达到什么样的功用，就可以。（WU2.377－397）
>
> 慕课我最近也有了解，还用了些国外的东西……学生很喜欢这样。（WU2.571－573）

参加工作后，吴老师不定期地参加过多次教材培训、学术会议和校内举办的专家讲座。他认为通过这三种途径的学习，他能对一些学术理论的某个方面、某个教学理念、某些教学方法等进行学习，由于这些学习方式为期较短，因此对他主要起到引导后续职场学习的作用：

> 出版社的教材培训大多数是要推广它的一些编出来的教材或跟教材相关的教学方法和理念等。它有一个类似于教学教法的灌输，或者说一个引导，而且上课的过程也是很有启发的，因为有时候可以听到他们邀请的老师做的一些示范课。（WU3.46－50）

阅读文献和文献阅读反思也是吴老师重要的职场学习手段。访谈资料显示，除了在阅读中学习相关的理论知识和研究方法外，吴老师还认为阅读学术文献实质上是通过对比自己的经验和论文内容，与研究者们进行思想交流，在阅读过程中会激发自己的反思，促进研究能力和教学能力的提高，促使自己改进教学方法：

> 文献阅读对我个人来说，是一个很好的（学习手段）。因为我可以跟期刊的作者，就他所写的这个东西，跟作者进行一个互动，他把他的思想教给你了，然后呢，你把你的经验跟他进行一个互相的交融，这样的话，其实你跟专家、跟高手在对话，你要把他的东西反过来再进行自己的（思考），你要想想人家说得对不对，想想好在哪里。（WU2. 998 – 1004）

> 但是我看到了一篇文章给我印象很深……它对我目前的研究方向，有一定的共鸣，里面的内容与我观察到的目前的课程设置现状和教学现状的一些现象有关，也引起我的一些反思。（WU2. 961 – 966）

访谈中吴老师讲述了自己参与教学比赛过程中的职场学习情况。吴老师在为教学比赛做准备的过程中，教研室组织了专家小组听他进行试讲，并对他的教学提出了一些建议，加上评委的反馈意见，吴老师在整个过程中学习到了教学中应注意的教学设计、教学方法、教学内容安排等方面的知识：

> 我觉得对自己的具体的教法有非常大的提高。因为你在参赛的时候，教研室的老师他会给你一些建议，因为不管怎样都会有一个小组，都会有一个专家组，然后听你来讲，然后他会帮助你重新去规划整理你的 teaching plan，你整个的，怎么去开场，整个教学的每一个环节重新被设计了一遍。这样的话呢，按照有经验的老师形成一个专家组和专家意见，也结合了评委的，就是专家评委在比赛过程中反馈给你的意见，这样来说对你的教学，不光是那一次的比赛，包括对后面的教学，都形成了一个很好的规范。（WU3. 748 – 758）

吴老师还在访谈中描述了自己在教学中遇到困难时向同事请教和交流

的情况，交流的内容通常与教学有关，针对学生专业特点、学习基础、教材内容、教学方法等方面情况。与同事的教学交流有助于吴老师学习一些英语学科知识、交流教学经验、共享教学材料，从而提高自己的教学能力：

> 在你的教法和具体的教材相结合的时候，你会发现一些问题……甚至是一些课后题的答案可能你认为有异议的，都需要跟其他老师进行交流。那么也会发现同样的问题，有的老师压根儿不知道，有的呢钻研得很细，有的会给你很多反馈的意见和信息，包括一些完全就是 actual additional 的东西，然后你们可以进行一些讨论。（WU2. 262 - 271）

吴老师也多次与其他同事进行课题研究合作。从他参加工作以来，他已先后参加过十几项他人主持的课题研究，从挂名到自己真正参与研究，吴老师在课题研究合作过程中得到了锻炼，积累了经验，也提高了自己的研究能力：

> 项目有多大或者说我需要做什么，这个分成很多样，那么有的是你什么都不需要做，你只要写名字就可以了；有的呢是你需要做一部分工作；有的是你需要做很多的工作，那么就是不同的样子……就是你可以从一个刚开始什么都不知道，慢慢到比较有经验和能力处理一个相当大的项目的话，虽然它的级别不高，这个过程在合作学习上是一个重要的体现，这对自己来说也是一个经验能力的体现，也是一个很好的锻炼。（WU2. 298 - 328）

吴老师与其他教师合作，共同编写了该校使用的研究生公共外语教学教材。为了顺利完成教材编写任务，他向相关专业的研究生请教，学习了与所编材料有关的医学和科技方面的专业知识：

> 我们刚刚完成了我们自己学校的研究生公共外语教学的课本的编写……像医学和科技这两个……单元是我编的。就按理说我是不具备物理学的专业功底，我们编的科技这个单元里面讲的是 3D 打印。……我

们教的学生他可能是这个方向的……那么我们就向学生去请教……他们会推荐一些东西来，或者给我们做一个简单的讲座……让我们在这方面有一些知识的普及。（WU1.199－231）

以上分析结果表明，在吴老师的学习途径中，继续教育和校本学习途径侧重于理论知识与教学方法的学习，引导吴老师在职场学习过程中对相应的知识、技能以及研究方向加以关注；职场学习途径通过不同学习活动促进他的教学知识、学科知识、其他专业知识、教学技能、信息技术、教学理念和研究知识的增长，并在不断学习的过程中对他的职业态度和身份认同的改变起到动态推动作用（见图6.8）。

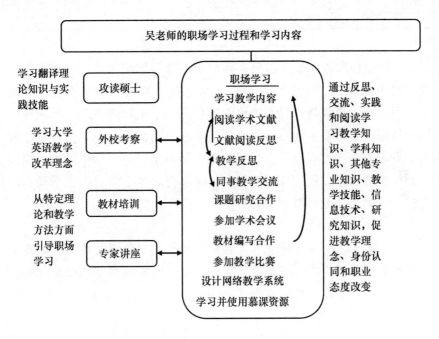

图6.8　吴老师的职场学习过程和学习内容

四　影响吴老师职场学习的因素与作用

为了查明影响吴老师职场学习的因素有哪些，它们的影响作用如何，研究首先通过查找相关本土概念在访谈资料中反复出现的频率来判断具体因素，分析它们可能的影响程度。本土概念查找结果表明，对吴老师的职场学习影响程度较大的因素为学生特点和职称评定，影响程度中等的因素为课程类型、考试制度、管理制度、学历压力、领导支持、信息技术应用和学习规划，影响较小的因素为工作经历、专家引领、学术氛围、职业态度、学科知识、语言政策、经济因素和文化因素（见表6.5）。

表6.5　　　　　　吴老师职场学习影响因素的本土概念

	职业态度	学科知识	工作经历	学习规划	职称评定	管理制度	领导支持	专家引领	学校文化
访谈中出现次数	1	1	3	5	17	8	6	2	2
	学历压力	学生特点	课程类型	考试制度	语言政策	信息技术应用	经济因素	文化因素	
访谈中出现次数	7	37	9	8	1	6	1	1	

学生特点在所有因素中对吴老师的职场学习影响最大。根据吴老师在访谈资料中的描述，学生特点主要指学生英语基础、学习态度、专业特点、学习目标、班级特点和性别比例等特征。学生特点对吴老师职场学习的影响作用主要存在于他对教学的自我学习方面，促使他调整自己的教学内容、教学方法和教学目标。为了提高教学效果，适应学生需求，他在教学中积极进行反思，通过查阅文献、与同事交流等手段寻求教学问题的解决方法，有助于吴老师教学能力的提高：

> 但是有时候也会碰到不同的学生也是有可能很头疼。比如我再说说这个计算机的班……大多数都是男生，大多数都是英语比较差，他们不太听得懂，这样你就很麻烦……只能自己去调节。（WU2.794 – 804）

职称评定则是另一项对吴老师的职场自我学习起到重要影响的因素。访谈资料显示职称评定的主要难度在于评定标准对教师科研成果的要求，由于吴老师认为职称评定是自己专业能力的一种体现，作为自己职业发展的一个潜在的指挥棒，以五年为一个周期，对自己阅读学术文献、撰写学术论文、参与课题研究和申报科研项目等研究方面的活动起到了推动作用，有助于自己提高研究能力；同时，职称评定因素也给吴老师带来了一定的学历压力，促使他去报考博士，在备考博士的过程中，吴老师对语言教学理论进行了系统的自我学习，提高了自己的学术水平：

> 你的学历的提高势必会带来，在高校环境之下的这个，应该是职称的这样一个提高。（WU2. 11 – 16）
> 以五年为一个时间阶段的话……职称评定就是一个你指导的方向，这样会给你一个无形的压力……为论文的撰写啊，教学项目的申报，等等这些。（WU3. 162 – 176）

课程类型对吴老师的职场学习也存在较大的影响。访谈资料分析结果显示，学生特点、课程类型和考试制度三个因素之间存在着较大的相互影响，共同促使吴老师对教学知识和其他学科知识的自我学习。如吴老师在访谈中提到他最初任教课程是本科生的大学英语，本科生的课程教学受考试制度影响较大，因此他在教学中需要兼顾应试策略，教学内容也受到考试较大的影响；而后来转到研究生公共外语课程教学之后，由于研究生没有参加国家统一英语水平测试的需求，因此他的教学内容和教学方法也相应改变，更倾向于在教学中体现学术性和人文性，同时教学内容的改变也促使他提高自己在其他学科方面的专业知识，并对新课程教学内容进行深入学习：

> 研究生这边没有考试作为导向……本科的教学来说，它是平时语言功底的这样一个训练，但是在研究生教学中，它凸显出来的是人文性，它对于老师的人文社科知识，还有包括有一些哲学的知识啊，古典文学的知识啊，包括西方的政治经济，它都会有一些涉猎，这里就是对老师的能力会提出比较高的要求。（WU1. 117 – 123）

访谈资料显示考试制度对吴老师职场学习的影响主要作用于对教学的自我导向学习方向。他最初承担的课程是本科生的大学英语，当时学校的规定是本科生必须通过大学英语四级考试才能取得学士学位，因此学生对通过大学英语四六级考试有着较强的需求，吴老师在教学中不得不以考试为导向来调整自己的教学内容和方法：

你的教学对他的四级有帮助，你的教学要对他六级考试有帮助……就是有一个应试型的因素在里头……就是以考试为一个先导在底下牵着你的教学走了。（WU1. 103 – 113）

吴老师在访谈中也讲述了所在高校较为宽松的管理制度对职场学习的影响。他认为宽松的考核制度、人性化的管理制度对他的专业发展起着积极的作用，使他能够在自我学习中自由地选择自己的学习内容和方向，也为他考博创造了条件：

我们学校目前还没有一个非常清晰的、严格的考核激励制度。我们没有末位淘汰制，也没有发论文的规定……相对来说是比较松宽的……（对我的专业发展）我觉得是有利的。（WU2. 1646 – 1657）

虽然学校的管理制度较为宽松，但吴老师在访谈中指出他仍然受到学历压力因素的影响。学历压力主要来自同龄的同事的职场学习活动和学历提高情况，由于同事之间存在着一定的竞争关系，同事学历的提高促使吴老师在职场学习过程中进行了学习规划，为考博做准备：

同龄的教师之间都处于这么一发展期的阶段，这个时间彼此的影响会大。因为你会发现同龄人，他也考上了，他也在考或者他去做什么样的事情，就形成一个竞争，这样一个竞争的环境就会刺激你做出一个选择。（WU2. 1577 – 1581）

领导支持对吴老师的校本学习和职场学习起到了较大的作用。访谈资料显示吴老师在跟随老领导去其他高校进行考察和负责设计网络教学系统的过程中，教学能力和教育技术能力得到了很大提高；而新领导也在带领他进行科研项目以及考博方面给予了他很大的支持，在科研能力的提高方面起到了一定的作用：

跟老领导学到了很多的知识，在我的成长过程当中，他给了相当大的支持，我也很感谢。新一代的领导是一个比较实干的人……跟着

他学着做了项目……他愿意全力支持我。（WU2. 1522－1531）

吴老师认为信息技术的发展对他的职场学习有着很大的促进作用，为他的自我导向学习提供了便利，节约了他的时间和金钱；同时，基于信息技术的教育技术也对他形成了挑战，为了提高自己的教育技术能力，他在自我学习中注重对教育技术的摸索，也通过教育技术的学习从另一个方面提高了自己的教学效果和教学能力：

> 我不用去跑图书馆了，因为我有 CNKI，然后我有各种账号。网络为我的学习提供了巨大的便利、时间的节省及金钱上面的节省。信息技术对职场学习是一个巨大的飞跃式的支持……对于职场学习来说，教育技术的发展对我们来说的确是一个大的挑战。（WU3. 436－488）

访谈资料显示学习规划对吴老师的职场学习有着较大的影响作用。学习规划主要来源于吴老师在职场学习过程中感受到的学历压力。他认为攻读博士学位的学习规划对自己学习教学理论知识、提高学术水平起到了促进作用：

> 自己的学历进一步提升的愿望，我具体指的就是考博，就是学历提升的事情，对我的教学理念上的档次或层次，理论的层次有一个很好的提升。（WU3. 730－732）

工作经历在一定程度上对吴老师攻读硕士学位有着影响。吴老师本科毕业后，首先在中学进行了一年的英语教学，但由于不太满意中学的教学环境，他辞去了中学的教职，准备考研：

> 在中学的时候觉得也没意思，学生也不怎么想学，然后我觉得她考上（女朋友考上研究生）对我也是一个很大的鼓励，所以就准备考研。（WU1. 592－594）

专家引领可促进吴老师的职场学习。他得到的引领主要来自同事中一些具有丰富的教学经验和学习背景，并且愿意与他进行交流的专家型教师，虽然这样的同事很少，但是吴老师认为他们也对他的自我学习和专业发展起到了积极的作用：

> 同事当中的某一些个别的人，他们会给你一些很好的影响。这些人自己有比较丰富的教学经验，另外他的学习背景也是比较丰富和广博的……而且愿意交流，这种人非常少……是促进我学习和成长的很好的一个（因素）。（WU3. 125 - 131）

在访谈中，吴老师对所在高校的学校文化进行了描述。通过移动网络社交软件和申报成果时对同事学习状态的了解，他发现该校和自己所在学院中存在着良好的学术氛围，这样的氛围对他的职场学习有一定的督促作用：

> 在这个群体当中我觉得是一个良好的、积极的学习气氛。大家虽然说表面看上去什么都没做……他突然有一天就会拿出一堆的书来去报成果，你会很惊讶……从他的社交圈里头，就是……同事的微信，或者 QQ 里可以看得出来，每个人都在学习……都是一种无形的竞争……我觉得这种气氛是很好的。（WU3. 585 - 600）

职业态度对吴老师在教学方面的学习存在一定的影响，他在访谈中解释，自己不断在教学中进行摸索是为了满足自己内心成长的需求和工作责任感：

> 我觉得还是自己内心的一个成长的需求，是觉得自己要对得起自己，我觉得是一种责任感吧。（WU3. 102 - 104）

个人学科知识水平也影响着吴老师的职场学习。他认为在专业学科知识方面，他还应该继续努力提高自己：

> 应该是专业学科知识来说，我觉得还有很大的空间要去进步，还很不够。（WU2. 1592 - 1593）

访谈中，吴老师分析了语言政策对他的职场学习的影响。由于目前的语言政策鼓励高校开设多语种的课程，吴老师所在高校也为本科生开设了多语种的外语课程，本科生可以自行选择学习大学英语或其他大学外语，因此这一政策给吴老师的教学带来了一定的压力，但他认为这一现状可促使他去学习其他语言：

> 在教育政策上来说呢，这是一个多语种的……大学英语这块儿来说本科生入学后你可以不去选英语的，你可以选东南亚和南亚的一些小语种，你还可以选俄语、法语和德语……这种宽松的语言政策……一是给我压力，二是我自己学习的一个很好的机会。压力是什么呢，学生可以不选英语……机会呢……我可以有机会去学习其他的语种。（WU3. 281－323）

经济因素的影响作用主要是在对学习途径的选择方面。吴老师在访谈中叙述了由于无法得到资金支持而无法选择出国学习，解释了经济因素的影响作用：

> 经济肯定是一个最直接的支持了……这里因为经济的影响……资金不足，没有给我们非常好的支持……我工资都吃不饱饭，怎么会跑到国外学习，我即使有这样的愿望，经济上也不可能实现的。（WU3. 256－268）

文化因素是另一个对吴老师的职场学习途径和学习内容有一定影响的因素。他在访谈中提到由于所处省区文化教育较为落后，在文化氛围方面和聆听专家讲座方面，他失去了很多学习的机会：

> 很多很好的讲座，比如国外学者的讲座，国内大家的讲座，不光是学科本身的，还有其他的，比如说美学的、心理学的、社会学的、经济学的大多数集中在这些政治中心或者经济中心的高校……我觉得如果能够有更多的文化上的进展，对我的职场学习来说是非常（重要的）。（WU3. 231－253）

　　上述访谈分析结果表明，对吴老师的职场学习形成影响的因素较多，最重要的因素为学生特点和职称评定。大部分因素主要对吴老师的职场自我学习的不同方面形成影响，如学生特点对他的教学反思、学术文献阅读和同事交流产生影响；职称评定影响到他阅读学术文献、撰写学术论文、参与课题研究和申报科研项目并促使他备考博士；课程类型和考试制度影响到教学反思和教学准备；管理制度有利于他自由选择自我学习内容和方向；学历压力和学习规划对吴老师在自我学习中备考博士起到影响；领导支持促进他在科研和教学方面进行自我学习；信息技术的发展为他的自我学习提供了便利，也激励他对教育技术进行摸索；专家引领对他的职场学习起到引导作用；学校文化督促了他进行职场学习；职业态度影响到他在教学方面的自我学习；学科知识也对吴老师的自我学习有着一定的影响；语言政策给吴老师的教学带来了一定的压力，也促进他对其他语种的学习。

　　部分因素影响到吴老师对职场学习途径的选择和学习内容，如工作经历在一定程度上对吴老师攻读硕士学位有着影响；经济因素主要影响到对职场学习途径的选择；文化因素则对吴老师的职场学习途径和学习内容有着一定的影响（见表6.6）。

　　以上分析结果表明，学生特点、课程类型和考试制度三个因素之间存在着较大的相互作用，共同影响吴老师对教学知识和其他学科知识的学习；学历压力和学习规划有着主从关系，学历压力主要来自同事学历的提高，感受到的学历压力促使吴老师在职场学习过程中进行学习规划，这些影响因素通过相互作用共同影响着吴老师的职场学习情况。

五　职场学习对吴老师专业发展的意义

　　吴老师在访谈中描述了不同途径的职场学习对他专业发展的意义。他在叙述参与外校考察交流活动时谈到，到其他高校去与专家学者进行学术和教学交流，观摩他们的教学，了解他们教学改革的具体措施和做法对他的专业发展起到了重要作用，对他的教学有着很大的促进；对他提高自己的教学能力也有较大影响的是参加教学比赛的经历，通过由教学经验丰富的同事组成的听课小组对他的试讲进行分析和点评，并对他教学环节的每一个步骤进行指导，提供反馈意见，吴老师认为这一过程使他对自己的教学有了较深入的了解，结合对其他参赛教师课堂教学的观摩促进了自己的教学：

表6.6　　　　　　　　　　不同因素对吴老师职场学习的影响作用

影响因素 ＼ 学习途径	教学反思	学习教学内容	阅读学术文献	文献阅读反思	同事教学交流	课题研究合作	参加学术会议	教材编写合作	参加教学比赛	信息技术学习	其他方面
学生特点	√		√	√	√			√		√	课程类型
职称评定			√			√			√		学习规划
课程类型	√										学生特点
考试制度	√										课程类型
管理制度											学习方向与内容
学历压力											学习规划
领导支持	√					√	√				校本学习
信息技术发展	√									√	
学习规划			√			√					备考博士
工作经历											攻读硕士学位
专家引领					√	√					引导学习方向
学校文化			√			√					
职业态度	√	√	√	√						√	
学科知识			√								
语言政策											学习其他语种
经济因素											学习途径选择
文化因素											学习途径和内容

　　我觉得一是有机会到发达地区的高校去交流和学习……进行直接的观摩、听课和学习，这是一个对我的专业、职业发展来说比较重要的过程；第二呢，参加教学竞赛……并且能够聆听和学习其他优秀教

师的一个课堂比赛，校内和校外的课堂比赛，我参加过，这对于自己的专业发展和学习也是一个巨大的促进。因为通过一个紧张的比赛后，我们对自己的教学，还有对别人的教学都会有一个了解，对自己的教学更是一个很好的促进。（WU3.719－728）

　　吴老师认为不同职场学习途径对自己专业发展的重要性存在差异。他对外校考察、教材培训和同事教学交流活动的学习效果进行了对比，认为在这三种途径中，外校考察对自己专业发展的意义最大，启发了自己教学意识和教学能力的提高；教材培训则通过专家讲座和示范课的形式帮助自己了解英语教学的一些发展趋势，对自己的教学起到了一定的引导作用；而同事之间的教学交流对自己专业发展仅起到较微弱的作用：

　　　　和有代表性的高校去直接进行交流的时候，得到启示是最多的……另外呢，就是教材的培训，可以听到一些专家的想法或是教法或是自己的一些专业发展上面的，尤其是英语教学的发展方面的一些启示……对最前沿的教学的风向的把握也会有一些学习。另外在教材培训上可以听到一些示范课，就是优秀教师的示范课，这也是很好的一个启示。再下一个是自己的教研室老师之间的交流。（WU3. 69－84）

　　吴老师还讲述了自我学习的不同手段在他专业发展过程中的相互作用和交互循环过程。他认为从教学经验中积累的教学反思促使自己去阅读相关的学术文献，并通过阅读反思作用于自己的教学，通过尝试一些新的教学方法和教学内容来改进教学，而在此期间的教学反思又再一次促使他进行阅读；在观摩其他教师的课堂教学过程中，通过对比从而反思自己的教学；参与教材培训时会受到专家讲座和示范课的引导，促使自己反思教学并对相关理论进行自我学习；在参与课题研究合作的过程中，吴老师最初只能做一些简单的工作，随着在参与过程中向其他合作教师学习，他的研究水平不断得到提高，因此他认为职场学习的不同途径间存在着相关关系，共同促进了他的专业发展：

　　随着你教学经验不断增加，你通过阅读文献和期刊，观摩其他教师的教课，包括你自己接受的培训，它是一个互动的过程，会让你不断地提高……不断地在看文献，阅读其他书籍的过程中，你会不断地反思自己的现有的水平……你做的一个教学的项目，刚开始可能是非常低级的，但是你……向别人学习……再报一个的时候就要比前一个更好一些，不断地往前发展。自己的教学也是这样，你会不断地反思，然后运用到教学当中去……很多因素是互相促进的。（WU3.179－209）

　　访谈资料表明吴老师高度认同自我学习对自己专业发展的作用，他认为自我学习是他的职场学习的核心途径，通过长期持续地在教学工作情境下进行自我学习，他的教学能力得到了提高，教学实践也得到了改善。其他职场学习途径则是自我学习的一个有益补充，有助于拓展自己的学术视野，促进自己的自我学习，引导自我学习的方向：

　　自我学习可以对自己的具体的教学能力……你的教学实践最有利的一个帮助。相关的一些培训，我觉得就是拓展一下自己的视野，然后呢有一些机会去听听专家……那么也会是一个促进，这个是一个综合的。它吸收的东西可能……也是一个补充……但是你最主要还是要……靠你的 practice 这个方面，这是最核心的一个部分……我们的自我的学习，在我们的长期的工作当中，你所得到的营养可能是最均衡的，时间的长度也是最完善的，这样一个过程。（WU2.473－489）

　　根据访谈资料分析结果，吴老师职场学习的不同途径之间存在着互补的关系，外校考察、教材培训、学术会议、讲座等外在学习途径帮助吴老师了解教学发展动向和一些相关的教学理论知识，在一定程度上引导他的自我学习方向，教学反思、文献阅读、同事交流、参加教学比赛、参与课题研究合作和教材编写、设计网络教学系统等自我学习途径通过吴老师对自己教学和研究的反思、学习、尝试、对比和摸索等循环过程帮助他提高自己的教学能力、研究能力和教育技术能力，改善了他的教学实践，逐渐形成自己的研究方向（见图6.9）。

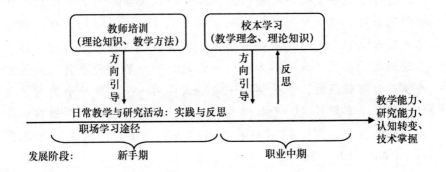

图6.9　职场学习对吴老师专业发展的作用

为了了解高职高专英语教师的职场学习情况，本研究也对一位来自该类型高校、职称为讲师的英语教师进行了访谈，下文将分析她的职场学习情况。

第四节　案例分析四：于老师的职场学习

本节主要分析于老师（匿名）的职场学习情况。在对深度访谈资料进行反复通读并透彻理解访谈内容的基础上，研究通过类属分析和情境分析相结合的方法对于老师的职场学习情况进行探索。本部分首先简述于老师的个人简况和学习经历；随后论证她的职场学习途径分析结果；接着探索她的职场学习过程和学习内容；在深度访谈资料中查找影响职场学习的因素的本土概念并对其分类，分析不同因素的影响作用，解释它们之间的关系；最后分析职场学习对于老师专业发展的意义。

一　于老师的个人简况与学习经历

访谈进行时于老师（匿名）是一所工科高职院校的讲师。她生长在云南，小学期间没有接触过英语，进入初中后开始学习英语，初中和高中的英语学习过程都比较轻松，按照老师要求背单词和语法，对她来说，英语没有什么特别的意义，既不喜欢也不讨厌，但在填报高考志愿时，家人认为学习英语专业将来好就业，于老师喜欢教师职业，因此考入了云南一所师范院校的英语师范本科专业学习。

毕业以后，于老师在一所初中进行英语教学，刚开始教学时，她不断寻找新的教学方法应用于自己的课堂，解决教学中出现的问题，积累教学经验。一年以后，她调动到了一所高等专科学校承担大学英语教学任务。由于初中和大专教学对象与教学要求的区别，于老师在教学内容、教学方法和教学目标上进行了非常大的调整，将在初中教学中所积累的经验进行调整和完善，应用于大学英语教学，并通过反思在教学中进行职场学习。由于该校规模较少，只有四五名英语教师，因此教学中基本没有教师合作，教学计划、材料、教案和试题等工作的完成都由教师个人进行，于老师在这个阶段中都是单打独斗地对教学进行摸索。几年后，该校与其他两所学校合并成立了目前的高职院校，英语教师数量增加到几十人，学校开始实行统一教学要求、备课、教案和教学计划，教师间开始有了一些合作和交流。由于学校鼓励教师提高学历，同时也受到同事学历提高的影响，她攻读了工科专业的硕士学位，希望能成为一名双师型的教师。然而硕士期间的学习内容对她的英语教学并没有起到帮助作用，因为硕士阶段学习内容已不再是专科和本科层次的基础内容，而教学中需要了解的基础性内容仍然没有掌握。由于所在学校属于工科院校，英语并不是主干课程，于老师能得到的培训机会很少，仅参加过出版社组织的教材培训，能听到的专家讲座也是屈指可数，偶尔能参加一下学术会议，与外面的同行进行一些交流，职场学习是她最重要的学习途径。于老师非常热爱教学工作，研究兴趣也是英语教学，认为教学研究才能对她的教学工作起到真正的作用，然而为了多发表论文，拿到项目，评上职称，她目前的研究方向已调整为翻译。

二　于老师的职场学习途径

和吴老师相似，于老师也调动过工作。她本科毕业后在一所初中进行了一年的教学，随后调动到一所规模较小的大专学校，该校后来与其他两所学校合并组建了她目前任职的高职院校。访谈时，她已经超过副教授职称申报所需要的五年讲师任职年限，但由于职称评定要求中对科研的强调，对于发表论文和申报项目的难度，于老师显得有些无奈。

为了探索于老师的职后学习途径，研究对她的深度访谈资料中的相关本土概念进行了查找，查找到的本土概念和相应的访谈资料如下：

（1）攻读硕士，如访谈资料显示"读了研"（YU1.332）；

（2）参加教师培训，如访谈资料显示"外研社假期组织的那个培训班去过"（YU1.322）；

（3）教学准备，如访谈资料显示"在备课的时候，你可能就会先按他的特点去备课"（YU2.181－182）；

（4）课堂教学反思，如访谈资料显示"课堂里面（反思）的情况比较多"（YU2.21）；

（5）课后教学反思，如访谈资料显示"如果课堂上有什么问题，可能会接下来下课有时间就看一下"（YU2.370－371）；

（6）阅读学术文献，如访谈资料显示"要上升到一个理论的高度的话就得去查资料去看"（YU2.352－353）；

（7）撰写学术论文，如访谈资料显示"发文章的话，我写到后面"（YU1.47）；

（8）阅读微信信息，如访谈资料显示"可能微信打开了，哪一个点说，学英语怎么样"（YU1.497）；

（9）观看英语节目，如访谈资料显示"可能我什么时候看电视，某一个节目也会给我（新信息）"（YU1.496）；

（10）同事教学交流，如访谈资料显示"你（和同事）一交流的话得到的那个是最实用的方法"（YU2.173）；

（11）课题研究合作，如访谈资料显示"后面参与的就是一个小组教学（的项目）"（YU2.210－211）；

（12）集体备课，如访谈资料显示"统一备课的话"（YU1.117）。

本土概念查找结果显示于老师的主要学习途径包括攻读硕士、参加教师培训、教学准备、课堂教学反思、课后教学反思、阅读学术文献、撰写学术论文、阅读微信信息、观看英语节目、同事教学交流、课题研究合作和集体备课等，基于凯利（2006）对教师学习途径的分类，结合本研究的具体研究内容，将于老师的主要学习途径分为继续教育和职场学习途径（见图6.10）。

基于对于老师主要学习途径的归纳，下一节将探析于老师职场学习过程与学习内容。

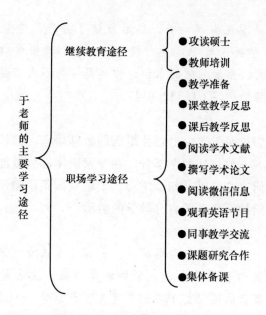

图6.10　于老师的主要学习途径

三　于老师的职场学习过程和学习内容

深度访谈资料显示，职场学习是于老师的主要学习途径，虽然她也有攻读硕士和参加教师培训的经历，但她所接受的继续教育对她的教学和研究促进较少。于老师职场学习的主要手段首先是在教学过程中进行教学准备、课堂教学反思和课后教学反思，同时她也通过阅读学术文献、撰写学术论文、参与课题研究等手段提高自己的学术能力，在教学工作中，她和同事通过教学交流和集体备课进行教学合作，在闲暇时也通过阅读微信信息或观看英语节目了解一些其他相关知识。

访谈资料显示于老师硕士专业方向是工科专业，她在访谈中解释了选择该专业的原因。由于她所在的院校是一所工科院校，提倡培养双师型教师，加上提高学历的压力，这两方面因素促使她决定学习与工科有关的知识，攻读了工科专业硕士。但在攻读硕士期间，由于研究生学习内容已经达到了较高层次，不再学习专科和本科的基础性知识，她在完成硕士学习后仍然不了解该工科专业的基础知识，这使得硕士学习内容对她的教学工作毫无助益，也达不到专门用途英语教学的要求：

　　读研读的是不同的专业，因为是工科院校……我也想跟工科沾一

下边，不是说现在有双师嘛，然后就读了另外的专业……我觉得对
（ESP 或者大学英语教学）没有帮助……我们读研学的那个……它是
走上面那个的，然后基础的东西，你还是搞得不太清楚……感觉对教
学没有什么帮助。（YU1. 332 – 347）

于老师曾参加过两三次由出版社组织的教师培训。访谈资料显示她参
加的教师培训内容一般包括两个部分，在专家讲座部分她能对一些最新的
英语教学方法和研究方向进行初步学习，了解我国英语教学改革方向；示
范课部分则能带给她一些有关自己教学的启示：

> 培训它一般情况是分为两部分。一部分是请专家来讲……你可以
> 得到一些跟英语教学有关的最新的教学方法，或者是最新的研究方
> 向……还有最新的国家关于英语教育怎么改革呀……除此之外，他们
> 会请一些老师做一些示范课，你可以在示范课上看一下别人怎么教，
> 然后得到一些启示。（YU3. 37 – 44）

访谈资料分析结果显示，于老师的职场学习可分为多种学习手段，教
学准备是其中之一。在教学准备过程中，她根据上一次教学情况和教学反
思结果进行教学设计，分析下一次课的教学重点，调整教学方法和教学内
容，结合学生兴趣和时事要闻补充教学内容：

> 备课的时候会看一下列出来的东西，然后上到什么样的内容……
> 根据不同的班级看一下，然后着重点在哪儿，然后我就备课……（改
> 动的依据是）学生的反应，我问了这个问题后的反应怎么样，我会根
> 据这个来调整我下一次上课时候的方法……基于这个内容的话对于每
> 一届学生，因为他们感兴趣的点不一样，我会结合那个点来讲，或者
> 这两天正好发生个什么新闻啊，或者是天下雨了啊，就会把这些点加
> 进去。（YU2. 381 – 393）

课堂即时教学反思是于老师的另一种职场学习手段。她进行课堂教学
反思的频率较高，当她在课堂对某些内容进行讲解时，会通过观察学生的
反应进行教学反思：

课堂里面的情况比较多。就课堂你在讲述某一个问题时，学生给你的回应的多少。如果回应很多的话，就说明他听懂了，然后他觉得很好接受；如果回应率很低的话，说明这一点他还是没弄懂。这个是课堂上他们直接给我的回应。（YU2.21-25）

课后教学反思也是于老师较常用的职场学习手段。访谈资料显示于老师在完成当天的教学工作后，会对课堂上一些突发的问题或现象进行反思，思考该问题出现的原因，寻求解决的方法，并在下一次尝试改变：

就是你上的不同的班级，不同的专业，遇到不同类型的学生，然后任何课堂上突发的，就这节课上完以后下来我想，这节课上哪一些是没有解决好的，然后会想到哪几个突发的，然后你就会去改变它。（YU1.485-488）

阅读学术文献则是于老师对学习研究的手段。访谈资料显示，于老师阅读文献是为了撰写学术论文和进行项目研究，说明这三项职场学习活动存在互相依存和促进的关系。通过阅读文献资料，她对教学理论知识进行了学习：

写文章、做项目我就得看大量的资料，因为只凭我们教学当中的那些是不够的，你没有那个知识的框架来支撑你嘛，你没有什么基础的东西可以支撑你，你发现问题你只是解决自己的问题，要上升到一个理论的高度的话就得去查资料。（YU2.349-353）

撰写学术论文和课题研究合作两项学习活动则对于老师的科研能力和教学能力都有所促进。于老师在访谈中解释说由于参与项目研究时需要在自己教学的班级内进行实验，或是采用任务型教学法进行教学，或是使用某种设备来辅助学生的学习，因此课题研究合作活动对自己的教学能力的提高有一定作用，此外由于两项活动的研究特征，对她的研究能力的提高也有帮助：

（撰写学术论文）有帮助，就是对科研能力的提高更多一些，对教学的提高，比起其他对教学的提高方面来说，这个要相对弱一些。（YU3. 259–261）

参与过……敏特词汇记忆的那个……然后后面参与的就是一个小组教学，任务教学的，然后一个词块的……（参与这些项目）科研和教学有影响。因为你要弄这些东西的话，你一定会拿来自己班上看一下，觉得这个用下来的话效果会怎么样。（YU2. 209–216）

于老师在访谈中还提及阅读微信朋友圈信息和观看英语节目两项活动也能促进自己的反思，增加自己的知识面，因此她认为也是职场学习的手段。作为一名高校英语教师，于老师平时自觉不自觉地都会思考自己的教学情况，在看到或读到某些信息时，往往就会与自己的教学联系起来，带给自己一些启发：

可能我什么时候看电视，某一个节目也会给我（新信息）；可能微信打开了，哪一个点说，学英语怎么样，你也会告诉自己，哎，我能不能用这样的方法也来教我的学生？虽然这个是人家在家里用的，我能不能用到我的学生身上来？（YU1. 496–500）

访谈资料显示同事教学交流也可促进于老师的学习。同事间的教学交流内容基本与教学情况有关，如学生的专业特点，适合学生的教学方法和教学内容，怎样调整学生的学习态度，提高他们的学习积极性等。同事教学交流对于老师提高自己的教学效果，促进教学反思起到了一定的作用：

就在教学方面怎么把知识点教给某一个专业的同学，可能别人教过的，他会提前告诉你说这个专业的同学会有什么样的特点，那在备课的时候，你可能就会先按他的特点去备课，然后再上着试试看，如果不行再换，就是帮助比较大。然后另外呢就是有时候学生他不听你的交代，你叫他背什么他不背，然后下来大家一商量，咦，这个怎么对付他呢？他们又会有新的方法，然后大家就会一起来使用这个方法。（YU2. 179–186）

于老师所在的学院也采用集体备课的方法进行教学合作。集体备课要求每位教师都先要熟悉教材内容，随后根据教材内容和学生特点商量教学内容和教学方法。在集体备课过程中，通过与同事交流教学经验和教学方法，于老师提高了自己的教学知识：

> 统一备课的话，我们一开始是回去都先看，看完之后商量……现在因为是高职院校，我们强调的是应用、实用，因为他该学的内容高中已经学完了，他只能学那么多了，然后你进来以后就原来那些知识全部学的是哑巴的，现在怎么把它用起来，所以备课的时候就大家一起根据我们的目的，然后来选上课要上哪些内容，一些选出来以后，大家一起商量应该用个什么方式来上。(YU1.117-125)

访谈资料分析结果表明，于老师的主要学习途径为职场学习，不同的职场学习手段间存在一定的互相依存和促进的关系。教学准备、课堂教学反思和课后教学反思三项学习手段互相促进和依存，通过这三项活动，于老师对教学知识进行了自我学习；阅读学术文献、撰写学术论文和课题研究合作三项学习活动也互相牵制和促进，共同促进于老师对教学理论知识的学习，有助于老师的科研和教学能力的提高；阅读微信信息和观看英语节目可促进于老师的反思，拓展她的知识面；同事教学交流和集体备课有着一定的交叉内容，交流内容帮助于老师提高教学效果，促进教学反思，积累教学知识。除了职场学习以外，于老师还攻读了硕士并参加过教师培训，但这两项学习活动对于老师的教学与研究能力提高促进不大。于老师在攻读硕士期间学习了工科方面的专业知识；通过教师培训，她了解了一些新的英语教学方法、研究动向和我国英语教学改革方向。在于老师职场学习的过程中，不同学习活动互相依存、牵制和促进，从各个方面促进了她的教学和科研能力的提高（见图6.11）。

四　影响于老师职场学习的因素与作用

于老师的深度访谈资料分析结果表明，她的职场学习受到较多因素的影响，通过在访谈资料中对与影响因素有关的本土概念进行查找和统计，发现影响于老师职场学习的主要因素有职业态度、工作经历、科研能力、职称情况、生活因素、职称评定、管理制度、单位支持、教学条件、专家

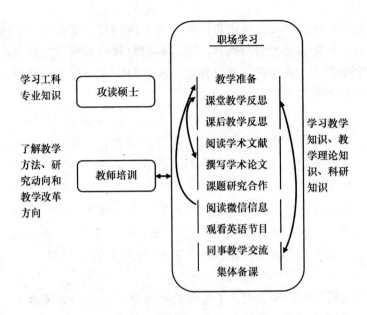

图6.11　于老师的职场学习过程和学习内容

引领、学历压力、学生特点、学校类型、信息技术发展、社会环境等。其中对于老师的职场学习影响程度最大的是学生特点，影响程度中等的有职称评定、工作经历和学校类型，有一定程度影响的有管理制度、单位支持、教学条件、专家引领、生活因素、学历压力、职业态度、科研能力、职称情况、信息技术发展和社会环境（见表6.7）。

表6.7　　　　　　　　　**于老师职场学习影响因素的本土概念**

	职业态度	工作经历	科研能力	职称情况	生活因素	职称评定	管理制度	单位支持
访谈中出现次数	1	6	1	1	2	7	3	3
	教学条件	专家引领	学历压力	学生特点	学校类型	信息技术发展	社会环境	
访谈中出现次数	3	3	2	37	4	1	1	

　　访谈资料分析结果表明学生特点对于老师的职场职场学习的影响最大。根据访谈资料，学生特点主要指学生的专业特点、英语基础、学习态

度、性别比例、兴趣爱好等方面特征，通过对于老师的教学方法和教学内容的选择、选修课的开设等方面的影响，作用于她在教学准备、课堂和课后教学反思、参与课题研究、与同事进行教学交流等学习活动中，对她进行教学知识的学习和教学经验的积累，提高自己的教学能力起到了重要作用：

> 有的专业要好一些，有的专业要差一些，所以应对不同的学生方法是不一样的……你下来备课的内容都会不一样。就是你加入的内容，除了教材上你要加入的，或对这个教材的讲解，哪些词汇是重点都会不一样。（YU2.63 – 67）

> 来自不同专业的学生，然后他们对英语的侧重点也会不同……上课如果上到跟他们相关，他们会更感兴趣。所以有时候我们选书回来以后会根据不同的专业来筛选课文。然后……会开一些选修课来让他们选。……根据他们的兴趣，你可能就会找新的东西，然后又告诉自己怎么去教，不断去掌握。（YU3.244 – 252）

职称评定对于老师的职场学习有着较大的影响。于老师在访谈中讲述了自己重视职称的缘由，认为作为一名高校英语教师，职称的提高是国家对自己在教学工作情况方面的肯定。由于职称评定每年的名额有限，评定标准对科研的要求较高，除了要通过校内评审外，还需要与省内其他高校的教师进行竞争，为了达到要求，于老师积极进行研究，阅读学术文献，撰写学术论文，参与项目研究。她认为自己进行科研的目的主要是评职称，职称评定是推动自己进行科研的最大影响因素：

> 好像这个倒是随着年龄大了吧……觉得，哎，我教了多少年了……觉得是国家对我的一个肯定，觉得我可以升为讲师啊或者副教授啊。（YU2.338 – 341）

> 科研我觉得最大（原因）是为了评职称。（YU2.268）

> 为了评职称的话，我就得去写文章，我就得去做项目。（YU2.348）

访谈资料显示工作经历对于老师的职场学习存在着较大的影响。于老师先是从初中调入大专，随后学校又进行了合并，这些工作方面的变动使她的教学对象和教学课程发生改变，相应教学要求的区别很大，促使她对不同教学对象的特点、教学目标、教学方法和教学重点进行深入了解和分析，并对教材内容和与教学内容相关的知识进行学习：

> 我觉得影响还是比较大的。因为你所对的学生的层次是不一样的。原来在初中那些小孩学的是英语的基本知识……而这些已经是成年人了。他们已经学完高中的英语了……你只能在他们的基础上帮助他们来改变他们的观点……所以就不同的专业，你下来备课的内容都会不一样。就是你加入的内容……有的是不知道的，可能有百分之五十都是要经过查找和去看的。（YU2. 43 - 70）

访谈资料也显示了学校类型对于老师的学习存在较大影响，它主要影响了于老师职场学习途径的选择。首先，由于任职高校是一所工科高职院校，鼓励培养双师型的教师，因此于老师硕士专业选择了与英语教学不相关的工科专业。其次，由于英语不是学校的主干课程，除了由外研社组织的教材培训和教师研修班外，于老师从未得到过其他的教师培训机会；校内也从来没有组织过与语言或教学相关的讲座，于老师听专家讲座的机会也受到很大限制：

> 没有。我们唯一的可以算作培训的，就听听其他学校老师说一下啊，就是我们买的书好像外研社的吧，就外研社假期组织的那个培训班去过，然后其他的没有。因为好像你又不属于学校里的那个主干的课程，所以经常就忽略掉了。基本上没有这种机会。（YU1. 320 - 324）

管理制度也对于老师的职场学习有着一定的影响，根据于老师的访谈资料，它的影响作用通过对大学英语教学的资金、设备和教学管理影响到于老师的职业态度，如于老师谈到学校提供给大学英语教学新的设施后，促进了她对多媒体课件制作的学习，但当学校准备减少大学英语课时，她的学习积极性受到了影响：

学校给了这些设施以后，就发现这个对我的教学确实很有帮助，那我先学会怎么来用……我就要学会怎么做PPT……在这个过程当中无形就自己学了，然后自己也提高了。然后学校里如果是什么时候说又要砍课时了，就觉得这个政策怎么又把我往下打压了，然后有一点伤心，就可能会有一些消极心理。(YU3.231-238)

单位支持则对于老师攻读硕士学位起到了促进作用。于老师在访谈中提到学校对教师进行继续教育提高自己的学历有鼓励政策，除了对教师脱产攻读更高学位提供便利条件外，学校还为教师报销一定比例的费用：

这个有。就是可能是他会鼓励你去，原来你是本科啊，鼓励你去读研，读博。这个有，他有鼓励的政策，比如读回来他给你报一半啊，这样子。(YU1.326-328)

教学条件对于老师的影响作用主要存在于对教学方法的调整和学习方面，通过使用多媒体教室，她的课堂组织方式发生了改变，教学气氛也更为活泼：

使用多媒体你会发现可以通过不同的方式给学生展现课堂……然后学生就会觉得更感兴趣，你的课堂就原来相对来说，它是有一点死板的，现在来说更加活泼一点吧。(YU3.293-296)

在职场学习过程中，于老师也得到了教学和研究经验丰富的同事的引领。她在访谈中提到专家引领对她的职场学习有着一定的促进作用，帮助她改变教学观点，学习了一些教学法知识，带给她一些研究启发，也在一定程度上改变了她的教学：

那个老师带我们进行这边的教学改革，所以他给的很多观点我觉得对我的教学的影响还是非常大的……我觉得他比较好的就是乐于和大家分享，然后就带着你来做，我觉得他的带领对我来说启发很大，

然后我自己的教学改变也很大。（YU3. 280 – 287）

访谈资料显示生活因素对于老师的职场学习形成了一定的负面影响。于老师在访谈中提到的生活因素主要是指自己养育孩子的责任，由于需要照顾孩子，她进行教学准备的时间减少较多，而查阅资料和阅读学术文献等活动则较少进行：

> 没有生小孩之前你感觉时间会充裕一些，就可能你在家里面整个晚上都可以用来查资料，把课程翻来覆去地弄，觉得可以弄出新东西来时就在那儿弄……但是有小孩之后基本上晚上的时间在家里，还要拿出来查一下资料，弄一些那些基本上不太现实。（YU3. 318 – 322）

学历压力对于老师学习途径的选择起到一定影响作用，是促使于老师去攻读硕士学位的主要原因。学历压力的形成来源于学校重视教师学历和周围同事学历的不断提高，为了达到学历要求，于老师去攻读了硕士学位：

> 就是为了提高学历……学校也比较欢迎你去学，然后你看后面进来的同事这些基本都是研究生啊，博士进来，你就觉得自己是有必要提升学历，不然哪一天你就被扔出去了。（YU2. 313 – 321）

职业态度对于老师积极进行教学准备、教学反思、实验新教学方法等职场学习活动起到了促进作用，她认为如果学生能掌握自己所教的东西，喜欢上自己的课，她会有一种成就感和幸福感：

> 就是上课的时候如果你能把一个知识点讲懂，你自己讲着也很高兴；那时上课是一种享受，你会觉得很舒服，好像做任何事情那个目的就是站在讲台那一会儿，学生都跟着你走，然后你给他的东西他都抓住了，你就会觉得很幸福，就是这种感觉。（YU2. 233 – 237）

于老师在访谈中分析了科研能力对自己职场学习的影响，认为自己科研能力的提高会促使自己对教学的考虑更周全，使研究和教学相结合，一方面改善自己的教学效果，另一方面也能促进自己多出科研成果：

> 科研能力就是你去做了，你能够去做科研了……就考虑到这些学
> 生……我这个科研里面什么东西是跟他挂钩的呢，我的这个科研成果
> 就会应该说是更有效，或者我这个课题就更好报。（YU2.581－588）

职称情况对于老师职场学习的机会存在一定的影响，对她的学习内容
没有影响。讲师职称使于老师少了很多进行研究和申报课题的机会，对她
提高自己的科研能力有着一定的负面影响：

> 面对的机会有变化吧，自我学习没什么变化……有的项目你看见
> 了，觉得那个题目好像你也可以做一做，可是人家就要求你必须是副
> 教授，你只能找一个副教授，然后得他的名字，这个项目是他的项
> 目，但实际是你得做更多的事。（YU2.321－326）

信息技术的发展促使于老师在职场学习中关注对教育技术的摸索和掌
握，增加了她与同事之间的教学交流，加强了她对教学内容的更深入理
解，提高了她的教学效果：

> 信息技术它给我另外一个方法可以去教学生……就像有时候我想给
> 学生这个 PPT，原来我们初来的时候，都是 PPT 翻一版，它只会是一
> 版，它不会说是先跳出来后跳什么，那个字没有先后关系。后来找他们
> 问了就知道了……然后学生好像也感兴趣一点。（YU2.569－579）

于老师在访谈中也分析了社会环境对她职场学习的影响，认为社会的
改变对学生的需求有着较大影响，因此也促进她在教学反思、教学内容和
教学方法方面进行改变，以满足社会环境对英语教学的要求：

> 对英语的要求，无论是从小学还是到高中，它不再像原来就只有
> 分数，它还是偏重于运用……所以我觉得对我们自身来说，你也想着
> 上课教给学生的要是能够用起来的英语……所以就比较强调这一部
> 分……所以这个好像对我们的教学，自己在教学当中也会想着我怎么

样来适应它这个变化。(YU3.123-135)

上述访谈资料分析结果表明，大部分影响因素都对于老师的职场学习形成影响。如学生特点对于老师进行教学准备、教学反思、参与课题研究、与同事进行教学交流等学习活动有着很大的影响；职称评定影响到阅读学术文献、撰写学术论文和参与项目研究等科研学习活动；工作经历则对她教学方面的学习形成影响；管理制度通过影响教师的职业态度作用于于老师的职场学习；教学条件的改善有助于她调整和学习教学方法；专家引领对她的职场学习有着一定的促进作用，帮助她改变教学观点，学习教学法知识；生活因素影响到于老师的教学准备、查阅资料和阅读学术文献等学习活动；科研能力影响到她对教学和科研的职场学习；职称情况对于老师职场学习的机会存在一定的影响；信息技术的发展促使她在职场学习中关注对教育技术的摸索和掌握；社会的改变通过影响学生特点作用于于老师的教学反思、教学内容和教学方法。

部分因素影响到于老师对其他学习途径的选择，如学校类型促使她攻读了工科专业硕士，限制了她参加培训和讲座的机会；单位支持对于老师攻读硕士起到了促进作用；学历压力则促使于老师去攻读了硕士学位（见表6.8）。

由表6.8可以发现，影响于老师职场学习的因素中，部分因素存在交互影响作用，如社会环境通过对学生需求、学生兴趣等方面产生影响从而间接地影响到于老师的职场学习；管理制度、教学条件和教师职业态度之间存在着互相牵制的影响作用；专家引领、科研能力、职称评定和职称情况则有着相互牵制、相互促进的关系；学校类型和单位支持之间存在一定相互关系。以上因素的共同作用对于老师的职场学习及其专业发展产生了明显的影响。下文将剖析职场学习对于老师专业发展的意义。

五　职场学习对于老师专业发展的意义

于老师在访谈中解释了职场学习对她教师专业发展的意义。她首先阐释了不同职场学习活动对她的专业发展起到的作用，认为它们的作用最终都集中到对她的教学反思行为的促动，如当她在为具有不同特点的学生上课时，课堂上出现的问题都会引发她的教学反思，并促使她对自己的教学进行改变；当她与同事进行交流，或是阅读微信信息，观看电视节目时，

表6.8　　　　　　　　不同因素对于老师职场学习的影响作用

学习途径／影响因素	教学准备	课堂教学反思	课后教学反思	阅读学术文献	撰写学术论文	阅读微信信息	观看英语节目	同事教学交流	课题研究合作	集体备课	其他方面
学生特点	√	√	√					√	√		
职称评定				√	√				√		
工作经历											学校类型/学生特点
学校类型											学习途径
管理制度											职业态度
单位支持											攻读硕士
教学条件	√	√	√								
专家引领		√	√						√		教学观念改变
生活因素	√			√							学习时间/学习途径
职业态度	√	√	√								身份认同
科研能力		√	√	√	√						
职称情况											科研能力
信息技术发展		√	√					√			
社会环境		√	√								学生需求

有些信息可能会对她的教学形成启发，使她借鉴别人的做法，或是补充一些教学内容，又可能是改变自己的教学方法等，通过这些学习活动，她学习了自己教学工作所需的教学知识、理论知识和学科知识：

　　　　就是你上的不同的班级，不同的专业，遇到不同类型的学生，然后任何课堂上突发的，就这节课上完以后下来我想，这节课上哪一些是没有解决好的……然后你就会去改变它……还有就是周围的人在一起聊天啊，或者是教研活动的时候讲起来，都有帮助吧。像出去请专家做讲座，你听到了更新的一些内容，都会对你（有启发）。因为你不停地在思考……就想怎么把更多的东西给他们，让他们更好地用起来……可能我什么时候看电视，某一个节目也会给我（新信息）；可能微信打开了说学英语怎么样，你也会告诉自己，我能不能用这样的方法也来教我的学生……因为，你就做这一行的，所以，只要是跟这一行有关的东西还是比较能够触动你的，你都会去思考一下。（YU1.485－503）

访谈资料显示，于老师的不同学习途径之间存在着互相促进的关系，如她在教师培训中所学习的教学方法会在培训结束后应用于自己的教学，通过观察该方法的教学效果，积累教学经验，提高自己的教学能力，促进专业发展：

> 互相促进的吧。就像你去听了讲座以后……回来把这些用于教学中，然后从教学里你就可以积累自己的经验，自己就可以得到提高。（YU3.71－73）

于老师对职场学习的认可度很高，认为由于每位教师面对的学生、教学条件、学习环境都存在差异，外来的信息只有通过在教学实践中进行应用，观察它的教学效果，收集相关反馈信息，分析应用情况才能真正成为自己的知识：

> 自我学习可能是意义最大的一个，因为别人给你的，在别处听到的或者看到的点，然后把这些点拿来用，变成自己的东西才会真正实施到教学中，看到它的效果。因为大家所面对的学生是不一样的，所以就每次上完课，或者是每次有新的东西运用到教学中以后，立马自己就可以得到回馈，我这个方法适不适用于我的学生，适不适用于这个专业的学生，或者适不适用于高职院校的学生。（YU3.53－61）

根据访谈资料分析结果，职场学习是于老师的主要学习途径，不同职场学习活动之间存在较大的互相依存、互相牵制和互相促进的关系。教学准备、课堂教学反思和课后教学反思互相依存，使于老师掌握了教学知识；学术文献阅读、学术论文撰写和课题合作研究互相牵制和促进，帮助她学习了教学理论和研究知识；观看英语节目和阅读微信信息促使她进行教学反思，并拓宽了她的知识面；同事教学交流和集体备课促使同事间进行教学交流，有助于她的教学反思和教学知识的学习。教师培训则从外向内为她提供与教学和研究相关的新信息，进一步促进和引导她的职场学习（见图6.12）。

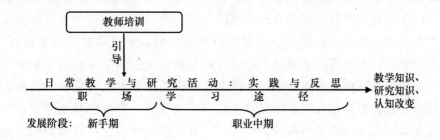

图6.12　职场学习对于老师专业发展的作用

本节分析了于老师的深度访谈资料，对她的职场学习进行了探究。研究发现于老师的学习途径较为单一，以职场学习为主，参与的职场学习活动类别较少，其中，在日常教学实践活动中进行反思是她学习的主要形式。职场学习促进了于老师的教学知识和研究知识的掌握，也在一定程度上改变了她的认知。

在分析了拥有教授职称、副教授职称和讲师职称的教师的职场学习情况后，本研究将在下一节探究一名新手高校英语教师——王老师的职场学习情况。

第五节　案例分析五：王老师的职场学习

本节主要分析王老师（匿名）的职场学习情况。在反复通读深度访谈资料，深入理解访谈内容后，研究通过类属分析和情境分析相结合的方法对王老师的职场学习情况进行探索。本节首先介绍王老师的个人简介和学习经历；然后对她的职场学习途径进行分析；接着探究她的职场学习过程和学习内容，然后在访谈资料中查找与职场学习影响因素有关的本土概念，分析不同因素的影响作用；随后分析职场学习对王老师专业发展的意义。

一　王老师的个人简况与学习经历

参与访谈时，王老师（匿名）是一所财经类高校的助教，访谈时参加工作仅有半年多时间，家乡就在云南。由于家庭中有两位英语教师，受家庭影响，王老师从小就喜欢教师职业，希望能常常与人交流，觉得将自己懂得的知识与学生分享是很有成就感的事情。她的初中和高中阶段都在重点中学就读，学习比较顺利，但对理科兴趣较低，一直喜欢语言类科目，因此中学阶段也认定将来要从事与语言相关的职业。中学毕业后，王老师考入一所重点高校进行本科学习，该专业采用英语加专业的复合型英语人才培养模式，本科毕业后，她又继续在该校攻读同一专业的硕士学位，并在此期间到美国一所著名高校进行了三个月的学习交流，在交流期间，她接触到了国外教师的不同教学方法，感受到了不同的学习氛围。

硕士毕业后，王老师进入目前任职高校的外国语学院工作，承担大学英语教学任务，到访谈时为止，她入职仅有大半年的时间。虽然学院安排了假期入职培训，但王老师并未参加。她第一个学期所任教的课程是挑战性比较强的通识类课程，该课程没有教材，利用一些视频文件进行教学，对她的教学知识和英语学科知识要求很高，使她感到较大的工作压力。入职以来，王老师还没有参加过任何培训，也没有参加过学术会议或是专家讲座等，仅在申请教师资格证的时候参加了一次试讲，试讲期间她第一次听到了其他教师的教学安排和活动组织情况，并观摩了他们的课堂教学，得到了老教师对她的教学的反馈意见。除此以外，王老师的学习就靠自己的反思、阅读和尝试，有时能与同事进行一些教学方面的交流。她很期待得到专家系统性的引领，也希望将来去国外攻读教育博士学位，补足自己在教育理论方面的缺失，满足教学和科研工作的需要。她希望在自己的课堂中，学生不仅能学到英语，也能对不同的文化产生兴趣，并形成思辨的能力。

二　王老师的职场学习途径

王老师是五名深度访谈对象中最年轻的一位，入职仅有半年多。王老师的深度访谈资料中与职后学习途径相关的本土概念查找结果如下：

（1）准备教案，如访谈资料显示"我已经是周一就备好课了"（WA1.436）；

（2）课堂教学反思，如访谈资料显示"是会进行反思"（WA1.541）；

（3）尝试新方法，如访谈资料显示"换个方式"（WA1.542）；

（4）课后教学反思，如访谈资料显示"课后反思肯定会想得更多的"（WA1.731－732）；

（5）阅读学术文献，如访谈资料显示"也看一点理论方面的书"（WA1.42）；

（6）同事教学交流，如访谈资料显示"见到都还是会聊几句"（WA1.576－577）；

（7）观摩其他教师试讲，如访谈资料显示"要求每个人再一次参加试讲"（WA1.60）。

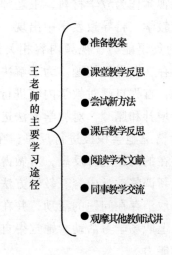

图 6.13　王老师的主要学习途径

对王老师来说，信息技术在教学中的应用是非常简单的一件事情，她在本科学习阶段就已经掌握。入职后，她还没有过任何继续教育的经历，只是对将来出国攻读博士学位有一点想法；她也没参加过任何短期培训、脱产研修、学术会议、专家讲座和外校考察等活动。虽然她在访谈中提及学院在寒假时安排了新教师的入职 TESOL 培训，但她并未参与该培训。在工作的大半年中，她大部分精力都用于教学和备课，由于觉得自己理论知识存在不足，她偶尔也阅读一点学术文献。王老师最常使用的反思策略是课堂即时反思和课后思考教学中的问题。在教学中遇到困难时，她会向同事请教，交流自己的教学心得和困惑。这半年中，给她留下深刻印象的是在教师资格证申请的过程中参与了试讲，也观摩了其他试讲教师的课堂教学情况（见图6.13）。

三 王老师的职场学习过程和学习内容

王老师的职场学习途径较为简单，主要通过准备教案、课堂教学反思、尝试新方法、课后教学反思、阅读学术文献、与同事进行教学交流和观摩其他教师教学试讲等活动进行职场学习。

王老师在访谈中描述了自己在日常教学实践中进行职场学习的过程。由于她所担任的课程是一门挑战性较强的大学英语通识类课程，该课程没有教材，仅有一些公开课视频作为教学材料，王老师发现如果仅使用提供给她的公开课视频来进行教学，将导致教学中出现一系列的问题，如学生无法达到听懂视频所需的英语能力、视频内容相关知识超出学生知识范畴、教学内容与学生兴趣存在差异等问题。为了解决这些问题，王老师在撰写和整理教案的过程中，首先自己对教学内容进行了学习，在自己学习的基础上对教学内容进行增补和删减，对教学方法进行调整；在课堂教学的过程中，针对课堂教学情况她会积极进行反思；在完成当天的教学后，她也会针对课堂教学中存在的问题进行反思，对做得比较好的方面进行总结，随后在备课过程中重新调整教学内容、教学方法和教学设计，增加一些教学效果较好的活动，取消存在问题的活动，并在下一次上课时尝试一些新的教学方法。通过以上职场学习活动，她觉得自己已积累了一些教学经验，提高了自己的教学能力：

> 自己会不断地总结好的，也有一些比较失败的经验，就主要还是自己的总结和反思比较重要……（在上课）上得特别好的时候和上得特别不好的时候……就过程的话，肯定是先是自己回想一下今天这个课的教学过程是怎么安排的，然后，想一下哪些环节把握得比较好，哪些没有处理好……先是会调整一下内容的安排，然后就是可能会重新再设计一下里边的一些教学活动吧。像一些没什么效果的，就取消了。（WA2.36-49）

访谈资料显示王老师有时会通过阅读学术文献来提高自己的教学理论

知识。她在访谈中提到由于自己没有师范专业背景，总觉得在教学理论知识方面有所欠缺，为了提高自己的教学知识、教学能力和学术能力，她有时会阅读一本名为《外语教师心理》的学术著作，有时也会阅读《外语教学》和《中国翻译》两本专业学术期刊上与跨文化交流和教学方法有关的学术论文：

> 自己也看一点理论方面的书……叫《外语教师心理》。（WA1. 42－47）

> 然后《外语教学》啊，然后《中国翻译》啊，偶尔会去看一下……（主要看）跨文化交流相关的，然后对那些什么新的教学模式的，这种的。一般就是这两种，其他的没太关注……理论性指导吧，然后就是大概也了解一下这个行业的新的信息。（WA1. 625－636）

同事教学交流是王老师的另一项重要职场学习活动。访谈资料显示王老师在遇到教学困难时，有时会去请教一些有教学经验的同事，了解学生特点和其他教师的教学方法、课堂组织和教学内容：

> 我有的时候还是会很直接地就去问一些前辈同事，就是他们是怎么组织那种班啊。有的班特别闷，我一开始就会想是不是我教得有问题？就是也会问一下，这个班在你们手上也会不会有这种情况？你们是怎么做的？（WA1. 594－598）

王老师在访谈中还提到，自参加工作以来，她第一次在试讲期间观摩了其他教师的课堂教学情况，那一次教学观摩给她留下了深刻的印象，通过对比他人的教学，促使她对自己的教学进行反思，并借鉴他人的教学方法和教学设计：

> 我们前段时间因为申请教师资格证，就要求每个人再一次参加试讲。然后是第一次听到其他老师是怎么讲课，怎么安排那个课程呀，怎样组织小组活动。我觉得他们的那些方法对我还是挺有帮助的，实用性会很强。（WA1. 59－63）

　　访谈资料分析结果表明，职场学习是王老师入职后唯一的学习途径，她进行的各项职场学习活动之间存在较强的相互依存关系。在教学准备过程中，通过对教学材料的学习和把握，她对教学内容和方法进行调整，并在课堂教学中实施；在教学过程中和教学完成后，根据教学情况，她积极进行反思，寻找解决教学中存在的问题的方法，并在备课过程中进行调整；调整后的内容和方法在下一次课堂上进行尝试，并再次进行反思。因此撰写和整理教案、课堂教学反思、尝试新方法、课后教学反思四项学习活动间存在相互依存的互动过程。此外，在反思过程中，王老师也通过与同事进行教学交流来寻求提高自己教学效果的方法，并在观摩其他教师的试讲过程中反思自己的教学，学习其他教师的教学方法。为了提高自己的教学理论知识，她阅读了一些相关学术文献，这三项学习活动与王老师的教学反思活动存在着相互促进的过程（见图6.14）。

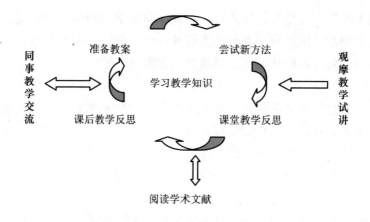

图6.14　王老师的职场学习过程和学习内容

四　影响王老师职场学习的因素与作用

　　王老师的深度访谈资料分析结果表明，她的职场学习受到一些个人和环境因素的影响，通过在访谈资料中对与影响因素有关的本土概念进行查找和统计，发现影响王老师职场学习的主要因素有教学知识、学科知识、科研能力、教学经验、考核制度、学生特点和课程类型等。在这些因素中，对王老师的职场学习影响最大的是学生特点和课程类型，影响程度中等的有教学经验、教学知识和考核制度，有一定影响程度的有学科知识和科研能力（见表 6.9）。

表 6.9　　　　　　　　　　王老师职场学习影响因素的本土概念

	教学知识	学科知识	科研能力	教学经验	考核制度	学生特点	课程类型
访谈中出现次数	4	1	1	5	3	8	8

对王老师的职场学习影响最大的因素是学生特点。根据王老师的深度访谈资料，学生特点是指学生的英语基础、兴趣爱好、学习态度和班级文化。访谈资料显示，学生的学习基础和兴趣爱好对王老师调整教学内容和教学方法起到较大的影响作用，为了提高教学效果，王老师在备课过程中对教学内容进行调整，根据学生的英语基础和兴趣选择难度适中、内容适合学生兴趣的教学材料，帮助学生理解教学内容；而学生的学习态度和班级文化一方面对王老师的教学热情有所影响，另一方面也促使她对自己的教学方法进行反思：

像这种就是比较消极的班，课后反思肯定会想得更多的，不是说内容怎么安排，而是说方式上要怎么再调整一下呀之类的。（WA1.731 - 733）

另一项对王老师的职场学习有着很大影响的因素是课程类型。访谈资料显示王老师刚一入职就接到一门对她来说挑战性很强的大学英语通识类课程，由于该课程没有教材，只有一些视频材料，课程名称比较抽象，教学目标不太具体，因此教学难度较高，对新入职的王老师来说是一个非常大的挑战。为了能够顺利完成教学任务，王老师除了自己努力对课程视频材料进行学习外，她也对教学内容进行了较大的调整、删减和增补，使之适合学生的特点和自己的知识范畴，在这个过程中，王老师学习了很多与教学内容相关的其他知识，也提高了自己的教学知识和教学能力：

刚拿过课程的时候……我看到这个课我也很茫然，然后看了一下视频之后，我就没有想过我上不了，就是尽量把它弄成我懂的那些内容。（WA1.301 - 308）

王老师在访谈中也解释了教学经验对自己职场学习的影响，由于教学经验不足，她认为自己有时候在教学安排方面会存在问题，影响到自己的教学效果，为了提高教学效果，她积极进行反思、尝试和学习，在教学中积累了一些教学经验：

> 然后在教学的安排上可能经验不是很足，所以，可能会出现部分环节的安排不是很合理，然后上课的时候就没有达到自己预期的那个效果吧。（1.214－216）

教学知识因素与教学经验因素存在较大的相关关系，教学经验的积累同时也对王老师教学知识的增加有一定的影响。此外，王老师在访谈中还提到教学知识缺乏也促使她开始阅读学术文献，增加对教学理论知识的学习：

> 薄弱，我就是能教，你要问我到底用了什么教学法，我肯定讲不了……这个最主要的原因就是觉得比较缺乏理论，所以就想要补一下。（WA1.703－713）

考核制度也对王老师的职场学习存在一定的影响，她在访谈中专门谈到了对学生评教体系的担心，认为学生评教有可能对自己的职场学习造成负面影响。由于她在教学方面比较严格认真，因此担心部分学生会为此有意对她的教学进行差评：

> 尤其像是让学生来给你打分，就是会担心，因为对他们很严格，就会担心他可能会给我打分就会低，然后我觉得这是一种很负面的影响。因为我是个，就是教学方面还挺较真的那种人，你要是特别马虎的话，我不会让你好过。就一定要让你改，然后我就觉得这样肯定是会影响评分的。（WA1.751－756）

访谈资料还显示英语学科知识掌握程度对王老师的职场学习也存在一定的影响。王老师对自己的英语学科知识不太自信，她认为自己在将来的职场学习中会继续对英语学科知识进行学习：

　　我们本科学的话，跟传统的英语语言文学很不一样……（英语学科知识）我会比较弱。但是，就是我感觉我在这方面属于比较能接受新事物的人吧！（WA1.706－710）

　　王老师在访谈中也分析了科研能力情况对自己职场学习的影响。她虽然现在还没有参加职称评审的压力，但是从周围同事的情况看来，她也觉得自己有必要在职场学习中提高科研能力，此外她也希望能把教学和科研结合起来，通过科研促进自己的教学，因此她也逐渐开始阅读学术文献，对教学理论进行学习：

　　我一方面是形势所逼，就是肯定需要科研。另外一个方面也是觉得，如果你光教，没有科研的话，可能不会有真正的特别大的质的飞跃吧，就所以尽量还是想把科研和教学结合在一起。（WA2.65－68）

　　以上访谈资料分析结果表明，王老师的职场影响因素之间存在较大的相关性，如学生特点与课程类型、教学经验与教学知识之间都存在着相互依存或相互作用的关系，这些因素的联合作用对王老师的职场学习形成了较大的影响（见表6.10）。

表6.10　　　　　　　不同因素对王老师职场学习的影响作用

学习途径 影响因素	准备 教案	课堂教 学反思	尝试新 方法	课后教 学反思	阅读学 术文献	同事教 学交流	观摩教 师试讲	其他方面
学生特点	√	√	√	√		√		
课程类型	√	√	√	√		√		
教学经验	√	√	√	√				
教学知识					√			教学经验
考核制度								职业态度
学科知识	√							
科研能力					√			

在以上访谈资料分析的基础上，下文将探析职场学习对王老师专业发展的意义。

五　职场学习对王老师专业发展的意义

王老师在访谈中也对各类职场学习活动对自己专业发展所起到的作用进行了描述和对比，认为在课堂教学实践中进行的准备教案、课堂教学反思、尝试新方法、课后教学反思等学习活动对她的专业发展促进作用最大，她自己已经明显感觉到了自己教学能力的提高。阅读学术文献活动则能通过对教学理论的学习，将自己的教学方法与教学理论进行对比，为自己的做法是否正确寻求理论上的支撑，也能更深入地了解自己的教学方法，从而得到提高。与同事之间的教学交流和观摩教学试讲活动则能将自己的教学情况与其他同事进行对比，了解并学习他人的做法。通过以上职场学习活动，她的教学知识和教学能力均得到了较大提高：

> 看的（学术文献里面的）理论就是，应该，给你大概有一个方向吧，然后同行之间的交流，主要是一种相互之间的比较，就知道一下别人怎么做的，然后呢，实践，还是觉得，这三个环节，我觉得实践还是最重要的。（WA2. 57 - 60）
>
> 我觉得可能还是实践上的帮助会大一些，因为这学期我明显感觉我比上学期有点进步吧！（WA1. 54 - 56）

访谈资料分析结果表明，职场学习对王老师的专业发展起到了积极的促进作用。她认为通过准备教案、课堂教学反思、尝试新方法、课后教学反思、阅读学术文献、与同事进行教学交流和观摩其他教师教学试讲等学习活动，她学习到了一些教学知识，了解了一些教学理论，增长了教学经验，也提高了自己的教学能力（见图6.15）。

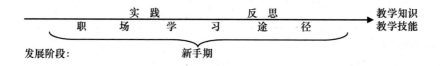

图 6.15　职场学习对王老师专业发展的作用

本章以上五节分别分析了五位高校英语教师的深度访谈资料，探究了他们的职场学习途径、过程、内容、影响因素，以及职场学习对他们专业发展的作用。这五位教师来自不同类型的高校，处于不同的专业发展阶段，有着不同的工作经验和学习经历，以上分析探究了他们职场学习的要素和个体特征，有助于深入诠释高校教师职场学习的不同方面。

为了进一步归纳高校英语教师职场学习的特征，分析教师职场学习之间的异同，为讨论奠定基础，下一节将分别对深度访谈资料所体现出来的教师职场学习不同方面的共性与个性进行总结，依序对深度访谈对象职场学习的主要途径、学习内容、学习过程、影响因素，以及职场学习对深度访谈对象专业发展的作用进行分析。

第六节 深度访谈对象职场学习的共性与个性

通过前五节对五名深度访谈对象资料的分析，本研究发现他们的职场学习既具有一些共同特点，也存在着差异。本节将从他们职场学习的主要途径、学习过程与内容、影响因素、职场学习对他们专业发展的作用四个方面进行总结和对比，总结他们职场学习的共性，分析差异出现的原因。

一 深度访谈对象职场学习的主要途径

本章前五节分别分析了五名高校英语教师的深度访谈资料，通过查找本土概念、对相应资料进行类属分析，初步发现了他们职场学习的主要途径。通过归纳上述教师的职场学习途径及其相应活动，分析不同学习活动之间的关系，本研究发现，五名深度访谈对象的职场学习可归纳为教学反思、阅读反思、研究反思、信息技术学习、合作学习五类途径（见图6.16）。

如图6.16所示，不同的职场学习途径涵盖了一些相对较为具体的职场学习手段，如教学反思包括教学准备、课堂反思、课后反思、作业反思；阅读反思包括阅读学术文献、阅读微信信息、观看英语节目；研究反思包括进行教学研究、教学研究反思、撰写学术论文和参加学术会议；信息技术学习包括制作多媒体课件、维护网络课程、设计网络教学系统、学习并利用慕课资源；合作学习包括同事交流、课题研究合作、观摩课堂教学、参加教学比赛、集体备课和教材编写合作。

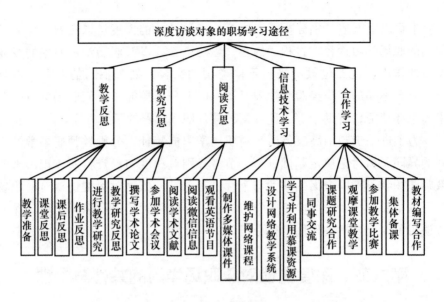

图6.16　深度访谈对象的职场学习途径

　　根据上文对五名深度访谈对象的职场学习途径的总结，结合前五节对不同教师的职场学习活动的归纳，本节将分析深度访谈对象职场学习途径的异同。为了能明确教师职场学习途径的共性和差异，利用表格来统计资料进行分析（见表6.11）。其中，掌握教材内容、学习教学内容和分析教材内容三项活动由于其意义相关度较高，在表6.11中进行了合并，表述为掌握教学内容活动。

　　根据表6.11对深度访谈对象职场学习活动情况的对比，本研究发现，教师的专业发展阶段与他们采用的职场学习活动相关。五名深度访谈对象在职场学习中都采用的活动共有三项：掌握教学内容、课后思考教学中存在的问题和阅读学术文献。访谈资料显示，五名教师在实施教学之前，都需要掌握教学内容，这一过程促使教师对相关内容进行学习、理解和分析；新教师在该过程中需要大量时间和精力，而资深教师由于教学经验丰富，教材内容熟悉，因此会将精力放到教学设计与补充教学内容方面。访谈资料分析结果还显示，在课后回顾教学中存在的问题时，教师的反思层次存在差异。职称较低的教师倾向于修正教学设计，职称较高的教师倾向于研究相关问题。在阅读文献方面，李老师已养成阅读学术文献的习惯，并长期阅读国外相关文献；周老师时常阅读与自己研究方向相关的文献；

表6.11　　　　　　　深度访谈对象职场学习途径对比

职场学习活动 / 访谈对象		李老师（教授）	周老师（副教授）	吴老师（讲师）	于老师（讲师）	王老师（助教）
教学准备	掌握教学内容	√	√	√	√	
	补充教学内容	√	√			√
	修改课件内容		√		√	
	进行教学设计	√	√			
	布置学生作业	√				
课堂反思	课堂即时反思				√	√
	尝试新教学方法					√
	师生课间交流		√			
课后反思	课后思考教学中存在的问题	√	√	√	√	√
	师生课后交流		√			
作业反思	批改学生作业	√				
	分析学生作业	√				
	进行教学研究	√	√			
	撰写学术论文	√	√		√	
	参加学术会议	√	√	√		
	阅读学术文献	√	√		√	√
	文献阅读反思	√	√	√		
	阅读微信信息				√	
	观看英语节目				√	
教学研究反思	进行教学实验	√				
	思考教学和研究的结合		√			
	开设新课程		√			
	撰写研究日志	√				
课题研究合作	国外同行合作研究	√				
	国内同行合作研究	√	√	√	√	
	团队科研交流		√			
	同事教学交流		√			
	观摩课堂教学		√			√

职场学习活动	访谈对象	李老师（教授）	周老师（副教授）	吴老师（讲师）	于老师（讲师）	王老师（助教）
管理工作合作			√			
教材编写合作				√		
参加教学比赛				√		
集体备课					√	
信息技术学习	制作多媒体课件	√				
	设计网络教学系统			√		
	学习并利用慕课资源			√		
	维护和更新网络课程	√				

吴老师定期会阅读国内外语类核心期刊；于老师仅在撰写论文时查找并阅读相关文献；王老师则刚开始接触与外语教学相关的学术文献。

另有两项活动分别为四名教师所采用：课题研究合作和同事教学交流。访谈资料显示，王老师因刚参加工作不久，还没有机会参与课题研究；李老师除课题研究合作外，没有参加包括同事教学交流活动在内的其他合作学习类活动。

在各类活动中，五名深度访谈对象均采用的活动类别有：教学准备、课堂教学反思、课后教学反思和阅读学术文献，这一发现证实了日常教学实践在深度访谈对象职场学习中的重要性。

然而，以上四类职场学习活动中，教师对具体活动的参与情况存在差异。在教学准备活动方面，访谈对象的职称与其教学准备活动的具体情况有关，教授和副教授倾向于进行教学设计和补充教学内容两项活动，王老师补充其他教学内容来替换原材料是由于她在掌握该课程教学内容方面存在一定困难；讲师或副教授倾向于对课件内容进行修改，使其适合教学需要。在课堂反思方面，深度访谈对象的反思深度存在差异，其中，助教、讲师和副教授倾向于进行较为浅层次的课堂即时反思；教授和助教会在教学中尝试新教学方法，但两者目的不同，助教尝试新教学方法的目的是顺利完成教学任务，教授尝试新教学方法的目的是进行教学实验。

除以上学习活动外，深度访谈对象参与其他类别的职场学习活动情况存在个体差异。除上述与日常教学实践有关的职场学习活动外，李老师还注重对学生的作业情况进行反思，通过布置、批改、分析学生作业了解学生学习情况；此外，李老师的职场学习活动主要与教学研究有关，包括文献阅读、教学研究、论文撰写、研究反思和参加学术会议。与李老师相似，周老师的其他职场学习活动也主要与教学研究有关，但在阅读文献、进行教学研究、论文撰写和参加学术会议的频率上低于李老师；与李老师不同，周老师还参与了一些合作学习活动，但她认为这些活动对她的专业发展意义不大；此外，她也积极进行信息技术学习，并建立了自己的网络课程。

　　与于老师相比，吴老师参与合作学习活动较多，阅读文献也更为频繁。他在信息技术学习方面比较活跃，除了掌握网络课程系统建设技术外，目前还对慕课加以了解和学习，并开始指导所教硕士生也对慕课资源加以利用。除与日常教学实践相关的职场学习外，于老师参与其他职场学习活动的情况较为被动。她参与课题研究合作、撰写学术论文都是为了评职称这唯一目的，而阅读学术文献仅是为撰写论文服务。除此以外，她有时在阅读微信信息或观看英语节目时可能受相应内容影响，对自己教学进行一定的反思，参加的合作学习活动也是受教学工作安排而定。王老师因入职仅有大半年时间，职场学习活动焦点主要集中于教学。

　　综上所述，不同深度访谈对象的职场学习途径存在一定的共同性与差异性。共同点主要体现两个方面：

　　（1）特定职场学习活动类型。五名教师均参与了教学准备、课堂教学反思、课后教学反思和阅读学术文献类活动。

　　（2）特定职场学习活动。五名教师均进行了掌握教学内容、教学反思和学术文献阅读活动。

　　以上情况表明教学是深度访谈对象职场学习的核心所在。而差异性则主要表现在以下两个方面：

　　（1）职场学习活动的多样性；

　　（2）职场学习活动的深入性。

　　深度访谈对象职场学习活动的差异主要存在于教学研究、合作学习和信息技术学习活动类型上；此外，教师们的反思深度和阅读情况也存在较大差异。对教师的职场学习途径对比分析表明，访谈对象的职场学习活动越深入，学习手段越多样，他/她的职称就越高。

基于以上发现，本研究继续对深度访谈对象的职场学习过程和学习内容进行总结与对比分析，下文将报告分析结果。

二 深度访谈对象的职场学习过程和学习内容

深度访谈资料显示，教师的职场学习过程和其他职后学习过程及途径存在相关关系，因此本节的分析焦点虽为职场学习，但也将对教师职后的其他学习途径进行总结。

根据本章前五节对深度访谈对象职场学习内容的分析，研究发现，在继续教育途径方面，教师职后继续接受的学历教育由于已经达到硕士或博士层次，偏重于系统性地在研究方法、学术理论的学习和研究论文的撰写等方面对教师进行较为严格的学术训练。国外访学的学习内容与学历教育相仿，为期较短，可系统地学习专业理论知识与研究知识。教师培训的学习内容较为具体，访谈对象参加的主要是由出版社组织的暑期教材培训或教师短期培训，一般持续两三天，主要针对教材相应的教学方法和教学理念进行培训，有时也介绍英语教学的一些相关研究方向。

在校本学习途径方面，专家讲座使教师可以了解一些英语学科知识、其他专业知识、教学理论知识、研究方法知识及与讲座主题相关的信息。外校考察依据特定的考察原因和目标，可促使教师学习一些教学理论和教学方法。

在职场学习途径方面，教学反思通常发生在教师进行教学准备、课堂教学、课后和批改学生作业的过程中，教师能习得与自己教学紧密相关的教学知识，掌握教学技能。研究反思可由多种活动和现象触发，但前提条件是教师有一定的研究能力、基础和兴趣；通常教学研究情况、教学情况、学术会议交流是最常见的研究反思诱因。研究反思有利于教师学习研究知识，发现研究方向，形成研究兴趣，总结研究经验，摸索解决教学中存在问题的方法，并将研究结果应用于教学，促进教学效果的提高。

促使教师进行阅读反思的活动包括阅读学术文献、观看英语节目和阅读微信朋友圈信息。通过阅读，教师能了解自己研究领域内的研究现状和趋势，学习相应的理论知识和研究方法，发现解决某些教学问题的措施，或是理解某些教学现象形成的原因，提高自己的英语语言水平，更好地掌握英语学科知识或其他学科知识，或是为自己的教学补充相应内容。信息技术的学习内容则侧重于满足教学工作所需，因此访谈对象关注的是多媒体课件的制作、网络课程的维护和更新、网络教学系统的设计、慕课资源的使用。信息技术学习使教师能更深入地了解自己的教学内容，厘清教学思路，更新教学设计和理念，提高教学效果。

合作学习有多种形式，如同事交流、课题研究合作、观摩课堂教学、参加教学比赛、集体备课、管理工作合作等。教师可通过合作学习了解自己的课程特点和学生特点，掌握教学方法，学习教学知识、交流教学内容等与课堂教学实践相关的内容；课题研究合作有利于科研能力不强的教师提高自己的科研意识、研究方法和科研能力；管理工作合作则有利于教师将自己有关教学的一些想法付诸实施，进行尝试。然而，合作学习虽然形式较多，但教师在这一类学习活动中收效甚微。访谈资料显示，影响教师合作学习效果的原因首先是教师合作情况较少，多数教师合作仅流于形式，并未达到实质性的合作程度；其次是由于教师合作较易受到人际关系的影响，大多数合作都基于教师间的个人关系；再次是由于教师往往存在职业隔离感，未形成合作习惯。（见表6.12）。

表6.12　　　　　　　　深度访谈对象职后学习途径与学习内容对比

学习途径	学习内容	李老师	周老师	吴老师	于老师	王老师
攻读硕士	系统学习专业理论与研究知识	√	√	√	√	
攻读博士	系统学习专业理论与研究知识	√	√			
国外访学	系统学习专业理论与研究知识	√				
教师培训	特定教学理论、方法、研究方向	√	√	√	√	
专家讲座	特定知识、理论、研究情况	√	√	√		
外校考察	特定教学理论、教学方法	√				
教学反思	所需教学知识、教学技能	√	√	√		√
研究反思	研究知识、教学知识	√	√			
阅读反思	学科、教学、理论、研究知识	√	√			
信息技术学习	课件制作、网络课程、慕课、教学理念、教学设计		√	√		
合作学习	教学知识、研究知识	√	√	√		√

表6.12对比分析结果显示，在五名深度访谈对象的职场学习过程中，

教师都进行了教学反思、阅读反思和合作学习类活动，这些活动着重于教师对教学知识、教学技能和研究知识的自我学习，其学习过程贯穿教师职业生涯；存在差异的是研究反思和信息技术学习类活动，这两类学习活动通过促进教师的研究知识、教学知识、信息技术、教学理念和教学设计更新，影响到教师专业发展水平。

其中四名教师均存在职后攻读硕士学位的经历，两名教师有攻读博士的学习经历，仅有一名教师拥有国外访学经历，这些继续教育学习途径可促使教师系统地学习相关专业理论与研究知识；而教师培训则有助于教师了解特定教学理论、教学方法和研究方向。深度访谈资料显示，教师的继续教育情况，特别是学历教育情况对其后续的职场学习存在较大的影响；李老师和周老师都认为博士学习经历为他们后来的职场学习奠定了坚实的基础，但吴老师的硕士专业为翻译，于老师的硕士专业为工科专业，他们认为硕士学习经历对他们的专业发展没有帮助；王老师参加工作时已有硕士学位，因此她目前还没有继续教育经历。教师培训虽对教师学习教学理论知识、了解教学方法和研究方向有一定的帮助，可在一定程度上引导教师的职场学习方向，但其作用力较小。

校本学习途径较为深度访谈对象重视，但访谈结果显示，校本学习途径在访谈对象职后学习中较为欠缺，对教师的专业发展促进作用小。

根据以上分析结果，深度访谈对象职场学习内容的异同如下。

共同点：

通过教学反思、阅读反思和合作学习活动学习教学知识、教学技能和研究知识。

不同点：

（1）通过研究反思和信息技术学习活动促进教师的研究知识、教学知识和信息技术学习，并促使教师教学理念和教学设计更新；

（2）教师的继续教育途径和校本学习途径的差异，使得他们的英语学科知识、教学理论知识、研究知识基础出现差距，从而影响到职场学习方向和内容。

基于以上分析，本研究又归纳了深度访谈对象的职场学习过程，发现教师的职场学习从日常教学实践活动开始，首先是教学准备，随后在教学进行过程中，通过课堂教学反思和课后教学反思分析教学现状，寻求解决方法，修正教学设计；在此过程中，教师的教学知识和教学技能慢慢提高，通过阅读反思、合作学习、信息技术学习和研究反思，积累教学知识和研究知识，并最终促进教师的教学能力、科研能力和教学理念的转变。职场学习是一个贯穿教师职业生涯的终身学习过程，教师在此期间通常会通过继续教育或校本学习途径接收外来专业信息，这些外来的理论知识、教学知识、研究知识等通过教师在职场学习中进行应用，提高了教师的职场学习效果与专业发展水平（见图6.17）。

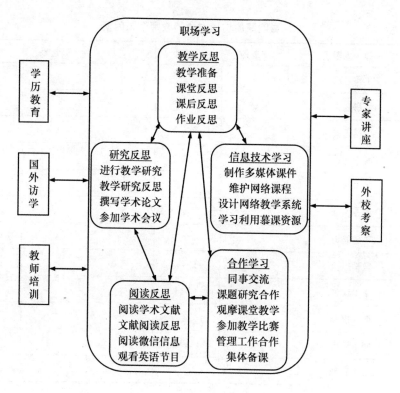

图6.17 深度访谈对象的职场学习过程

影响深度访谈对象的因素很多，下文将对不同因素的影响情况进行归纳，以发现不同访谈对象职场学习影响因素的异同。

三 影响深度访谈对象职场学习的因素及其作用

深度访谈资料显示影响五名访谈对象职场学习的影响因素很多，这些因素对他们职场学习的影响作用较为复杂，且不同因素间往往存在一定的相互关系。通过分析影响因素与访谈对象之间的关系，研究将影响访谈对象职场学习的主要影响因素归纳为教师个人因素、教学环境因素、教育环境因素和社会环境因素。

　　按照它们影响到的访谈对象人数和影响程度，教师个人因素依次包括工作经历、学科知识、生活因素、教学知识、学习规划、职业态度、科研能力、教学经验、学生认可、职称情况、同事认可和个人兴趣（见表6.13）。

表6.13　　　　　　　　影响深度访谈对象的教师个人因素

教师个人因素	李老师	周老师	吴老师	于老师	王老师
工作经历	√		√	√	
学科知识	√		√		√
生活因素		√		√	
教学知识	√				√
学习规划	√		√		
职业态度			√	√	
科研能力				√	√
教学经验	√				√
学生认可		√			
职称情况	√				
同事认可		√			
个人兴趣		√			

　　教师个人因素中影响访谈对象人数最多的项目是工作经历和学科知识，分别影响到三名访谈对象。工作经历是教师个人因素中对教师影响最大的项目，根据访谈资料分析结果，它对曾有过辞职、调动和部门调整经历的教师形成较大影响，工作经历的影响作用首先是促进教师攻读更高学位，其次是对教师职场学习的推动。由于英语教学以英语学科知识为主要教学内容，因此教师的英语学科知识掌握情况对他们的教学工作有着较大影响，促使教师在工作情境中进行学习。

生活因素、教学知识、学习规划、职业态度、科研能力和教学经验因素影响到的教师人数都是两名。生活因素对已生育子女的女教师影响较大，由于女教师需要照顾孩子和家庭，因此该因素对女教师选择学历教育和培训的方式与地点、职场学习和教学情况都有一定的影响作用。教学知识掌握情况对教师的学习规划、教师培训参与情况、学术阅读和教学反思都有一定影响作用，促使他们参与各种能提高教学理论知识的学习活动。学习规划因素对教师合理安排自己的职场学习内容、计划学习时间、制订学历提高计划、阅读学术文献等活动有着引导作用。职业态度因素能促使教师在教学中积极反思，尝试新教学方法，补充新教学内容，保持对教学的热情。科研能力因素影响到教师阅读学术文献、进行教学研究、撰写学术论文等活动情况，并对教师参与课题研究合作等方面有着影响。教学经验因素对教师职场学习的影响主要体现在备课阶段的学习、课堂教学反思和课后反思的内容与重点方面。

学生认可、职称情况、同事认可和个人兴趣四项因素影响到的教师人数仅有一名。学生认可有助于提高教师的效能感，影响到教师的职业态度，促进教师的职场学习。职称情况影响到教师的文献阅读活动与科研项目申报机会。同事的认可和信任能促进教师的学习动力，增加教师与同事的交流，并为教师与同事的合作打下人际基础。个人兴趣对教师确定自己的科研方向与教学情况有着影响。

前五节的分析结果显示，教学环境因素对教师的职场学习影响程度最大。按照影响到的访谈对象人数和影响程度，教学环境因素依次包括学生特点、职称评定、单位支持、专家引领、课程类型、学历压力、管理制度、考核制度、教学条件、学校文化、学习资源、教学要求、工作量和学校类型（见表6.14）。

学生特点对五名访谈对象的职场学习均形成显著影响，在访谈资料中，五名访谈对象反复提及了学生的英语基础、学习态度、专业特点、班级文化、年龄特点、兴趣爱好、性别比例、民族特点等对他们的教学情况的影响。在教师的教学过程中，为了适应所教班级的学生特点，教师通过教学反思、阅读反思、合作学习活动进行学习，调整自己的教学方法和教学内容，开设符合学生特点的选修课程，提高自己的教学能力。

表6.14　　　　　　　　　　　影响深度访谈对象的教学环境因素

教学环境因素	李老师	周老师	吴老师	于老师	王老师
学生特点	√	√	√	√	√
职称评定	√	√	√	√	
单位支持	√	√	√	√	
专家引领	√		√	√	
课程类型		√	√		√
学历压力		√			
管理制度		√			
考核制度		√			√
教学条件	√			√	
学校文化	√		√		
学习资源	√				
教学要求		√			
工作量		√			
学校类型				√	

　　职称评定和单位支持这两项教学环境因素影响到的教师人数都是四名，除了刚参加工作大半年的王老师外，其他四名教师均认为这两项因素对他们的职场学习形成很大影响。教师重视职称评定的原因主要有两方面，首先是认为职称代表着外界对自己教学和科研能力的肯定，以及自己作为一名高校英语教师的身份认可；此外，职称的提高还能带来工资的一定增长，减轻经济压力。由于申报职称首先要求教师通过全国专业技术人员计算机应用能力考试，此外职称评定要求中对教师教学工作量、学生评教、教学获奖、教学研究或参与教改等教学情况有一些具体要求，并对教师发表学术论文、主持和参与科研项目、发表专著等科研情况有一些硬性规定，因此职称评定促进了教师申报教改和科研项目、撰写学术论文、合作进行课题研究、攻读更高学位、参与教学比赛、学习信息技术等。单位支持因素通过教师任职高校为教师提供的资金支持、鼓励政策和学习机

会，可影响到教师参加继续教育的愿望，也为教师提供校本学习的机会，可有效促进教师的职场学习。

专家引领、课程类型、学历压力和管理制度影响到的教师人数为三名。专家引领因素对教师研究能力的提高有着一定的影响，引导教师在职场学习中阅读文献，学习理论知识，进行教学研究。课程类型对教师职场学习的影响作用既与课程教学要求、教学内容、教学目的和评价方式有关，也与学生特点和考试制度两个因素有着紧密的关系，教师任教课程的改变使得教师面对的学生、教材、教学内容、教学目的以及学生评价方式相应改变，教师不得不重新熟悉并掌握新教材内容，了解所教学生特点，对教学方法进行相应调整，补充并改进教学内容，并根据教学要求和评价方式调整自己的教学重心，这些改变促使教师在备课和教学过程中将大量精力投入教学反思和阅读反思，并利用同事交流、观摩课堂教学、查找网络资料等手段进行职场学习。学历压力因素对教师提高自己学历，攻读硕士或博士学位有关，该因素与管理制度因素有着一定的关系；管理制度因素则对教师的职场学习内容和学习方向起着导向性的作用，也与学习规划和学历压力因素有着一定关系。

考核制度、教学条件和学校文化影响到的教师人数只有两名。教师考核制度对教师在教学方面和科研方面的职场学习有着一定的引导作用。教学条件影响到教师的教学准备、课堂和课后反思，并对信息技术学习活动有着促进作用；学术氛围则对教师与同事之间的教学和科研交流和课题研究合作等合作活动形成影响，也影响到教师的专业学习研究情况。

学习资源、教学要求、工作量和学校类型因素影响到的教师人数仅有一名。学习资源对教师的自我专业学习研究活动有着影响作用；教学要求影响到教师的教学反思和信息技术学习活动；工作量对教师的各类职场学习途径参与情况均有不同程度的影响；学校类型则影响到教师对继续攻读的学位专业的选择，以及教师参与培训、会议、讲座等学习途径的机会。

根据深度访谈资料分析结果，教育环境因素和社会环境因素对教师的职场学习影响程度较低。按影响到的访谈对象人数和影响程度，教育环境因素依次包括信息技术发展、语言政策、考试制度、学分制改革和高考改革；社会环境因素依次包括社会发展、经济因素、政治因素和文化因素（见表6.15）。

表6.15　　　　　影响深度访谈对象的教育环境和社会环境因素

教育环境因素	李老师	周老师	吴老师	于老师	王老师
信息技术发展			√	√	
语言政策		√	√		
考试制度			√		
学分制改革		√			
高考改革	√				
社会环境因素	李老师	周老师	吴老师	于老师	王老师
社会发展	√			√	
经济因素	√				
政治因素		√			
文化因素				√	

信息技术发展和语言政策因素影响到的教师人数为两名，信息技术发展对教师的信息技术学习形成很大影响，为教师阅读资料、寻找教学和学习资源提供了非常大的便利，也在一定程度上影响到教师的教学反思和教师合作。国家的语言政策对教师的研究方向和教学研究有着一定的引导作用；考试制度通过对课程类型和学生特点因素的影响而作用于教师的职场学习，对教师的教学反思和教学研究有着影响作用；学分制改革则通过更加灵活的教学管理方式对教师开设新课程提供便利，并通过选课制促使教师进行职场学习，提高教学质量。高考改革为教师带来了一定的压力，促使教师思考自己的研究方向；社会发展通过影响高考改革、语言政策和学生特点作用于教师的职场学习，对教师的教学反思、教学研究、阅读活动有着一定的影响；经济因素影响到教师选择攻读更高学位的地点、学校和方式，以及对出国学习和教师培训等途径的选择；政治因素对教师的职场学习方向有着一定的引导作用；文化因素对教师参加专家讲座等学习途径的机会有着一定的影响。

以上分析结果显示，对访谈对象职场学习影响最大、最直接的是教学环境因素和教师个人因素，社会环境因素和教育环境因素常通过对教学环

境因素和教师个人因素的影响，间接引导教师的职场学习。以上影响因素
之间存在着较多的互相依存、牵制和促进关系，其中对教师的职场学习影
响最大的是学生特点，其次是职称评定、单位支持和工作经历；专家引
领、课程类型、学历压力、管理制度、生活因素和学科知识等因素也对教
师的职场学习有较大的影响。

综上所述，不同因素对深度访谈对象的影响情况也存在共性与个性
（见表6.16）。

表6.16　　　　　深度访谈对象职场学习各类影响因素数目对比　　　单位：个

影响因素类别	职场学习的影响因素数目				
	李老师（教授）	周老师（副教授）	吴老师（讲师）	于老师（讲师）	王老师（助教）
教师个人因素	6	4	4	4	4
教学环境因素	7	9	9	8	3
教育环境因素	1	2	3	1	0
社会环境因素	2	1	2	1	0

通过对比分析，本研究发现，各类因素对深度访谈对象的影响情况存
在以下共同点：

教学环境因素对深度访谈对象职场学习的影响最大，教师个人因素次
之，教育环境因素的影响作用较弱，社会环境因素的影响程度最小。

各类因素对不同深度访谈对象的影响情况存在如下差异：

（1）教师个人因素与教学环境因素对李老师和王老师的职场学习影响
程度差别不大，但教学环境因素对周老师、吴老师和于老师的职场学习的
影响显著高于教师个人因素；

（2）社会环境因素对王老师的职场学习没有影响，对于老师的职场学
习影响较小，对吴老师的职场学习影响作用大于对其他教师的影响。

通过上述对比与分析，本研究梳理了深度访谈对象职场学习途径、过
程、内容和影响因素的异同，接下来将对职场学习的作用进行总结。

四　职场学习对深度访谈对象专业发展的作用

通过对以上对比分析结果进行归纳，本研究发现，职场学习对深度访

谈对象专业发展的作用存在着一些共同特点：

（1）五名访谈对象在不同层次上都进行了教学准备、课堂教学反思、课后教学反思和阅读学术文献类活动；

（2）教学准备、课堂教学反思和课后教学反思活动通过教师们对自己课堂教学实践的观察、反思、尝试等互动过程，帮助他们积累教学经验，摸索教学知识，拓宽学科知识，提高教学能力，改善教学效果，促进专业发展；

（3）阅读学术文献有助于教师学习教学理论知识和研究知识，探究教学问题的实质，寻求解决方案，提高研究能力和教学能力。

但是分析结果也表明，深度访谈对象的职场学习情况存在较多差异，这些差异造成了教师专业发展水平的失衡：

（1）教师参与其他学习途径的学习经历可促进教师系统学习专业理论知识和研究知识，提高研究能力或教学能力，对教师职场学习方向和效果存在影响，从而间接影响教师的专业发展水平；

（2）教师参与教学研究、合作学习和信息技术学习活动的差异影响到教师对研究知识、教学知识和信息技术的学习，教学理念和教学技能的更新，造成教师之间研究能力、信息技术能力和教学能力的差异；

（3）教师在参与一项职场学习活动过程中的反思深度可影响本项学习活动的效果和另一项学习活动的进行情况，造成教师学习效果的差异；

（4）教师在阅读反思活动中对阅读材料的选择、阅读活动的持续性、阅读目的、阅读反思方面的差异可影响教师职场学习效果；

（5）教师参与职场学习活动的多样性可影响到教师学习内容的多样性，从而影响到教师的专业发展情况。

第七节　小结

本章论证了深度访谈资料分析结果，研究利用类属分析法和情境分析法对深度访谈资料进行深入分析和厚实诠释，探索参与深度访谈的五名教师的个人简况与学习经历、职场学习途径、职场学习过程与学习内容、职场学习对教师专业发展的意义、职场学习的主要影响因素及其影响作用。

通过对访谈资料的分析，本研究发现深度访谈对象的职场学习存在以下共同特点：

（1）深度访谈对象都参与了教学准备、课堂教学反思、课后教学反思和阅读学术文献类职场学习活动；

（2）深度访谈对象均进行了掌握教学内容、教学反思和学术文献阅读活动；

（3）深度访谈对象通过教学反思、阅读反思和合作学习活动学习教学知识、教学技能和研究知识；

（4）教学环境因素对深度访谈对象职场学习的影响最大，教师个人因素次之，教育环境因素的影响作用较弱，社会环境因素的影响程度最小。

而深度访谈对象的职场学习也有着较大差异，主要的不同点如下：

（1）不同深度访谈对象所参与的职场学习活动的多样性和深入性存在差异；

（2）深度访谈对象参与研究反思和信息技术学习活动的不同情况造成教师的研究知识和教学知识的学习、信息技术的掌握程度，以及教学理念和教学设计更新的差异；

（3）深度访谈对象在继续教育途径和校本学习途径方面的不同，使得他们的英语学科知识、教学理论知识、研究知识基础出现差距，从而影响到职场学习的方向和内容；

（4）教师个人因素与教学环境因素对李老师和周老师的职场学习影响程度差别不大，但教学环境因素对周老师、吴老师和于老师的职场学习的影响显著高于教师个人因素；

（5）社会环境因素对王老师的职场学习没有影响，对于老师的职场学习影响较小，对吴老师的职场学习影响作用大于对其他教师的影响。

基于第五章对调查问卷数据的分析和本章对深度访谈资料的分析，下一章将结合质性资料和量化数据分析结果进行深入讨论，利用小组访谈资料分析结果加以印证，并通过与文献综述进行相互印证，对研究发现进行提炼，以解释高校英语教师职场学习的过程与特征，分析职场学习对教师专业发展的作用，并根据讨论结果对本研究的概念框架进行修订，最终形成本研究的理论框架。

第七章　高校英语教师职场学习的主要特征

在前两章数据分析基础上，本章将联结深度访谈资料和调查问卷数据分析结果进行深入讨论，进一步探究并厘清高校英语教师职场学习情况，结合小组访谈资料进行三角验证，与文献综述进行紧密沟通，对研究发现加以提炼，描述高校英语教师职场学习的过程与特征，解释职场学习对高校英语教师专业发展的意义。在综合论述的基础上，本章还将对研究之初建立的概念框架进行再思考和修订，最终尝试建立高校英语教师职场学习的理论框架。

第一节　高校英语教师的职场学习过程

为了探索高校英语教师职场学习，本研究首先通过探索性访谈初步了解教师的职场学习过程，在此基础上修订了调查问卷，设计了深度访谈提纲。通过对问卷数据的分析，设定了深度访谈的调查重点，采用三轮式深度访谈对高校英语教师的职场学习过程进行了调查。

调查问卷数据分析结果显示，职场学习情况在不同职称的高校英语教师间存在差异。教师阅读学术文献的频率与他们的职称有关，助教与副教授和教授，讲师与教授之间在阅读频率方面存在显著差异。此外，教师对合作学习活动的重要性，如参与教材编写、观摩公开课、观摩教学录像和参与集体备课的看法存在显著差异，职称越高的教师对以上合作学习活动的重要性认可度越低。

基于以上结果，深度访谈选择了五名职称分别为教授、副教授、讲师和助教的高校英语教师为对象，在探索高校英语教师职场学习内涵的同时，也分析高校英语教师专业发展阶段与职场学习过程的关系。由于文献综述中缺乏对教师职场学习过程的全面与完整的描述，为了进一步深入探究高校英语教师职场学习，本节分别对五名深度访谈对象的职场学习过程进行归纳，在归纳的基础上对不同学习过程进行对比分析，并结合文献综述对发现进行论述。

李老师早在本研究实施的八年前获得教授职称，他的职场学习开始于他入职高校承担大学英语教学任务时，并贯穿他的教师职业生涯。新入职时，在缺乏入职培训和教学指导的情况下，他将大量时间用于备课，在教学实践中通过反思摸索教学方法。四年后，李老师在职攻读了硕士学位，学习期间开始对英语教学研究产生兴趣，通过行动研究取得了明显的教学效果。受研究成果激励，他认识到教学研究的重要性，改变了研究方向。硕士毕业后，李老师从大学英语教学转为英语专业教学，课程类型的改变促使他重新思考教学内容和教学设计。三年后，李老师申请到国外访学项目，在 S 大学的一年访学期间系统地学习了 TESOL 课程，对教学研究有了进一步了解，开始形成学术阅读和写作习惯。归国后在单位的支持下，他多次参加国际学术会议，科研和教学均得到较大发展，顺利通过副教授和教授职称评审。随后，李老师又攻读了博士学位，在此期间得到许多 TE-SOL 领域的国际著名专家指导，进一步推动了他的研究能力发展。获得博士学位后，李老师调动到一所综合性大学任教，承担硕士生和本科生专业课程教学任务，在本研究深度访谈完成后，他又赶赴他国作为高级学者进行一年的访学（见图 7.1）。

周老师是一名年轻的副教授。与李老师相同，周老师刚工作时也承担大学英语教学任务。在教学准备过程中，她不断分析教材内容，对课件进行修改，在课堂教学和课后积极反思，教学能力得到提高，也积累了教学经验，掌握了更多的学科知识。参加工作三四年后，周老师在职攻读了硕士学位，学习过程对她论文写作能力有一定促进。在职场学习过程中，周老师养成了反思、查找文献、阅读文献的习惯，结合教学实践形成了跨文化研究方向，并基于研究成果为学生开设了新的选修课程。在教学工作过程中，周老师也会通过师生交流、同行交流、观摩同事课堂教学等方式进行学习，同时，她所在高校也为教师搭建了网络教学平台，为了促进学生的学习效果，周老师利用平台设置了自己的网络课程，并在维护过程中不断地摸索信息技术。专家讲座和教师培训也为周老师的成长起到了一定的引导作用，但作用较小。为了进一步提升自我，周老师攻读了博士学位。

博士学习经历带给周老师较为系统和长期的专业训练，对她的研究能力的提升起到了重要的作用，促进了她的研究成果的积累，并顺利通过了副教授职称评审。目前周老师已获得博士学位，仍承担着大学英语和英语专业课程教学任务，组建了自己的研究团队（见图7.2）。

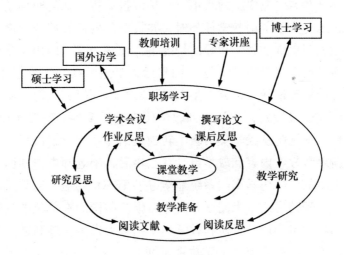

图7.1　李老师的职场学习过程

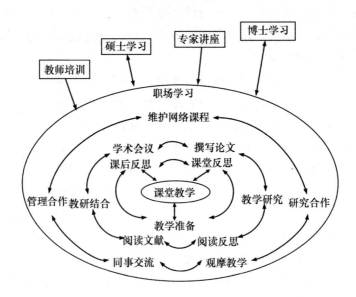

图7.2　周老师的职场学习过程

　　本科毕业后，吴老师成为一名中学英语教师，该校是一所厂矿所属中学，由于认为该教职无法体现自己的人生价值，他辞职攻读了硕士学位。在硕士学习期间，吴老师一直半工半读，作为兼职教师进行大学英语教学。获得硕士学位后，吴老师进入目前所在高校工作，承担大学英语课程教学任务。在摸索教学方法和熟悉任教课程的过程中，他通过反思和文献阅读提高自己，刚入职就参加了两次由学院组织的大学英语教学示范点考察交流活动，负责设计了部门的网络教学系统，这两次活动更新了他的教学理念，促进了他的信息技术能力。在工作过程中，他陆续参加了四五次由出版社组织的教材培训，对他的教学方法提高起到了一定的作用。吴老师随后调到了负责研究生公共外语教学的部门，参与编写了研究生公共英语教材，教材编写和教学的需要促使他进一步在知识内容和结构方面进行自我学习。在学院组织的一次专家讲座中，吴老师受专家启发决定报考博士，备考过程对他的教学理论和研究知识的学习起到了促进作用（见图7.3）。

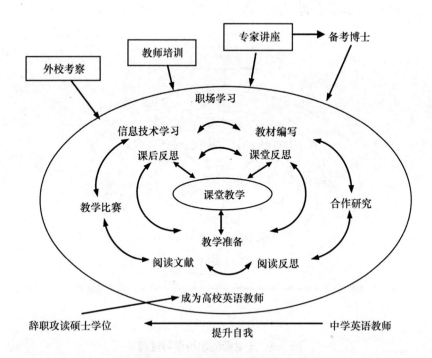

图7.3　吴老师的职场学习过程

于老师是一所高职院校的讲师。本科毕业后，她在一所初中进行英语教学，刚开始教学时，她通过试用不同教学方法，观察教学情况进行学习，积累教学经验。一年以后，她调动到一所高等专科学校承担大学英语教学任务。由于初中和大专教学对象与教学要求的区别，于老师在教学内容、教学方法和教学目标上进行了非常大的调整，将在初中教学中所积累的经验进行调整和完善，应用于大学英语教学。几年后，该校与其他两所学校合并成立了目前的高职院校，学校实行统一教学要求、教案和教学计划，于老师也和其他教师有了一些合作和交流，如集体备课、教研会议等，这些教学常规活动对于老师的学习并没有起到明显作用。由于学校鼓励教师提高学历，她攻读了工科专业的硕士学位，希望能成为一名双师型的教师，但硕士学习并未能促进她的英语教学。除职场学习外，于老师仅参加过出版社组织的教材培训，因此职场学习是她最重要的学习途径。除了在教学实践过程中进行学习外，于老师目前也参与了课题研究，撰写了学术论文，但她觉得作为一名教师，她只想教好学生，研究既不是她的兴趣也不是教学需要，仅仅是为了达到职称评审的要求被迫进行的活动（见7.4）。

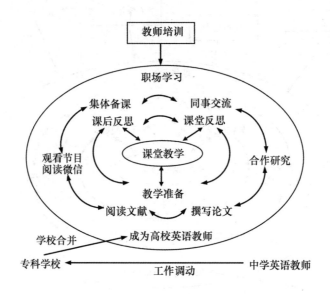

图7.4　于老师的职场学习过程

王老师在硕士毕业后进入目前任职高校的外国语学院工作，承担大学英语教学任务，到访谈时为止，她入职仅有大半年的时间，是一名助教。除职场学习外，王老师并没有其他途径的学习经验，虽然学院安排了假期入职培训，但王老师并未参加。她任教的课程是挑战性比较强的通识类课程，对她的教学知识和英语学科知识要求很高，使她感到较大的工作压力。为了达到教学要求，王老师总是花很长的时间备课，先自己学习教学内容，发现有过难或是不适合学生特点的内容时，她会寻找一些补充材料来替换该项内容。她在教学过程中积极进行反思和尝试，也阅读了一点学术文献，有时与同事进行一些教学方面的交流。在申请教师资格证的时候，王老师参加了一次试讲，试讲期间她第一次观摩了其他教师试讲时的课堂教学情况，得到了指导教师对她的教学的反馈意见，王老师认为该次活动对她的教学帮助很大（见图7.5）。

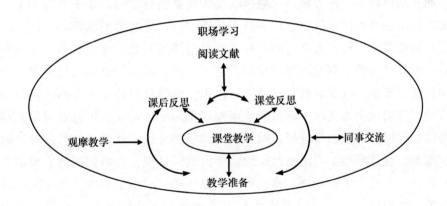

图 7.5　王老师的职场学习过程

　　通过分析归纳五名案例教师的职场学习经历，本研究发现高校英语教师职场学习主要存在三种过程，分别是：（1）核心过程"教学实践—反思—修正—教学实践"；（2）拓展过程"阅读—研究—写作—反思—教学实践"；（3）交互过程"同侪交流—信息技术学习—反思—合作研究—其他合作"。

　　理查兹和法雷尔（2005）认为教师学习包括技能学习、认知过程、个人建构和实践反思四个维度。教师通过反思教学经验的本质和意义在教学实践中学习教学知识，提高教学技能；所学内容由教师主动建构，通过内化知识并将新知识纳入个人知识框架实现学习过程，教师的人生观、认识观和价值观对教师的教学与学习均有影响。

本研究对高校英语教师职场学习过程的探究结果印证了理查兹和法雷尔（2005）对教师学习的研究。通过对以上深度访谈对象的职场学习过程进行对比，本研究发现，高校英语教师的职场学习始于教师的教学实践，在"教学实践—反思—修正—教学实践"的过程中围绕着课堂教学在教学不同阶段进行反思和修正，对教学加以再认识，在实践和反思过程中建构个人教学知识，提高教学技能，增进教学自主能力。这一交互过程也是教师职场学习的核心，无论是新手教师（如王老师）还是专家教师（如李老师），都不断在这一交互过程中进行学习。

但本研究还发现高校英语教师职场学习的深度和广度存在相互关系，共同影响教师职场学习过程，造成不同教师间的差异。在日常教学实践活动的互动过程中，部分教师仅通过浅层次反思进行学习，如王老师和于老师的反思主要停留在快速反思和修正教学阶段；吴老师的反思开始深入修正并回顾教学阶段；而李老师和周老师通过快速反思、修正教学，开展研究，对自己的教学理论进行了重构，这一过程促使他们更深入地掌握了教学和研究知识，改变对教学和研究的认识，引导他们开展更多的职场学习活动，如阅读学术文献、进行教学研究和撰写学术论文，再通过对研究结果的反思提高课堂教学效果，或开设新课程，又或是帮助其他教师解决教学问题。这些职场学习活动既是他们价值观的体现，也影响到他们价值观的转变。因此李老师和周老师的职场学习活动类型多于其他三名深度访谈对象，他们进行研究反思和阅读反思活动的频率也明显高于其他三名教师，这使他们获得了更好的职场学习效果。

除职场学习活动情况存在差异以外，深度访谈对象的其他职后学习途径差异也较大。其中，教师参与的校本学习途径少，参与频率低；继续教育途径相对多一些，主要包括攻读硕士、博士、国外访学和教师培训。其中最常见的是攻读硕士和教师培训，博士学习与国外访学较少。对比五名深度访谈对象的继续教育途径可以发现，职场学习活动的深度和广度较好的李老师的继续教育途径较多，而于老师的继续教育途径较少，而且于老师的硕士学习经历对她的教学工作促进作用甚微。研究发现继续教育途径的差异导致教师的英语学科知识、教学理论知识、研究知识基础出现差距，从而影响到职场学习的方向和内容。

以上研究发现表明，高校英语教师在职场学习过程中的学习活动多样化与深入性可促进学习效果的提高；但如果教师在进行职场学习活动时反思不够深入，或学习途径偏少，都会影响到教师职场学习情况，挫伤参与职场学习的积极性，形成不良循环。研究同时还发现，深度访谈对象的校本学习途径和学习机会很少，这也在一定程度上影响了教师的职场学习情况。对大多数教师来说，虽然博士学习和国外访学可有效推动职场学习，但学习机会很难争取，最可能获得的是校本学习途径。深度访谈对象在访谈中表达了对缺少校本学习机会的遗憾，认为校本学习由于贴近教师的教学工作实际情况，具有更强的实效性和目的性，可促进教师的合作学习，应比继续教育更能促进教师的职场学习和专业发展，如吴老师在访谈中提道：

> 你的学校，……尤其它的管理者一定要有这么一个意识，就是能够帮助……让新入职的教师在一到四年……一个过渡的过程。这不光是我自己个人的经验和印象……我也跟其他青年教师也询问过……没有人去介入这个东西中，全部是靠自己摸索的。而自己摸索的就会走弯路，有偏差，效率不高……迫切地需要在前两轮当中有一个中介，帮助他们过渡 PCK 啊，就是各种方面，人际关系啊，教材的熟悉啊，教法啊，他的各种方面学科教学知识等这些……各个学校当中对新入职的年轻教师有一个良好的培训和过渡过程建立起来的话，不管它是制度也罢，不管它是考核也罢……形成一个真正的打破人际关系、打破校际关系、打破专业关系、打破人际的隔阂和专业的隔阂，和打破其他各方面的社会的隔阂之后，能够在一起真正地坐下来进行自我学习，合作式的学习是最好的。（WU3. 666 - 712）

莱夫和温格（1991）认为情境学习活动的基本过程是新手在逐步参与实践共同体的活动过程中，向自己所属共同体的核心成员学习共同的经验、价值、信念和规范，从而由参与外围的实践活动逐步发展为参与核心的实践活动，提高自己在实践共同体中的地位、身份和价值。以上论述表明，新教师需要在教学工作情境中与其他同事合作，获得其他成员的指导，学习他们的教学经验，了解他们的价值观和教学信念，熟悉教学要求与规范，从而促进自己的知识、技能和认知发展。然而根据本研究资料分析结果，实践共同体在高校英语教师职场学习活动中所起作用很小，受教师人际关系和职业隔离感的影响，合作学习在高校英语教师职场学习活动中所占比例很低。

斯诺－杰罗诺（Snow－Gerono）（2005）和芬利（Finlay）（2008）发现，教师培训通过向教师提供学习资源，可间接促进教师自我导向学习，并通过对教师合作的鼓励增加教师合作学习经历。理查兹和法雷尔（2005）呼吁学校对教师学习加以关注，他们认为学校可从组织和管理教师学习角度确定学校和教师的学习需求；确立教师专业发展目标；选择教师学习活动参与者；确定应加以关注的教师学习要点；对教师学习提供支持；评价教师学习情况；并宣传教师学习成果。本研究深度访谈资料分析结果证实了理查兹和法雷尔（2005）的学校在教师学习活动方面进行组织、监督、评价和反馈学习成果的重要性。如王老师在访谈中提到，她所在学院为教师组织了假期英语教学培训，但由于缺少监管，王老师没有参加该活动。这一情况表明，在高校英语教师的校本学习活动中，对教师学习情况进行监督、评价和反馈十分重要。

综上所述，高校英语教师的职场学习是一个动态变化的过程，受多重因素的影响，学习过程与专业发展阶段、职场学习途径、学习内容和学习效果有着紧密的关系，可受其他职后学习途径的影响。其中，继续教育途径通过促使教师对理论知识的系统学习和研究能力的提高，对教师的职场学习有着较大的推动作用，但教师获得高层次继续教育，如博士学习和国外访学的机会偏少。校本学习与教师职场学习结合度高，可有效引导教师的自我导向学习与合作学习，提供学习资源，增加教师职场学习的深入性，拓宽教师职场学习的多样性。

第二节　高校英语教师职场学习的特征

本节将从高校英语教师职场学习的主要途径、学习内容和影响因素三个方面总结高校英语教师职场学习的特征。

一　高校英语教师职场学习的主要途径

本研究首先利用问卷对高校英语教师职场学习途径进行了普查，问卷数据分析结果显示，按均值高低排列，高校英语教师每学期会参与一次以上的学习活动（均值3.0以上）如下：（1）通过网络查找资料；（2）利用电脑进行文字与数据处理；（3）收听或观看英语节目；（4）课后思考教学中存在的问题；（5）指导学生学习技巧；（6）与学生交流教学与学习情况；（7）分析学生作业情况；（8）撰写与整理教案；（9）制作并使用多媒体课件；（10）阅读学术期刊或论著；（11）与同事进行教学与科研交流。问卷数据分析结果表明教学反思是高校英语教师最重要的职场学习手段，涵盖的学习活动较多，且参与频率较为频繁；信息技术学习是教师进行得最为频繁的活动类别；除此以外，教师还通过阅读学术文献，与同事交流进行教学和科研学习（见表7.1）。

表7.1　　高校英语教师每学期参与一次以上的职场学习活动

项目类别	问卷题目	中值	均值	标准差
教学反思	收听或观看英语节目	4.00	4.06	1.044
	课后思考教学中存在的问题	4.00	3.88	0.964
	指导学生学习技巧	4.00	3.74	0.922
	与学生交流教学与学习情况	4.00	3.55	0.971
	分析学生作业情况	4.00	3.55	0.971
	撰写、整理教案	3.00	3.62	1.092
合作学习	与同事进行教学、科研交流	3.00	3.07	0.946
信息技术学习	通过网络查找资料	5.00	4.33	0.907
	利用电脑进行文字与数据处理	5.00	4.29	0.934
	制作并使用多媒体课件	4.00	3.74	1.120
阅读反思	阅读学术期刊或论著	3.00	3.25	1.118

小组访谈对象为六名讲师职称的高校英语教师，访谈资料分析结果表明，访谈对象参加了如下职场学习活动：（1）尝试新教学方法；（2）师生交流；（3）撰写学术论文；（4）阅读学术期刊；（5）阅读微信信息；（6）阅读英文报刊；（7）观看英语节目；（8）同事教学交流；（9）课题研究合作；（10）观摩课堂教学；（11）参加教学比赛；（12）进行公开课展示。在以上活动中，小组访谈对象认为较为重要的学习活动是课后教学反思、师生交流、尝试新教学方法、收听和观看英语节目、观摩课堂教学和参加教学比赛（见图7.6）。小组访谈对象的职场学习活动项目偏少，

多围绕日常教学实践开展，缺乏教学研究活动与信息技术学习活动，这一结果印证了深度访谈资料显示的于老师的职场学习情况。

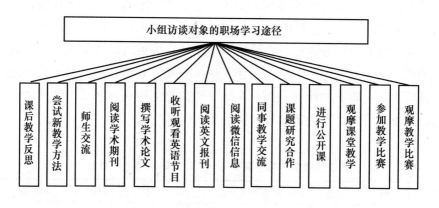

图7.6　小组访谈对象的职场学习途径

深度访谈资料分析结果显示，五名深度访谈对象的职场学习途径可归纳为教学反思、阅读反思、研究反思、信息技术学习和合作学习。五名教师都采用的活动共有三项：掌握教学内容、课后思考教学中存在的问题和阅读学术文献；课题研究合作和同事教学交流活动为四名深度访谈对象采用。在各类活动中，五名深度访谈对象均采用的活动类别有：教学准备、课堂教学反思、课后教学反思和阅读学术文献，这一发现证实了日常教学实践在深度访谈对象职场学习中的重要性。深度访谈资料分析结果也表明，访谈对象职场学习活动的差异主要存在于教学研究、合作学习和信息技术学习活动类型上；进行教学研究和阅读反思活动越多的教师，职称越高；注重信息技术学习的教师，教学反思的深度也较好。

综合深度访谈资料、调查问卷数据和小组访谈资料分析结果，本研究发现高校英语教师的具体职场学习活动如下：（1）学习教学内容；（2）分析教学内容；（3）补充教学内容；（4）进行教学设计；（5）安排教学重点；（6）修改课件内容；（7）布置学生作业；（8）尝试新教学方法；（9）课堂即时反思；（10）课堂师生互动；（11）课后思考教学问题；（12）课后师生交流；（13）批改学生作业；（14）分析学生作业；（15）阅读学术文献；（16）阅读英文报刊；（17）阅读微信信息；（18）撰写学术论文；（19）进行教学研究；（20）参加学术会议；（21）观看英语节目；（22）制作多媒体课件；（23）维护网络课程；（24）设计网络教学系统；（25）学习并利用慕课资源；（26）文献阅读反思；（27）撰写研究日志；（28）进行教学实验；（29）开设新课程；（30）同事交流；（31）参加教学比赛；（32）进行公开课；（33）观摩教学比赛；（34）观摩公开课；（35）集体备课；（36）课题研究合作；（37）教材编写合作；（38）管理工作合作（见图7.7）。

为了能在以上种类繁多的学习活动中探索高校英语教师职场学习的特征，本研究通过分析学习活动之间的共同点和相关性对其进行了归纳，参照问卷数据因子命名结果和深度访谈资料的归类情况，将高校英语教师职场学习分为教学反思、阅读反思、研究反思、信息技术学习和合作学习。研究发现教学反思是教师采用最频繁的学习活动，其他类别的活动采用情况差异较大。

为了进一步了解高校英语教师职场学习行为与他们认知的关系，本研究对问卷中有关教师参与职场学习活动的频率和教师对职场学习活动的认可度数据进行了相关分析，结果表明，高校英语教师主要在合作学习活动方面存在认知与学习行为不太符合的情况（见表7.2），教师一方面认为合作学习活动存在一定的重要性，但另一方面，教师参与合作学习活动的频率偏低。

深度访谈对该现象进行了探究，发现高校英语教师合作学习活动虽形式较多，但多数为教学常规任务型活动，大部分未达到实质性合作程度，且较易受到人际关系的影响。同时，由于高校英语教师在课堂教学完成后很少在校内停留，在校期间也基本处于上课阶段，因此职业隔离感较强，大多数教师未形成合作习惯。此外，本研究还发现教师参与教学研究、研究反思、阅读学术文献、学习信息技术等活动的情况与教师的职称有关，表明以上活动的参与情况对教师的专业发展水平存在着重要作用。

本研究对高校英语教师职场学习途径的探索结果印证了克拉克和彼得（1993）、库韦克曼（2003）、巴特勒等（2004）、理查兹和法雷尔（2005）、梅林克等（2009a）、康（Kang）和程（Cheng）（2014）的研究，证实了实践和反思在教师职场学习中的重要地位。然而，与上述研究发现存在一定差异的是，本研究发现高校英语教师职场学习途径以个体学习为主，合作学习活动虽多，但教师参与情况和学习效果较差（如表7.1所示）。

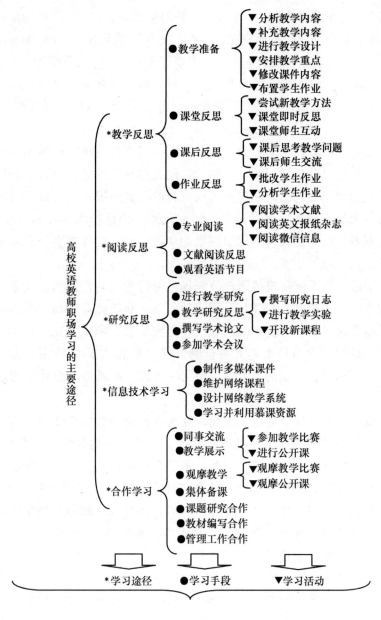

图 7.7　高校英语教师职场学习的主要途径

表 7.2　　教师职场学习活动频率与该活动认可度相关度偏低的项目

高校英语教师职场学习活动参与频率 与教师对该活动认可度的相关性	相关 系数	显著性 （双侧）	相关程度
阅读国家和学校教学指导文件	0.375	0.000	低 相 关
阅读学术期刊或论著	0.369	0.000	
与同事进行教学、科研交流	0.368	0.000	
参与集体备课	0.339	0.000	
参与校内教研讨论或教研组学习	0.272	0.000	
观摩公开课	0.253	0.000	
观摩教学录像	0.244	0.000	
集体编写课程期末考试试题	0.241	0.000	
开展教改或科研课题研究活动	0.218	0.000	
进行公开课展示	0.191	0.001	最低相关或 不相关
指导学生教学实践或教学试讲	0.171	0.003	
参与教材编写	0.109	0.058	

在教学反思、教学研究、阅读文献等学习活动方面，本研究印证了其他研究者的调查结果（如梅林克等，2009b；郭遂红，2014），发现它们是高校英语教师职场学习的主要途径。但与梅林克等人（2009b）的部分发现不同，本研究发现我国高校英语教师并未养成撰写教学日志的习惯，而分析试卷和自我评估等活动也只是教学管理下的常规任务，流于形式。本研究还在合作学习活动方面得出了与郭遂红（2014）不一致的结论，发现高校英语教师参与合作学习活动的频率偏低，对合作学习活动认可度不高。郭遂红（2014）关于教师共同体交互式学习效果的发现可能与其研究对象选择有关，该研究的研究对象是同一教学团队的六名大学英语教师，研究进行时正在合作完成校级教改项目，因此教改研究的需要和教学团队的特点可能促进了该团队共同体交互式学习的效果。

二　高校英语教师职场学习的主要内容

对高校英语教师职场学习内容的探究通过深度访谈完成。理查兹和法雷尔（2005）认为教师学习包括技能学习、认知过程、个人建构和实践反思四个维度。这一描述体现了教师学习的过程性和主动建构性，强调了实践和反思作为教师学习手段的重要性，以及教师学习的内容——知识、技能和认知。舍尔曼（1987）提出了学科教学知识概念，这一概念将教师知识分为学科知识、教学知识、课程知识、学科教学知识、学生及其学习特点的知识、教育情境知识，并从认知的角度关注了教师有关教育目的及价值的信念。

本研究发现职场学习可促进高校英语教师对英语教学知识、英语学科知识、其他学科知识、教学理论知识、研究知识、与教师研究方向相关的专业理论知识的学习，其中，教师学习最多的是英语教学知识和英语学科知识；职场学习也能帮助教师掌握教学技能，发现研究方向，提高信息技术能力，更新教学理念，改变教师的价值观。问卷数据显示职称越高的高校英语教师通过阅读学术文献进行学习的频率越高，访谈资料表明高校英语教师的专业发展阶段对教师学习内容存在影响，教师职场学习途径、过程和内容又反过来影响到教师的专业发展。

三 影响高校英语教师职场学习的因素

问卷数据分析结果显示师范背景对教师的职场学习略有影响。有师范背景和没有师范背景的教师在指导学生学习技巧和参与教研活动频率方面存在显著差异，对分析学生作业情况和指导学生学习技巧的重要性看法也有显著差异。没有师范背景的教师对学生的学习技巧指导更多，更重视分析学生的作业情况和指导学生学习技巧，但参与教研活动较少。此外，问卷数据分析结果还表明职称对教师的职场学习存在影响。随着职称的提高，教师进行学术阅读的频率相应增加；职称对教师关于职场学习活动的认可度存在一定影响，教师职称越高，越不认可教师合作活动的重要性。

深度访谈资料分析结果表明，影响高校英语教师职场学习的因素很多，教学环境因素对深度访谈对象职场学习的影响最大，教师个人因素次之，教育环境因素的影响作用较弱，社会环境因素的影响程度最小。但教师个人因素与教学环境因素对李老师和王老师的职场学习影响程度差别不大，教学环境因素对周老师、吴老师和于老师的职场学习的影响显著高于教师个人因素；社会环境因素对王老师的职场学习没有影响，对于老师的职场学习影响较小，对吴老师的职场学习影响作用大于对其他教师的影响。

通过将上述结果与相应教师的职称情况、职场学习情况和学习需求进行对比，研究发现，教学环境因素对存在较强专业发展需求的高校英语教师的职场学习影响程度较大。周老师、吴老师和于老师都需要继续提高自己的专业发展水平，为通过职称评定做准备；教师个人因素对没有职称评定需要的高校英语教师的职场学习情况影响较大，李老师早已通过教授职称评审，王老师因刚入职不久，还未考虑过职称评定的问题。

小组访谈资料显示，影响访谈对象的因素有职业态度、生活因素、学校管理制度、学习资源、专家引领、学生特点、课程类型、工作量和教学时间安排。影响因素间存在较大的相互牵制关系，如学生特点、课程类型、生活因素、教学时间安排和职业态度存在较大的相互关系。在访谈中教师认为目前任教班级的学生专业特点、英语基础和学习态度对他们的教学反思和职业态度都形成了较大影响，其中影响程度反映最大的是大学英语课程。由于大学英语教学对象涵盖了全校所有专业的学生，不同专业的学生英语基础和学习态度存在一定的差距，同时受各专业的专业课程安排影响，不同层次的大学英语课程上课时间安排也存在差距，如艺体专业的学生大学英语课程时间安排基本在晚上，对教学效果和女教师养育孩子等生活因素形成了影响，学生的英语基础普遍较差，学习积极性不高，各项因素交织在一起也使教师对该类大学英语课程教学产生了抵触情绪，影响了教师的教学反思和教学准备等学习活动。

通过对问卷数据、小组访谈资料和深度访谈资料进行三角验证，研究发现影响高校英语教师职场学习的因素可归纳为教师个人因素、教学环境因素、教育环境因素和社会环境因素，包括以下项目：（1）工作经历；（2）学科知识；（3）生活因素；（4）教学知识；（5）学习规划；（6）职业态度；（7）科研能力；（8）教学经验；（9）学生认可；（10）职称情况；（11）师范背景；（12）工作满意度；（13）同事认可；（14）个人兴趣；（15）学生特点；（16）职称评定；（17）单位支持；（18）专家引领；（19）课程类型；（20）学历压力；（21）管理制度；（22）考核制度；（23）教学条件；（24）学校文化；（25）学习资源；（26）教学要求；（27）工作量；（28）学校类型；（29）教学安排；（30）信息技术发展；（31）语言政策；（32）考试制度；（33）学分制改革；（34）高考改革；（35）社会发展；（36）经济因素；（37）政治因素；（38）文化因素（见图7.8）。

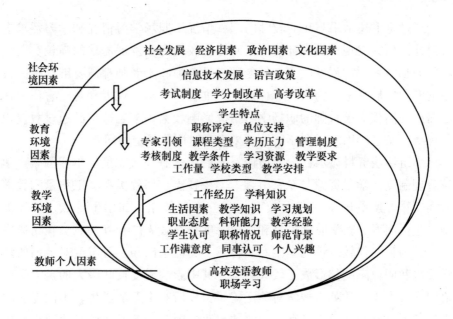

社会环境因素

教育环境因素

教学环境因素

教师个人因素

社会发展　经济因素　政治因素　文化因素

信息技术发展　语言政策

考试制度　学分制改革　高考改革

学生特点

职称评定　单位支持

专家引领　课程类型　学历压力　管理制度

考核制度　教学条件　学习资源　教学要求

工作量　学校类型　教学安排

工作经历　学科知识

生活因素　教学知识　学习规划

职业态度　科研能力　教学经验

学生认可　职称情况　师范背景

工作满意度　同事认可　个人兴趣

高校英语教师
职场学习

图7.8　高校英语教师职场学习的影响因素

　　以上因素中对高校英语教师的职场学习影响最大的是学生特点，其次是职称评定、单位支持和工作经历；专家引领、课程类型、学历压力、管理制度、生活因素和学科知识等因素也对教师的职场学习有着较大的影响。

　　以上发现部分印证了雷塔利克（1994）、库韦克曼（2003）、希瑟·霍金森和菲尔·霍金森（2003，2004，2005）、林克松和朱德全（2013a，2013b）的研究，但由于研究对象背景不同，教学工作情境存在差异，因此本研究发现的影响因素与上述研究存在较大差异。

　　情境学习理论认为情境对学习起着决定性的影响作用，是意义建构过程中的重要因素，学习随情境而变化（莱夫、温格，1991）。本研究的发现证实了教学工作情境对高校英语教师职场学习的途径、内容、过程和方向起着决定性的影响作用，是教师在自我认知建构过程中的重要因素，教师的职场学习随教学工作情境的变化而改变。

　　基于以上三节对高校英语教师职场学习的主要途径、内容和影响因素的归纳和分析，下文将总结高校英语教师职场学习的特征，结合文献综述进行论证。

四　高校英语教师职场学习的主要特征

通过以上三部分的论述，本研究发现，高校英语教师职场学习具有以下共同特点：

（1）高校英语教师职场学习主要围绕课堂教学，通过日常教学实践活动进行，核心学习活动包括掌握教学内容、教学反思和学术文献阅读活动；

（2）高校英语教师主要通过进行教学准备、课堂教学过程和阅读学术文献进行职场学习；

（3）研究反思、阅读反思、信息技术学习活动的参与程度可造成高校英语教师专业发展情况的差异；

（4）反思是高校英语教师职场学习的主要学习手段，教师的教学反思深度可影响其职场学习途径的选择、学习内容和学习效果；

（5）高校英语教师通过教学反思、阅读反思和合作学习活动学习英语教学知识、英语学科知识、其他学科知识、教学理论知识、研究知识、与教师研究方向相关的专业理论知识，其中，教师学习最多的是英语教学知识和英语学科知识；

（6）高校英语教师参与其他职后学习途径的情况可影响教师的职场学习状况；

（7）教学环境因素对高校英语教师职场学习的影响最大，教师个人因素次之，教育环境因素的影响作用较弱，社会环境因素的影响程度最小。

（8）教学环境因素对有职称评定需求的高校英语教师职场学习影响最大，如果教师没有职称评定需求，教师个人因素和教学环境因素对教师职场学习的影响程度相差不大；

（9）学生特点、职称评定、单位支持、专家引领、课程类型、学历压力、管理制度、工作经历和学科知识水平对高校英语教师的职场学习有着明显影响。

基于上述共同特点，本研究发现高校英语教师职场学习具有交互性、时效性和偶发性特征。交互性特征是指英语教师的职场学习行为存在较强的交互作用，互相牵制与促进，共同影响教师的专业发展。康（Kang）、程（Cheng）（2014：169—186）认为教师的职场学习主要围绕课堂教学进行，核心学习活动包括教学准备、教学实践和教学反思，三者之间存在相互作用与影响。本研究在上述基础上进一步发现不同职场学习活动间存在较强相互作用，如教师的课堂教学情况和反思深度与他们进行其他职场学习活动的情况密切相关；反之亦然。

时效性特征主要体现在高校英语教师的职场学习常由教学和研究实践中所发现的问题激发，通过相应学习活动寻求解决方法，在教学和研究实践中立即实验与反思该方法的效果，教师可在较短时间内学习相应教学和研究知识，掌握相关技能，促进教学和研究能力的提升，改善教学效果，拓展和完善教师教学实践与教学研究所需要的各种知识与技能，满足自身专业发展之需。

偶发性特征是指教师在日常教学实践、研究实践和其他活动中，在接触到一些与自己教学和研究相关的信息时，可能会受其激发而触动相应反思，从而不定时地促使职场学习的发生。情境学习理论认为情境对学习有着决定性的影响（莱夫、温格，1991：54—58），本研究发现，教学工作情境是英语教师在自我认知建构过程中的重要因素。受其影响，教师在不同时间和地点都可能受特定信息的触动形成反思，刺激职场学习行为的产生。

第三节　职场学习对高校英语教师专业发展的作用

本研究发现职场学习是高校英语教师专业发展的重要途径之一，但受教师反思深度、职场学习途径、其他职后学习途径、职场学习内容、职场学习过程和不同教学情境的影响，其促进作用在不同教师身上存在差异。

职场学习主要从两个方面促进高校英语教师专业发展。一方面是对教师任教课程、学生特点、教学内容、教学方法、教学目标、课堂组织等方面的深入了解、思考、尝试和改革，积累教学经验，学习教学知识，改善教学效果，并提高自己的教学能力。另一方面，职场学习有助于高校英语教师在工作情境中确定自己的定位和研究方向，通过学习教学或其他方面理论知识，进行教学研究，撰写学术论文，提高研究能力，明确研究方向和工作重心，促进教师认知发展。

不同职场学习活动对高校教师专业发展的促进方面不同，如教学反思类职场学习活动的学习内容与教师的教学需要紧密相关，具有较强的时效性和目的性。本研究在一定程度上印证了胡克斯特拉等人（2009）的研究，发现教学反思能促进教师认知发展，更新教学观念。除此以外，教学反思活动还能帮助教师掌握需要的教学知识，了解任教课程特点，掌握学生的基本特征，判断教学内容的取舍、学生作业的设置和评价方式等，同时，教学反思还可促使教师进行阅读反思、研究反思、合作学习和信息技术学习。

促使高校英语教师进行阅读反思的原因较多，学历教育、访学进修、教师培训、专家讲座等自上而下的推动作用可能促使教师阅读学术文献；教学反思、研究反思、合作学习等活动也可能自下而上推动教师阅读专业资料或是学术文献。阅读反思有助于教师了解自己研究领域内的研究现状和趋势，自学相应的理论知识和研究方法，发现解决某些教学问题的措施，掌握英语学科知识或其他学科知识，尝试一些教学方法等。阅读反思活动具有随意性、偶发性和非正式的特征，阅读反思也能反过来促进教师的教学反思、研究反思、合作学习和信息技术学习。

对高校英语教师研究反思类职场学习活动的探究结果印证了拉思根（2006）、波斯特霍尔姆（2008，2011）和米切尔等（2009）的研究，发现教学研究和研究反思有利于高校英语教师发现研究方向，形成研究兴趣，可增进教师对教学研究的认同感。同时，本研究还支持了克劳森等（2009）、格雷戈里（2010）、梅杰等（2013）、王（Wang）和张（Zhang）（2014）的结论，发现教师通过总结研究经验，探索解决教学中存在问题的方法，将研究结果应用于教学，可促进教学效果的提高，还可促进教师的教学反思、合作学习与阅读反思。

对合作学习的探析结果印证了沃赫斯特（2008）、克雷格（2013）、朴和索（2014）的结论，发现合作学习可促使高校英语教师理解课程特点和学生特点，掌握教学方法，学习教学知识，交流教学内容等与课堂教学实践相关的内容，提高科研意识、研究方法和科研能力，但不同教师参与合作学习活动的情况差异很大。本研究还发现教师参与合作学习活动的频率偏低，学习效果较差。

信息技术的学习内容侧重于满足教学工作所需，使教师能掌握相应的教育技术，更深入地了解自己的教学内容，厘清自己教学思路，并在一定程度上达到更好的教学效果。

其他职后学习途径也可通过职场学习的媒介作用推动高校英语教师专业发展。学历教育和访学进修主要从理论知识层面对教师进行系统性训练，促进教师的理论知识学习和研究能力提高，促使教师认知发生改变。教师培训、专家讲座和外校考察主要从教学理论知识层面对教师进行引导，促进教师在职场学习中继续深入学习相关知识，提高教学能力、理论知识水平和研究能力。教师通过职场学习活动对教学进行反思，学习相关理论，进行教学研究，反思研究结果。通过对教学问题的探讨和摸索，将教学实践经验与理论知识学习进行结合，使外来知识和信息转化成为教师个人的教学研究知识，提高教师的教学能力和研究能力，改变教师的认知状况。（见图7.9）。

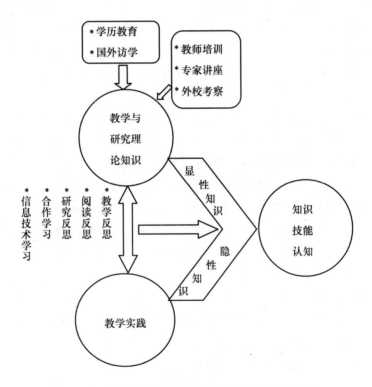

图7.9　职场学习对高校英语教师专业发展的作用

第四节　本研究概念框架反思与理论框架构建

在文献综述中，基于对前人研究的归纳，参照克拉克和霍林斯沃思（2002）提出的教师专业发展成因关联模型、顾佩娅（2009）总结的中国教师学习与发展情境模式和雷塔利克（1994）提出的教师职场学习情境模式，本研究初步建立了高校英语教师职场学习概念框架。概念框架认为高校英语教师职场学习可能由教师课堂教学触发，通过教师在职场学习活动中进行反思促进教师知识、技能和认知的发展，并经由日常教学或研究活动反过来提升课堂教学效果；与此同时，课堂教学也通过日常教学或研究实践促使教师进行职场学习，学习成果在经过反思后，通过职场学习活动作用于课堂教学。根据前人研究对教师职场学习影响因素的调查，以及本研究对我国外语教育发展历程的梳理，概念框架认为高校英语教师的职场学习可能受到社会、教育、教学和个人四个层次的不同因素影响，造成教师专业发展情况的差异。

在研究问题和该概念框架的指导下，本研究采用混合研究方法，通过探索性访谈—问卷调查—小组访谈—深度访谈的研究过程对高校英语教师的职场学习进行了探究，随着对研究资料的深入分析和反思，本研究的概念框架不断得到充实和完善。本部分基于主要研究发现，结合研究问题与文献综述对概念框架重新进行思考和修订，构建本研究的理论框架。

本研究发现高校英语教师职场学习主要围绕课堂教学，通过日常教学与研究实践活动进行，实践与反思是教师职场学习的主要手段，各类职场学习活动是教师进行实践与反思的媒介。职场学习有助于高校英语教师学习所需的英语教学知识、英语学科知识、其他学科知识和教学理论知识，提高教学效果，更新教师的教学观念，促进认知发展；也可促使教师学习所需研究知识，提高研究能力，通过研究反思改善教学情况，增进教师对教学研究的认同感。研究还发现，在影响高校英语教师职场学习的因素中，教学环境因素对高校英语教师职场学习的影响最大，教师个人因素次之，教育环境因素的影响作用较弱，社会环境因素的影响程度最小，表明教学工作情境对教师职场学习起着非常重要的作用。

研究也发现高校英语教师参与其他职后学习途径的情况对教师的职场学习状况和专业发展都有明显影响，特别是博士学习和国外访学，对教师认知改变与发展、专业理论知识的系统学习和研究能力的提高起到重要作用，但教师很难获得攻读博士或国外访学的机会。教师培训是高校英语教师较容易获得的继续教育途径，但培训时间短，培训内容更新慢，与教师个人学习需求切合度不高，虽对教师职场学习存在一定的引导作用，但效果不明显。根据以上研究发现，本研究修订了概念框架，提出了高校英语教师职场学习理论框架（见图 7.10）。

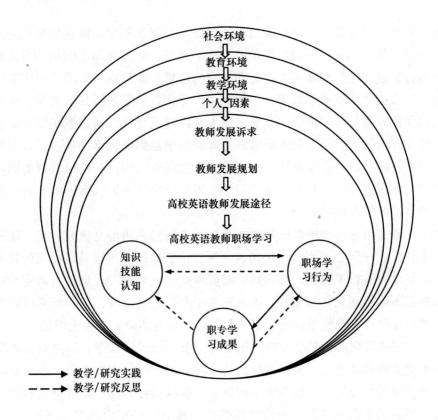

图 7.10　高校英语教师职场学习理论框架

第五节　小结

本章通过联结质性资料与量化数据探究高校英语教师职场学习，通过与文献综述协商对研究发现加以提炼，描述高校英语教师职场学习的过程，归纳高校英语教师职场学习的特征，解释职场学习对高校英语教师专业发展的意义。在研究发现的基础上，本研究对概念框架进行了反思与修订，提出了高校英语教师职场学习理论框架。下一章将总结本研究的主要发现，回答研究问题，陈述本研究的理论与应用价值，分析本研究的创新性，指出本研究的局限性，并对未来研究提出建议。

第八章　结论与启示

基于前文的分析，本章将总结研究发现，回答研究问题，论证研究的理论与应用价值，阐明研究创新性，分析本研究的局限性，并提出未来研究建议。

第一节　研究结论

本书对高校英语教师的职场学习进行了实证研究，利用探索性访谈、调查问卷、小组访谈和深度访谈有机结合的混合研究方法，探索了高校英语教师在教学工作情境下的职场学习过程与特征，以及职场学习对高校英语教师专业发展的作用。

为了回答研究问题，本书重点关注了高校英语教师职场学习的过程、主要途径、学习内容、影响因素，以及职场学习对高校英语教师专业发展的作用。本研究基于研究问题、相关理论和前人研究建构了概念框架，在概念框架的指导下进行研究设计，参照库韦克曼（2003）、梅林克等（2009b）、崔允漷和柯政（2013）、丁钢（2010）的研究设计了最初的调查问卷草稿。利用探索性访谈作为先导研究对三名高校英语教师职场学习的主要途径和影响因素进行了初步探究，资料分析结果作为修改调查问卷的主要参考依据。

调查问卷修订完成后就进行了正式发放，共收集到 321 份有效问卷，对高校英语教师参与职场学习活动的频率、影响因素，以及教师对职场学习活动的认可度进行了调查。基于调查问卷数据分析结果，研究通过对另外六名高校英语教师进行小组访谈，了解了他们的职场学习途径和影响因素，在以上研究结果的基础上设计了深度访谈提纲，抽样选择出五名来自不同类型高校，职称为教授、副教授、讲师和助教的高校英语教师进行三轮序列式的深度访谈，深入探究处于不同专业发展阶段的高校英语教师职场学习过程、学习途径、学习内容、影响职场学习的因素、影响因素的主要作用，以及职场学习对教师专业发展的作用等处于动态发展变化过程中的情况，以及一些与教师有关的学习经历、个人简况等。通过联结质性资料和量化数据进行三角验证，结合文献综述对研究结果进行提炼和升华，本书归纳了研究发现，对三个研究问题进行了回答。

研究问题1：高校英语教师是如何开展职场学习的?

本研究发现高校英语教师的职场学习是一个动态变化的过程，该过程与教师的专业发展阶段、职场学习途径、学习内容和学习效果紧密相关，可因其他职后学习途径的介入发生改变，主要包括核心过程"教学实践—反思—修正—教学实践"、拓展过程"阅读—研究—写作—反思—教学实践"、交互过程"同侪交流—信息技术学习—反思—合作研究—其他合作"。

高校英语教师的职场学习过程贯穿教师职业生涯始终。按照不同职场学习活动的启动顺序和交互情况，本研究发现高校英语教师职场学习始于课堂教学实践，教师围绕课堂在教学不同阶段进行反思和修正，对教学加以再认识，在实践和反思过程中构建个人教学知识体系，提高教学能力，这一持续进行的交互过程是高校英语教师职场学习的核心过程。

在教学实践与反思的互动过程中，高校英语教师反思的深度影响到他们的其他职场学习过程，造成教师专业发展状况的差距。在教学实践中进行深层次反思的教师通过快速反思、修正教学和开展研究，围绕实践与反思这一核心交互过程，可将职场学习拓展到"阅读—研究—写作—反思—教学实践"的不断交互动过程中，促使他们学习教学研究所需知识和技能，改变对教学和研究的认识，从而进一步推动他们价值观的转变，促进教师专业发展。这一过程是高校英语教师职场学习的拓展过程，既可受内在因素影响，也受外界因素推动或阻碍。

受外来因素影响，或在"教学实践—反思—修正—教学实践""阅读—研究—写作—反思—教学实践"两个互动过程的基础上，高校英语教师职场学习还存在以通过"同侪交流—信息技术学习—反思—合作研究—其他合作"等较分散的活动形成的松散交互过程。通过该过程，教师在教学和研究方面进行合作，对信息技术进行摸索。外界因素对这一互动过程影响较大，同时也在一定程度上受个人内在因素的影响。

以上三层次职场学习的交互过程间存在紧密相关关系，可互相促进与牵制，没有形成界限，常出现你中有我我中有你的现象。除核心过程外，其他互动过程并不固定出现在教师职场学习中，它们的发生可受教师的反思深度、其他职场学习要素、其他职后学习途径、教学工作情境和个人因素的影响，以上因素产生的不同引导作用使不同教师的职场学习过程在核心过程的基础上，可有多种交互形式与学习活动，影响到教师职场学习的深入性和多样性，从而影响到教师的专业发展。

研究问题 2：高校英语教师职场学习呈现什么主要特征？

本研究发现高校英语教师职场学习主要呈现交互性、时效性和偶发性特征。交互性特征是指英语教师的职场学习行为存在较强的交互作用，互相牵制与促进，共同影响教师的专业发展。康（Kang）、程（Cheng）（2014：169—186）认为教师的职场学习主要围绕课堂教学进行，核心学习活动包括教学准备、教学实践和教学反思，三者之间相互作用与影响。本研究在上述基础上进一步发现不同职场学习活动间存在较强相互作用，如教师的课堂教学情况和反思深度与他们进行其他职场学习活动的情况密切相关；反之亦然。

时效性特征主要体现在高校英语教师的职场学习常由教学和研究实践中所发现的问题激发，通过相应学习活动寻求解决方法，在教学和研究实践中立即实验与反思该方法的效果，教师可在较短时间内学习相应教学和研究知识，掌握相关技能，促进教学和研究能力的提升，改善教学效果，拓展和完善教师教学实践与教学研究所需的各种知识与技能，满足自身专业发展之需。

偶发性特征是指教师在日常教学实践、研究实践和其他活动中，在接触到一些与自己教学和研究相关的信息时，可能会受其激发而触动相应反思，从而不定时地促使职场学习的发生。情境学习理论认为情境对学习有着决定性的影响（莱夫、温格，1991：54—58），本研究发现，教学工作情境是英语教师自我认知建构过程中的重要因素。受其影响，教师在不同时间和地点都可能受特定信息的触动形成反思，刺激职场学习行为的产生。

研究问题 3：职场学习对高校英语教师专业发展起到什么作用？

本研究的探索结果印证了朱旭东（2011）的论述，他认为教师学习是教师专业发展的手段和途径，而教师专业发展是教师学习的过程和目的。本研究发现职场学习可从两个方面促进高校英语教师专业发展，一方面是促进高校英语教师对任教课程、学生特点、教学内容、教学方法、教学目标、课堂组织等方面的深入了解、思考、尝试和改革；教师在职场学习过程中积累教学经验，学习教学知识，改善教学效果，提高教学能力，摸索教育技术，更新教学理念。另一方面，职场学习有助于高校英语教师在工作情境中确定自己的定位和研究方向，通过学习教学或其他方面理论知识，进行教学研究，撰写学术论文，提高研究能力，明确研究方向和工作重心，促进教师教学科研观的转变。

通过职场学习，高校英语教师可深入了解自己的教学，通过实践与反思积累教学经验，学习教学知识，改善教学效果，并在这一过程中明确研究方向和工作重心，进行自我定位。教师通过主动建构过程将外来知识和信息转化为个人教学研究知识，提高教学能力和研究能力，转变教学研究观念。因此，职场学习对高校英语教师的专业发展有着重要意义。

第二节　研究贡献

本书通过对教师职场学习研究进行回顾，发现前人研究多集中于对教师职场学习的影响因素［如雷塔利克，1994；库韦克曼，2003；希瑟·霍金森和菲尔·霍金森（2003，2004，2005）；林克松、朱德全，2013a，2013b)]、教学研究与教师专业发展的关系（如雷塔利克，1999；拉思根，2006；波斯特霍尔姆，2008，2011)、合作学习与教师专业发展的关系（如利特尔，2002；沃赫斯特，2008；克雷格，2013；朴、索，2014)、教师合作学习情况（如尚克，2006；雅维兹，2008；法希姆、米尔扎伊，2013；郭遂红，2014)、教师职场学习途径的调查［如库韦克曼，2003；巴特勒等，2004；梅林克等，2009b；康（Kang）、程（Cheng），2014］；但对教师不同职场学习途径的互动关系、教师职场学习过程和学习内容探究较少，尤其是对职场自我导向学习与教师专业发展的关系、教师职场合作学习过程研究较少，缺乏对教师职场自我导向学习内容与学习过程的探索。从研究方法上看，前人研究常单纯采用质性方法或量化方法，混合研究方法使用较少，且混合方法多以量化为主、质性为辅，呈量化研究特征。从研究对象上看，前人研究多针对中小学综合学科教师群体进行调查，对英语教师，特别是高校英语教师的关注较少。从前人研究的调查结果和发现上看，教师职场学习的部分影响因素和教师职场学习途径已获得较多描述，但学习途径间的互动关系、教师职场学习过程和教师职场学习内容等方面信息较为稀缺；前人研究多描述教师职场学习的某一因素或某一片段，对教师作为学习者在教学工作中经历的职场学习完整刻画较少，也很少分析教师职场学习与教学工作情境的互动情况。

基于以上回顾结果，本研究最终采用了"质性—量化—质性"结合的混合研究方法对我国高校英语教师职场学习的学习过程、特征、职场学习对专业发展的作用进行探索，分析了不同职场学习途径间的关系，探究了教师职场学习内容，研究了不同影响因素之间的互动情况。基于我国高校英语教师教学工作情境的动态变化和教师相应的职场学习情况，研究建构了高校英语教师职场学习理论框架，该框架可用于描述和解释高校英语教师的职场学习过程、学习途径、学习手段、学习内容、影响因素、职场学习对教师专业发展的作用，以及促进教师职场学习的方法。

本研究有助于增进学界对我国高校英语教师职场学习的了解，使高校中的政策制定者重视教学工作情境对高校英语教师职场学习的影响，为高校采取促进英语教师职场学习的措施，控制妨碍教师职场学习的因素提供参考。本研究还可为高校英语教师选择职场学习途径，促进反思深度，确定学习内容，了解学习过程，控制不利因素的影响作用提供实证参考，有助于教师选择恰当的职场学习策略，改善职场学习效果。本研究提出的高校英语教师职场学习理论框架也可为其他研究建构概念框架提供参考，有助于研究者从其他视角对教师职场学习进行探究。

根据前文所述，高校英语教师职场学习并非孤立存在，它与许多其他外在因素存在相互影响，如教学环境、教育环境和社会环境等，其中职称评定、单位支持、专家引领、管理制度等对教师的职场学习有着较大影响。基于以上发现，研究建议高校管理者可通过以下方式促进高校英语教师的职场学习。

一 组织校本学习活动

研究发现，校本学习与教师职场学习结合度高，可有效引导高校英语教师的自我导向学习与合作学习，提供学习资源，增加教师职场学习的深入性，拓宽教师职场学习的多样性。在组织校本学习活动时，对高校英语教师的学习情况加以追踪、评价和反馈可促使教师坚持参与校本学习活动，提高职场学习效果和专业发展水平。

二 修订职称评定标准，使其更有利于促进高校英语教师教研结合

研究发现，职称评定对高校英语教师的职场学习有着较强的导向作用，评定标准对教师的职场学习过程、学习途径和学习内容形成较大影响，间接作用于教师的专业发展，影响到高校办学质量。在职称评定标准中重视教研结合产出的成果有助于促进教师对教学进行反思、修正和研究，促进教师职场学习的深入性、持久性以及学习活动的多样性，达到改善教师专业发展质量的目的；教师通过将研究发现应用于教学，更好地提高教学质量。

三 给予教师职场学习资源、资金、制度支持

研究发现高校通过购买学术文献数据库、提供研究平台、资助教师参加学术研讨会、鼓励并资助教师攻读更高学位等支持措施，对教师的职场学习有较大的促进作用。

四 营造切实可行的专家引领学习氛围

本研究的研究对象多次强调了专家引领对他们专业发展的重要性，但也遗憾未能真正得到专家的系统性引领，多数情况下，专家引领需要靠研究对象与专家的私人关系获得。高校如能在本校或其他学校邀请专家教师，搭建稳定的引领渠道，对本校有专业发展需求的英语教师进行指导，可促进教师的专业发展。

研究发现高校英语教师职场学习受制于多种因素，但教师对职场学习途径的选择、学习内容和深度的差距、学习过程的不同也造成了教师专业发展程度的差异。因此，本研究建议高校英语教师在职场学习过程中采用以下方式提高学习效果。

1. 将教学反思、阅读反思、研究反思进行有机结合

研究结果表明，高校英语教师的反思深度对职场学习效果存在较大影响。教学反思可促使教师阅读学术文献，进行教学研究。高校英语教师将教学反思、阅读反思和研究反思结合起来有助于发现提高教学质量、解决教学问题的措施；在以上过程的基础上，教师再利用相应措施进行再尝试和研究，相应反思与研究结果又能再一次改进教师教学，促进教师反思和教学研究观念的更新，形成良性的职场学习互动过程，推动教师专业发展。

2. 参与培训活动后应随即指导教师对相关内容进行有针对性的后续学习

教师培训和专家讲座等职后学习途径主要通过对高校英语教师职场学习的引导起到促进教师专业发展的作用。由于此类学习时间很短，教师无法在短期内对相关理论知识、研究方法、教学方法等培训内容进行深入了解，需通过阅读相关学术文献、进行教学研究等职场学习活动才能对所学内容进行深化和掌握，获得较好的学习效果。

3. 将参加学术会议作为促进教学研究的手段

研究发现，专业发展程度较高的高校英语教师将参加学术会议作为促进研究的有效手段。学术会议有助于教师了解研究的最新趋势，在会议指南的指导下，教师可督促自己进行相关研究，依据研究结果撰写论文，通过研讨会与同行交流获得对自己研究的反馈意见，修改论文并公开发表，这一过程有利于督促教师主动进行教学研究，提升研究能力。

第三节　研究创新

本研究探索了高校英语教师职场学习的内涵，以访谈和问卷调查探明并阐释了高校英语教师职场学习的过程、途径、内容、影响因素及其作用、职场学习对教师专业发展的作用，总结了高校英语教师职场学习的特征，基于研究发现，对职场学习与教师专业发展的关系进行了反思。本研究的创新之处主要体现在以下几方面。

一　研究选题有创新

我国教师专业发展研究始于 20 世纪 90 年代末，已有十余年的研究历史并取得了丰硕的研究成果，但对教师职场学习的探究偏少。本研究通过对 SAGE 学术期刊数据库、Elsevier 数据库、Science Direct 和 Google Scholar、CNKI 中国知网的期刊数据库进行检索，到 2014 年 10 月 21 日为止，仅查找到由我国研究者撰写并发表在国内外学术期刊的实证研究论文 16 篇。以上检索虽然无法穷尽所有文献，但这一检索结果也在一定程度上表明，我国教师职场学习实证性研究亟待加强。由于我国高校自 1999 年开始实施扩大招生，扩招期间高校英语教师数量不断增加，高校英语教师目前已成为高校教师中数量最庞大的群体之一。但教师继续教育的学习机会未能与教师数量同步增长，使高校英语教师群体面临专业发展困境。本研究的实施有助于学界了解高校英语教师职场学习状况，并可为教师在教学工作过程中进行有效学习提供参考。本研究聚焦于探究高校英语教师学习与高校教学工作情境的关系，突出了研究的实践意义。

二　研究内容有创新

教师职场学习研究主题主要包括教师职场学习的影响因素、教学研究与教师专业发展的关系、合作学习与教师专业发展的关系、教师合作学习情况、教师职场学习途径。针对教师不同职场学习途径的互动关系、教师职场学习过程、学习内容、教师职场自我导向学习内容与学习过程、教师职场合作学习过程的研究较为少见。前人研究较多对职场学习的特定因素或现象进行调查，但要对教师职场学习进行深入了解，整体性研究必不可少。本研究通过对高校英语教师职场学习的过程、特征和作用进行调查，探究教师职场学习过程、途径、内容和影响因素之间的互动关系，分析教师职场学习的动态发展过程，归纳高校英语教师职场学习的特征及其对高校英语教师专业发展的作用，有助于学界形成对高校英语教师职场学习的全面观，较为深入地理解高校英语教师职场学习现状。

三　研究方法有创新

本研究设计较为严谨，采用质性研究和量化研究结合的混合研究方法，通过质性—量化—质性的过程收集研究资料。三轮式深度访谈是本研究的资料收集核心手段，有利于深入探究高校英语教师职场学习过程、学习途径、学习内容、职场学习影响因素、各因素的影响作用、职场学习对教师专业发展的作用，以及以上要素间的互动过程，归纳高校英语教师职场学习的特征。量化研究利用调查问卷大范围收集数据，普查高校英语教师职场学习途径和影响因素，分析职场学习与影响因素之间的关系，描述高校英语教师职场学习趋势性特征，寻找深度访谈的关注点，为深度访谈奠定基础，提供进行三角验证的量化数据。先导研究采用探索性访谈收集资料，对高校英语教师职场学习进行初步了解，资料分析结果用于修订调查问卷和深度访谈提纲。小组访谈作为深度访谈的补充，资料分析结果用于印证深度访谈和调查问卷数据分析结果。作为一项探索性研究，本研究需要大量实证研究资料来探究高校英语教师职场学习现状，结合相关理论解释现象背后的原因，探析内在规律以得出科学准确的结论。

第四节　研究局限与建议

本书是一项针对高校英语教师职场学习的探索性研究，资料数据的采集既重视教师职场学习客观现象的静态描述，也关注教师职场学习发展的动态过程及教师职场学习主观现象的动态解释。研究探索高校英语教师职场学习的集体特征和个体差异，探寻差异产生的缘由。受个人研究能力与研究视野限制，本研究存在诸多不足之处。

一　研究方法的局限性

基于本研究的探索性特征、研究目的与研究对象特点，本研究主要通过深度访谈、调查问卷、探索性访谈、小组访谈收集研究资料，未利用观察法收集资料与访谈资料和问卷数据进行相互印证，是本研究在研究方法上的不足之处。本研究未采用观察法，主要出于以下两方面原因：（1）高校英语教师的个人职场学习活动隐私性较强，观察难度较大；（2）教师课题研究合作、教研会议、集体备课等教师合作活动虽存在可观察性，但活动次数较少，且不易获得同意参与。

本研究采用的问卷在设计过程中借鉴了前人研究的相关成果，依据探索性访谈资料分析结果进行修订，进行了可读性测试和预调查，根据以上结果反复进行修订，在信度检测合格后才进行正式大规模发放。但问卷内容在正式调查中仍发现不足之处。首先问卷的总体结构和个别项目内容需要推敲；教师职场学习活动频率的选项语言表达需要修订，部分教师反馈意见指出，部分职场学习活动不存在规律性的参与频率，如课题研究合作、参加教学比赛、教材编写合作活动等，对这些活动频率的选项选择存在困难。

针对本研究在方法上的局限性，未来研究可采用更为多样化的研究方法对研究结果进行多方印证，以进一步检验研究结果的效度。此外，未来研究还可在本研究的基础上进一步改进调查问卷内容和结构，删除冗余项目，增加必要选项，修订问卷语言表达方式，使其具有更好的信度和效度。

二　研究对象的局限性

本研究共有 321 名教师参与了问卷调查，来自类型为综合类、理工类、农林类、师范类、财经类和民族类的九所不同类型高校的外国语学院或大学英语教学部门。但由于缺乏进入路径，调查问卷未能在高职高专和独立学院等高校进行发放，是本研究在研究对象抽样上的局限性之一。本研究在深度访谈阶段通过努力邀请到一名来自高职院校的教师作为访谈对象，在一定程度上对该缺陷进行了弥补。

深度访谈是本研究资料收集的核心手段，访谈对象为 5 名来自不同类型高校，具有不同职称的高校英语教师，由于访谈人数较少，因此本研究发现无法推广概括在我国众多不同类型高校中工作的英语教师职场学习情况。本研究结果也显示，高校英语教师并未采用完全一致的职场学习途径和学习过程，学习内容和学习效果也各有差别，不同高校的教学工作情境存在差异，因此高校英语教师职场学习还需要未来研究从不同工作情境和不同教师角度进一步加以探索。

本研究的研究对象仅从云南省不同类型高校中通过分层目的性抽样选出，我国地域广阔，不同地区的文化特征、经济发展、教育水平、民族特点均有差距，因此本研究恐难反映我国所有地区高校英语教师职场学习全貌，未来研究可在其他省份实施资料收集以便对高校英语教师职场学习有更全面的了解。

参考文献

Adamson, B. , *China's English*: *A History of English in Chinese Education* . Hong Kong: Hong Kong University Press, 2004.

Achtenhagen, F. & Grubb, W. N. , Vocational and Occupational Education: Pedagogical Complexity, Institutional Diversity. In V. Richardson (eds.) . *Handbook of Research on Teaching* (4th ed.) . Washington, D. C. : American Educational Research Association, 2001: 604 – 639.

Bakkenes, I. , Vermunt, J. D. & Wubbels, T. , Teacher Learning in the Context of Educational Innovation: Learning Activities and Learning Outcomes of Experienced Teachers. *Learning and Instruction*, 2010, 20 (6): 533 – 548.

Barkhuizen, G. , Topics, Aims, and Constraints in English Teacher Research: A Chinese Case Study. *TESOL Quarterly*, 2009, 43 (1): 113 – 125.

Barkhuizen, G. & Hacker, P. , Inquiring into Learning about Narrative Inquiry in Language Teacher Education. *New Zealand Studies in Applied Linguistics*, 2008, 14 (1): 36 – 52.

Barnett, R. , Learning to Work and Working to Learn. In D. Boud & J. Garrick (eds.) . *Understanding Learning at Work*. London: Routledge, 1999: 29 – 44.

Bell, B. & Gilbert, J. , Teacher Development as Professional, Personal, and Social Development. *Teaching and Teacher Education*, 1994, 10 (5): 483 – 497.

Billett, S. , Situated Learning: A Workplace Experience. *Australian Journal of Adult and Community Education*, 1994, (34): 112 – 130.

Billett, S. , Welcome to the New Journal. *Vocations and Learning* , 2008, 1 (1): 1 – 5.

Blankertz, H. , Vocational Education and Training. In H. Rombach (eds.) .

Handbook of Education in Three Volumes . Freiburg: Herder, 1977: 90 – 91.

Borg, S. , Teacher Cognition in Language Teaching: A Review of Research On-what Language Teachers Think, Know, Believe, and Do. *Language Teaching*, 2003, 36 (2): 81 – 109.

Borg, S. , *Teacher Cognition and Language Education: Research and Practice.* London: Continuum, 2006.

Borg, S. , Research Engagement in English Language Teaching. *Teaching and Teacher Education*, 2007, (23): 731 – 747.

Boyle, R. A. , Applying Learning – Styles Theory in the Workplace: How to Maximize Learning Styles Strengths to Improve Work Performance in Law Practice. *Learning – Styles Theory*, 2005, (79): 97 – 125.

Brody, D. & Hadar, L. , "I Speak Prose and I Now Know It. " Personal Development Trajectories among Teacher Educators in a Professional Development Community. *Teaching and Teacher Education*, 2011, 27 (8): 1223 – 1234.

Brownell, M. T. et al. , Lndividual and Contextual Factors Influencing Special Education Teacher Learning in Literacy Learning Cohorts. *Learning Disability Quarterly*, 2014, 37 (1): 31 – 44.

Bruce, C. D. , Esmonde, I. , Ross, J. , Dookie, L. & Beatty, R. , The Effects of Sustained Classroom – Embedded Teacher Professional Learning on Teacher Efficacy and Related Student Achievement. *Teaching and Teacher Education*, 2010, 26 (8): 1598 – 1608.

Butler, D. L. & Schnellert, L. , Collaborative Inquiry in Teacher Professional Development. *Teaching and Teacher Education*, 2012, 28 (8): 1206 – 1220.

Butler, D. L. , Lauscher, H. N. , Jarvis – Selinger, S. , & Beckingham, B. , Collaboration and Self – Regulation in Teachers' Professional Development. *Teaching and Teacher Education*, 2004, 20 (5): 435 – 455.

Carter, M. & Francis, R. , Mentoring and Beginning Teachers'Workplace Learning. *Asia – Pacific Journal of Teacher Education*, 2001, 29 (3): 249 – 262.

Chen, W. C. , Professional Growth During Cyber Collaboration between Pre – Service and In – service Teachers. *Teaching and Teacher Education*, 2012, 28 (2): 218 – 228.

Chetty, R. & Lubben, F. , The Scholarship of Research in Teacher Education in a Higher Education Institution in Transition: Lssues of Identity. *Teaching and Teacher Education*, 2010, 26 (4): 813 – 820.

Chichibu, R. & Kihara, T. , How Japanese Schools Build a Professional Learning Community by Lesson Study. *International Journal for Lesson and Learning Studies*, 2013, 2 (1): 12 – 25.

Choy, S. & Delahaye, B. , Partnerships between Universities and Workplaces: Some Challenges for Work – Integrated Learning. *Studies in Continuing Education*, 2011, 33 (2): 157 – 172.

Clark, C. & Yinger, R. , Research on Teacher Thinking. *Curriculum Inquiry*, 1977, 7 (4): 279 – 304.

Clarke, D. J. & Peter, A. , Modeling Teacher Change. Paper Presented at the 16th Annual Conference of the Mathematics Education Research Group of Australasia (MERGA), Queensland, 1993.

Clarke, D. J. & Hollingsworth, H. , Elaborating a Model of Teacher Professional Growth. *Teaching and Teacher Education*, 2002, (18): 947 – 967.

Clausen, K. W. , Aquino, A. M. & Wideman, R. , Bridging the Real and Ideal: A Comparison between Learning Community Characteristics and A School – based Case Study. *Teaching and Teacher Education*, 2009, 25 (3): 444 – 452.

Cohen, J. L. , Getting Recognised: Teachers Negotiating Professional Identities as Learners Through Talk. *Teaching and Teacher Education*, 2010, 26 (3): 473 – 481.

Consuegra, E. , Engels, N. & Struyven, K. , Beginning Teachers'Experience of the Workplace Learning Environment in Alternative Teacher Certification Programs: A Mixed Methods Approach. *Teaching and Teacher Education*, 2014, (42): 79 – 88.

Craig, C. J. , Coming to Know in the " Eye of the Storm ": A Beginning Teacher's Introduction to Different Versions of Teacher Community. *Teaching and Teacher Education*, 2013, (29): 25 – 38.

Creswell, J. W. , *Research Design: Qualitative, Quantitative, and Mixed Methods Approaches* (3rd ed.) . Thousand Oaks: Sage Publications, Inc. , 2009.

Crouse, P. , Doyle, W. & Young, J. D. , Workplace Learning Strategies, Barriers, Facilitators and Outcomes: A Qualitative Study among Human Resource Management Practitioners. *Human Resource Development International*, 2011, 14 (1): 39 – 55.

Daly, P. & Gijbels, D. , *Real Learning Opportunities at Business School and beyond Advances in Business Education and Training* . Dordrecht: Springer, 2009.

Darling – Hammond, L. , Developing Professional Development Schools: Early Lessons, Challenge, and Promise. In L. Darling – Hammond. (eds.) . *Professional Development Schools: Schools for Developing a Profession* . New York: Teachers College Press, 1994.

Darrah, C. N. , Workplace Training, Workplace Learning: A Case Study. *Human Organization*, 1995, (54): 31 – 41.

Day, C. , *Developing Teachers: The Challenges of Lifelong Learning* . London: The Falmer Press, 1999.

De Vries, S. , Jansen, E. P. W. A. & Van de Grift, W. J. C. M. , Profiling Teachers' Continuing Professional Development and the Relation with Their Beliefs about Learning and Teaching. *Teaching and Teacher Education*, 2013, (33): 78 – 89.

Deluca, C. et al. , Learning in the Workplace: Fostering Resilience in Disengaged Youth. *Work*, 2010, 36 (3): 305 – 319.

Delvaux, E. et al. , How May Teacher Evaluation Have an Impact on Professional Development: A Multilevel Analysis. *Teaching and Teacher Education*, 2013, (36): 1 – 11.

Dochy, F. , Gijbels, D. , Segers, M. & Van den Bossche, P. , *Theories of Learning for the Workplace: Building Blocks for Training and Professional Development Programs* . London: Routledge, 2011.

Doppenberg, J. J. , den Brok, P. J. & Bakx, A. W. E. A. , Collaborative Teacher Learning across Foci of Collaboration: Perceived Activities and Outcomes. *Teaching and Teacher Education*, 2012, 28 (6): 899 – 910.

Dörnyei, Z. & Taguchi, T. , *Questionnaires in Second Language Research: Construction, Administration, and Processing* (2nd ed.) . New York: Routledge, 2010.

Driscoll, M. , *Psychology for Learning Instruction* (2nd ed.). Boston: Allyn and Bacon, 2000.

Elbaz, F. , The Teacher's "Practical Knowledge": A Report of a Case Study. *Curriculum Inquiry*, 1981, (11): 43 –71.

Engeström, Y. , Developmental Work Research as Educational Research: Looking Ten Years Back and into the Zone of Proximal Development. *Nordisk Pedagogik*, 1996, 16 (3): 131 – 143.

Ertmer, P. A. , Ottenbreit – Leftwich, A. T. , Sadik, O. , Sendurur, E. & Sendurur, P. , Teacher Beliefs and Technology Integration Practices: A Critical Relationship. *Computers & Education*, 2012, 59 (2): 423 –435.

Evans, L. , What is Teacher Development? *Oxford Review of Education*, 2002, 28 (1): 123 – 137.

Fahim, M. & Mirzaee, S. , Peer Coaching: A More Beneficial and Responsive Inquiry – Based Means of Reflective Practice. *International Journal of Linguistics*, 2013, 5 (3): 245 –254.

Farrell, T. S. C. , Reflective Practice in an EFL Teacher Development Group. *System*, 1999, (27): 157 – 172.

Fessler, R. , A Model for Teacher Professional Growth and Development. In P. Burke & R. Heideman (eds.) . *Career – Long Teacher Education* . Springfield, IL: Charles C. Thomas, 1985.

Finlay, I. , Learning Through Boundary-Crossing: Further Education Lecturers Learning in Both the University and Workplace. *European Journal of Teacher Education*, 2008, 31 (1): 73 –87.

Firestone, W. A. , Meaning in Method: The Rhetoric of Quantitative and Qualitative Research. *Educational Researcher*, 1987, 16 (7): 16 –21.

Flint, A. S. , Zisook, K. & Fisher, T. R. , Not a One – Shot Deal: Generative Professional Development among Experienced Teachers. *Teaching and Teacher Education*, 2011, 27 (8): 1163 – 1169.

Flores, M. A. , The Impact of School Culture and Leadership on New Teachers'Learning in the Workplace. *International Journal of Leadership in Education*, 2004, 7 (4): 297 –318.

Fosnot, C. T. , *Constructivism: Theory, Perspectives, and Practice* . New York:

Teachers College Press, 1996.

Fowler, F. J. , *Improving Survey Questions: Design and Evaluation* . Sage Publications, Inc. , 1995.

Freeman, D. , The "Unstudied Problem": Research on Teacher Learning in Language Teaching. In D. Freeman & J. C. Richards (eds.) . *Teacher Learning in Language Teaching* . New York: Cambridge University Press, 1996: 351 – 378.

Freeman, D. & Richards, J. C. , *Teacher Learning in Language Teaching* . New York: Cambridge University Press, 1996.

Fullan, M. , *The Meaning of Educational Change* . New York: Teachers College Press, 1982.

Fullan, M. & Hargreaves, A. , Teacher Development and Educational Change. In M. Fullan & A. Hargreaves (eds.) . *Teacher Development and Educational Change* . London: Falmer, 1992.

Fullan, M. , *All Systems Go: The Change Imperative for Whole System Reform* . Thousand Oaks: Corwin, 2010.

Fullan, M. & Langworthy, M. , *A Rich Seam: How New Pedagogies Find Deep Learning* . London: Pearson, 2014.

Fuller, A. , Hodkinson, H. , Hodkinson, P. & Unwin, L. , Learning as Peripheral Participation in Communities of Practice: A Reassessment of Key Concepts in Workplace Learning. *British Educational Research Journal*, 2005, 31 (1): 49 – 68.

Fuller, F. , Concerns of Teachers: A Developmental Conceptualization. *American Educational Research Journal*, 1969, 6 (2): 207 – 226.

Fuller, F. & Bown, O. , Becoming a Teacher. In K. Ryan (ed.) . *Teacher Education* . Chicago: University of Chicago Press, 1975.

Gabriel, H. & Maggioli, D. , *Professional Development for Language Teachers* . Washington, DC: ERIC Clearinghouse on Languages and Linguistics, 2003.

Gardner, B. S. & Korth, S. J. , Classroom Strategies That Facilitate Transfer of Learning to the Workplace. *Innovative Higher Education*, 1997, 22 (1): 45 – 60.

Gelade, S. , Workplace Learning in Academia: (Older) Bones of Contention?,

Journal of Organisational Transformation and Social Change, 2007, 4 (3):
213 - 224.

Golombek, P. & Johnson, K. , Narrative Inquiry as a Mediational Space: Examining Emotional and Cognitive Dissonance in Second - Language Teachers' Development. *Teachers and Teaching: Theory and Practice*, 2004, 10 (3): 307 - 327.

Greene, J. C. , Caracelli, V. J. & Graham, W. F. , Toward a Conceptual Framework for Mixed - methodevaluation Designs. *Educational Evaluation and Policy Analysis*, 1989, 11 (2): 255 - 274.

Gregory, A. , Teacher Learning on Problem - Solving Teams. *Teaching and Teacher Education*, 2010, 26 (3): 608 - 615.

Guskey, T. R. , Staff Development and the Process of Teacher Change. *Educational Researcher*, 1986, 15 (5): 5 - 12.

Hargreaves, A. , Trans Forming Know Ledge: Blurring the Boundaries between Research, Policy, and Practice. *Educational Evaluation and Policy Analysis*, 1996, 18 (2): 105 - 122.

Harrison, J. & McKeon, F. , The Formal and Situated Learning of Beginning Teacher Educators in England: Identifying Characteristics for Successful Induction in the Transition from Workplace in Schools to Workplace in Higher Education. *European Journal of Teacher Education*, 2008, 31 (2): 151 - 168.

Heiskanen, M. , Kämäräinen, J. & Jokela, J. , Achieving a More Developed Simulation Pedagogy in Nursing Through Student Feedback. *Interdisciplinary Studies Journal*, 2013, 3 (2): 119 - 124.

Henze, I. , van Driel, J. H. & Verloop, N. , Experienced Science Teachers' Learning in the Context of Educational Innovation. *Journal of Teacher Education*, 2009, 60 (2): 184 - 199.

Hodkinson, H. & Hodkinson, P. , Rethinking the Concept of Community of Practice in Relation to Schoolteachers'Workplace Learning. *International Journal of Training and Development*, 2004, 8 (1): 21 - 31.

Hodkinson, H. & Hodkinson, P. , Improving Schoolteachers' Workplace Learning. *Research Papers in Education*, 2005, 20 (2): 109 - 131.

Hodkinson, P. & Hodkinson, H. , Individuals, Communities of Practice and the

Policy Context: School Teachers' Learning in Their Workplace. *Studies in Continuing Education*, 2003, 25 (1): 3 – 21.

Hodkinson, P. & Hodkinson, H., The Significance of Individuals' Dispositions in Workplace Learning: A Case Study of Two Teachers. *Journal of Education and Work*, 2004, 17 (2): 167 – 182.

Hoekstra, A. & Korthagen, F., Teacher Learning in a Context of Educational Change: Informal Learning Versus Systematically Supported Learning. *Journal of Teacher Education*, 2011, 62 (1): 76 – 92.

Hoekstra, A., Brekelmans, M., Beijaard, D. & Korthagen, F., Experienced Teachers' Informal Learning: Learning Activities and Changes in Behavior and Cognition. *Teaching and Teacher Education*, 2009, 25 (5): 663 – 673.

Hoyle, E., Professionalization and Deprofessionalization in Education. In E. Hoyle & J. Megarry (eds.). *World Yearbook of Education 1980: Professional Development of Teachers*. London: Kogan Page, 1980.

Huberman, M. A., The Professional Life Cycle of Teachers. *Teachers College Record*, 1989, 91 (1): 31 – 57.

Huberman, M. A., *The Lives of Teachers*. New York: Teachers College Press, 1993.

Ilaiyan, S., Difficulties Experienced by the Arab Teacher during His First Year of Teaching as a Result of Personal and Organizational Variables. *Creative Education*, 2013, 4 (6): 363 – 375.

Illeris, K., Workplace Learning and Learning Theory. *Journal of Workplace Learning*, 2003, 15 (4): 167 – 178.

Jacobs, R. L. & Park, Y. A., Proposed Conceptual Framework of Workplace Learning: Implications for Theory Development. *Human Resource Development Review*, 2009, 8 (2): 133 – 150.

Jawitz, J., Learning to Assess in the Academic Workplace: Case Study in the Natural Sciences. *South African Journal of Higher Education*, 2008, 22 (5): 1006 – 1018.

Jaworski, B., Theory and Practice in Mathematics Teaching Development: Critical Inquiry as a Mode of Learning in Teaching. *Journal of Mathematics Teacher Education*, 2006, 9 (2): 187 – 211.

Jurasaite – Harbison, E. & Rex, L. A. , Taking on a Researcher's Identity: Teacher Learning in and Through Research Participation. *Linguistics and Education*, 2005, 16 (4): 425 – 454.

Jurasaite – Harbison, E. & Rex, L. A. , School Cultures as Contexts for Informal Teacher Learning. *Teaching and Teacher Education*, 2010, 26 (2): 267 – 277.

Kadroon, T. & Inprasitha, M. , Professional Development of Mathematics Teachers with Lesson Study and Open Approach: The Process for Changing Teachers' Values about Teaching Mathematics. *Psychology*, 2013, 4 (2): 101 – 105.

Kang, Y. & Cheng, X. T. , Teacher Learning in the Workplace: A Study of the Relationship between a Novice EFL Teacher's Classroom Practices and Cognition Development. *Language Teaching Research*, 2014, 18 (2): 169 – 186.

Katz, L. , Developmental Stages of Preschool Teachers. *Elementary School Journal*, 1972, 73 (1): 50 – 544.

Keiny, S. , Constructivism and Teachers'Professional Development. *Teaching and Teacher Education*, 1994, 10 (2): 157 – 167.

Kelchtermans, G. , Teachers' Emotions in Educational Reforms: Self – Understanding, Vulnerable Commitment and Micropolitical Literacy. *Teaching and Teacher Education*, 2005, 21 (8): 995 – 1006.

Kelly, P. , What is Teacher Learning? A Socio – Cultural Perspective. *Oxford Review of Education*, 2006, 32 (4): 505 – 519.

Kennedy, M. , *An Agenda for Research on Teacher Learning* . East Lansing: Michigan State University, 1991.

Kim, C. , Kim, M. K. , Lee, C. , Spector, J. M. & DeMeester, K. , Teacher Beliefs and Technology Integration. *Teaching and Teacher Education*, 2013, (29): 76 – 85.

Knights, S. , Meyer, L. & Sampson, J. , Enhancing Learning in the Academic Workplace Through Reflective Team Teaching. *Journal of Organisational Transformation and Social Change*, 2007, 4 (3): 237 – 247.

Knowles, M. S. , *The Modern Practice of Adult Education: From Pedagogy to Andragogy* . Englewood Cliffs: Prentice Hall/Cambridge, 1980.

Korkmaz, M. & Cemaloglu, N. , Relationship between Organizational Learning and Workplace Bullying in Learning Organizations. *Educational Research Quarterly*, 2010, 33 (3): 3 – 38.

Korthagen, F. A. J. , Situated Learning Theory and the Pedagogy of Teacher Education: Towards an Integrative View of Teacher Behavior and Teacher Learning. *Teaching and Teacher Education*, 2010, 26 (1): 98 – 106.

Krauss, S. E. & Guat, K. A. , An Exploration of Factors Influencing Workplace Learning among Novice Teachers in Malaysia. *Human Resource Development International*, 2008, 11 (4): 417 – 426.

Kwakman, K. , Factors Affecting Teachers'Participation in Professional Learning Activities. *Teaching and Teacher Education*, 2003, 19 (2): 149 – 170.

Lam, A. S. L. , *Language Education in China: Policy and Experience from 1949*. Hong Kong: Hong Kong University Press, 2005.

Lam, S. F. , Cheng, R. W. Y. & Choy, H. C. , School Support and Teacher Motivation to Implement Project – Based Learning. *Learning and Instruction*, 2010, 20 (6): 487 – 497.

Lange, D. L. , A Blueprint for a Teacher Development Program. In J. C. Richards & D. Nunan (eds.) . *Second Language Teacher Education* . Beijing: Foreign Language Teaching and Research Press, 1990.

Lave, J. & Wenger, E. , *Situated Learning: Legitimate Peripheral Participation* . New York: Cambridge University Press, 1991.

Lee, I. , Writing Teacher Education and Teacher Learning: Testimonies of Four EFL Teachers. *Journal of Second Language Writing*, 2010, 19 (3): 143 – 157.

Lee, J. C. K. , Zhang, Z. & Yin, H. , A Multilevel Analysis of the Impact of a Professional Learning Community, Faculty Trust in Colleagues and Collective Efficacy on Teacher Commitment to Students. *Teaching and Teacher Education*, 2011, 27 (5): 820 – 830.

Lefstein, A. & Snell, J. , Professional Vision and the Politics of Teacher Learning. *Teaching and Teacher Education*, 2011, 27 (3): 505 – 514.

Levine, T. H. & Marcus, A. S. , How the Structure and Focus of Teachers' Collaborative Activities Facilitate and Constrain Teacher Learning. *Teaching and Teacher Education*, 2010, 26 (3): 389 – 398.

Little, J. W. , Locating Learning in Teachers' Communities of Practice: Opening up Problems of Analysis in Records of Everyday Work. *Teaching and Teacher Education*, 2002, (18): 917 – 946.

Liu, Y. & Xu, Y. , Inclusion or Exclusion?: A Narrative Inquiry of a Language Teacher's Identity Experience in the "New Work Order" of Competing Pedagogies. *Teaching and Teacher Education*, 2011, 27 (3): 589 – 597.

Liu, Y. & Xu, Y. , The Trajectory of Learning in a Teacher Community of Practice: A Narrative Inquiry of a Language Teacher's Identity in the Workplace. *Research Papers in Education*, 2013, 28 (2): 176 – 195.

López – Íñiguez, G. , Pozo, J. I. & de Dios, M. J. , The Older, the Wiser? Profiles of String Instrument Teachers with Different Experience According to Their Conceptions of Teaching, Learning, and Evaluation. *Psychology of Music*, 2014, 42 (2): 157 – 176.

Lunenberg, M. & Samaras, A. P. , Developing a Pedagogy for Teaching Self – Study Research: Lessons Learned Across the Atlantic. *Teaching and Teacher Education*, 2011, 27 (5): 841 – 850.

Martin, S. D. , Finding Balance: Impact of Classroom Management Conceptions on Developing Teacher Practice. *Teaching and Teacher Education*, 2004, 20 (5): 405 – 422.

Maskit, D. , Teachers'Attitudes Toward Pedagogical Changes during Various Stages of Professional Development. *Teaching and Teacher Education*, 2011, 27 (5): 851 – 860.

Matzat, U. , Do Blended Virtual Learning Communities Enhance Teachers' Professional Development More Than Purely Virtual Ones? A Large Scale Empirical Comparison. *Computers & Education*, 2013, 60 (1): 40 – 51.

Maxwell, J. A. , Understanding and Validity in Qualitative Research. *Harvard Educational Review*, 1992, 62 (3): 279 – 300.

Meijer, P. C. , Oolbekkink, H. W. , Meirink, J. A. & Lockhorst, D. , Teacher Research in Secondary Education: Effects on Teachers' Professional and School Development, and Issues of Quality. *International Journal of Educational Research*, 2013, (57): 39 – 50.

Meirink, J. A. , Meijer, P. C. , Verloop, N. & Bergen, T. C. M. , How do

Teachers Learn in the Workplace? An Examination of Teacher Learning Activities. *European Journal of Teacher Education*, 2009a, 32 (3): 209 –224.

Meirink, J. A. , Meijer, P. C. , Verloop, N. & Bergen, T. C. M. , Understanding Teacher Learning in Secondary Education: The Relations of Teacher Activities to Changed Beliefs about Teaching and Learning. *Teaching and Teacher Education*, 2009b, 25 (1): 89 –100.

Meng, J. , Tajaroensuk, S. & Seepho, S. , The Multilayered Peer Coaching Model and the In – Service Professional Development of Tertiary EFL Teachers. *International Education Studies*, 2013a, 6 (7): 18 –30.

Meng, J. , Tajaroensuk, S. & Seepho, S. , Recommendation for Sustaining the In – Service Professional Development of Tertiary EFL Teachers. *Theory and Practice in Language Studies*, 2013b, 3 (8): 1311 –1321.

Meng, J. & Tajaroensuk, S. , The Workshop in the Multilayered Peer Coaching Model for Tertiary EFL Teachers' In – Service Professional Development. *English Language Teaching*, 2013, 6 (8): 44 –53.

Merriam, S. B. , *Qualitative Research and Case Study Applications in Education: Revised and Expanded from Case Study Research in Education* (2nd ed.) . Thousand Oaks: Sage Publications, Inc. , 1998.

Miles, M. B. & Huberman, M. , *Qualitative Data Analysis* (2nd ed.) . Sage Publications, Inc. , 1994.

Mitchell, S. N. , Reilly, R. C. & Logue, M. E. , Benefits of Collaborative Action Research for the Beginning Teacher. *Teaching and Teacher Education*, 2009, 25 (2): 344 –349.

Mitton – Kükner, J. , Nelson, C. & Desrochers, C. , Narrative Inquiry in Service Learning Contexts: Possibilities for Learning about Diversity in Teacher Education. *Teaching and Teacher Education*, 2010, 26 (5): 1162 –1169.

Molle, D. , Facilitating Professional Development for Teachers of English Language Learners. *Teaching and Teacher Education*, 2013, (29): 197 –207.

Monkhouse, S. , Learning in the Surgical Workplace: Necessity Not Luxury. *The Clinical Teacher*, 2010, (7): 167 –170.

Munthe, E. , Teachers' Workplace and Professional Certainty. *Teaching and Teacher Education*, 2003, 19 (8): 801 –813.

Oswald, M. , Positioning the Individual Teacher in School – Based Learning for Inclusive. *Teaching and Teacher Education*, 2014, (37): 1 – 10.

Pardo, L. S. , Therole of Context in Learning to Teach Writing: What Teacher Educators Need to Know to Support Beginning Urban Teachers. *Journal of Teacher Education*, 2006, 57 (4): 378 – 394.

Park, M. & So, K. , Opportunities and Challenges for Teacher Professional Development: A Case of Collaborative Learning Community in South Korea. *International Education Studies*, 2014, 7 (7): 96 – 108.

Parker, P. D. & Martin, A. J. , Coping and Buoyancy in the Workplace: Understanding Their Effects on Teachers' Work – Related Well – Being and Engagement. *Teaching and Teacher Education*, 2009, 25 (1): 68 – 75.

Parker, P. D. , Martin, A. J. , Colmar, S. & Liem, G. A. , Teachers' Workplace Well – Being: Exploring a Process Model of Goal Orientation, Coping Behavior, Engagement, and Burnout. *Teaching and Teacher Education*, 2012, 28 (4): 503 – 513.

Perry, P. , Professional Development: The Inspectorate in England and Wales. In E. Hoyle & J. Megarry (eds.) . *World Yearbook of Education 1980: Professional Development of Teachers* . London: Kogan Page, 1980.

Peterson, P. L. & Clark, C. M. , Teachers' Reports of Their Cognitive Processes During Teaching. *American Educational Research Journal*, 1978, (15): 555 – 565.

Phipps, S. & Borg, S. , Exploring the Relationship between Teachers' Beliefs and Their Classroom Practice. *The Teacher Trainer*, 2007, 21 (3): 17 – 19.

Postholm, M. B. , Teachers Developing Practice: Reflection as Key Activity. *Teaching and Teacher Education*, 2008, 24 (7): 1717 – 1728.

Postholm, M. B. , A Completed Research and Development Work Project in School: The Teachers'Learning and Possibilities, Premises and Challenges for Further Development. *Teaching and Teacher Education*, 2011, 27 (3): 560 – 568.

Printy, S. M. , Leadership Forteacher Learning: A Community of Practice Perspective. *Educational Administration Quarterly*, 2008, 44 (2): 187 – 226.

Ramberg, M. R. , What Makes Reform Work? – School – Based Conditions as

Predictors of Teachers' Changing Practice after a National Curriculum Reform. *International Education Studies*, 2014, 7 (6): 46 – 65.

Rathgen, E. , In the Voice of Teachers: The Promise and Challenge of Participating in Classroom – Based Research for Teachers' Professional Learning. *Teaching and Teacher Education*, 2006, 22 (5): 580 – 591.

Rauner, F. & Maclean, R. , *Handbook of Technical and Vocational Education and Training Research*. Dordrecht: Springer, 2009.

Reeves, J. , Teacher Learning by Script. *Language Teaching Research*, 2010, 14 (3): 241 – 258.

Retallick, J. , *Workplace Learning in the Professional Development of Teachers*. Canberra, AGPS, 1994.

Retallick, J. , Teachers'Workplace Learning: Towards Legitimation and Accreditation. *Teachers and Teaching: Theory and Practice*, 1999, 5 (1): 33 – 50.

Retallick, J. & Groundwater – Smith, S. , Teachers'Workplace Learning and the Learning Portfolio. *Asia – Pacific Journal of Teacher Education*, 1999, 27 (1): 47 – 59.

Reynolds, D. , Yazdani, N. & Manzur, T. , STEM High School Teaching Enhancement Through Collaborative Engineering Research on Extreme Winds. *Journal of STEM Education*, 2013, 14 (1): 12 – 19.

Richards, J. C. & Lockhart, C. , *Reflective Teaching in Second Language Classrooms* . New York: Cambridge University Press, 1994.

Richards, J. C. , *Beyond Training: Perspectives on Language Teacher Education* . New York: Cambridge University Press, 1998.

Richards, J. C. & Farrell, T. S. , *Professional Development for Language Teachers: Strategies for Teacher Learning* . New York: Cambridge University Press, 2005.

Richter, D. , Kunter, M. , Klusmann, U. , Lüdtke, O. & Baumert, J. , Professional Development Across the Teaching Career: Teachers'Uptake of Formal and Informal Learning Opportunities. *Teaching and Teacher Education*, 2011, 27 (1): 116 – 126.

Rienties, B. , Brouwer, N. & Lygo – Baker, S. , The Effects of Online Professional Development on Higher Education Teachers' Beliefs and Intentions Towards Learning Facilitation and Technology. *Teaching and Teacher Education*, 2013, (29): 122 – 131.

Roberts, J., *Language Teacher Education*. London: Arnold, 1998.

Rojewski, J. W., *International Perspectives on Workforce Education and Development*. Greenwich: Information Age Publishing, 2004.

Rossman, G. B. & Wilson, B. L., Numbers and Words: Combining Quantitative and Qualitative Methods in a Single Largescale Evaluation Study. *Evaluation Review*, 1984, 9 (5): 627 – 643.

Rossman, G. B. & Wilson, B. L., Numbers and Words Revisited: Being "Shamelessly Eclectic", *Quality and Quantity*, 1994, 28 (3): 315 – 327.

Rytivaara, A. & Kershner, R., Co – teaching as a Context for Teachers'Professional Learning and Joint Knowledge Construction. *Teaching and Teacher Education*, 2012, 28 (7): 999 – 1008.

Sales, A., Traver, J. A. & García, R., Action Research as a School – Based Strategy in Intercultural Professional Development for Teachers. *Teaching and Teacher Education*, 2011, 27 (5): 911 – 919.

Salomon, G., Transcending Thequalitative – Quantitative Debate: The Analytic and Systemic Approaches to Educational Research. *Educational Researcher*, 1991, 20 (6): 10 – 19.

Sargent, T. C. & Hannum, E., Doing More with Less: Teacher Professional Learning Communities in Resource – Constrained Primary Schools in Rural China. *Journal of Teacher Education*, 2009, 60 (3): 258 – 276.

Schaap, H., Baartman, L. & Bruijn, E., Students' Learning Processes during School – Based Learning and Workplace Learning in Vocational Education: A Review. *Vocations and Learning*, 2011, 5 (2): 99 – 117.

Schmidt, M., Learningfrom Teaching Experience: Dewey's Theory and Preservice Teachers'Learning. *Journal of Research in Music Education*, 2010, 58 (2): 131 – 146.

Schon, D. A., *The Reflective Practitioner*. New York: Basic Books, 1983.

Scott, J. C. & Reynolds, D. H., *Handbook of Workplace Assessment*. San Francisco: Wiley, 2010.

Scovel, T., *English teaching in China*. Unpublished Manuscript, for the United

States Information Agency, 1995.

Seidman, I. , *Interviewing as Qualitative Research*: *A Guide for Research in Education and Social Sciences* (3rd ed.). Sage Publications, 2006.

Shank, M. J. , Teacher Storytelling: A Means for Creating and Learning within a Collaborative Space. *Teaching and Teacher Education*, 2006, 22 (6): 711 – 721.

Shanks, R. , Robson, D. & Gray, D. , New Teachers'Individual Learning Dispositions: A Scottish Case Study. *International Journal of Training and Development*, 2012, 16 (3): 183 – 199.

Shavelson, R. J. , Atwood, N. K. , & Borko, H. , Experiments on Some Factors Contributing to Teachers'Pedagogical Decisions. *Cambridge Journal of Education*, 1977, (7): 51 – 70.

Shulman, L. S. , Those Who Understand: Knowledge in Teaching. *Educational Researcher*, 1986, 15 (1): 4 – 14.

Shulman, L. S. , Knowledge and Teaching: Foundations of the New Reform. *Harvard Educational Review*, 1987, 57 (1): 1 – 22.

Singh, G. & Richards, J. C. , Teaching and Learning in the Language Teacher Education Course Room: A Critical Sociocultural Perspective. *RELC Journal*, 2006, 37 (2): 149 – 175.

Smith, C. et al. , Teachers as Researchers in a Major Research Project: Experience of Input and Output. *Teaching and Teacher Education*, 2009, 25 (7): 959 – 965.

Snow – Gerono, J. L. , Professional Development in a Culture of Inquiry: PDS Teachers Identify the Benefits of Professional Learning Communities. *Teaching and Teacher Education*, 2005, 21 (3): 241 – 256.

So, K. , Knowledge Construction among Teachers within a Community based on Inquiry as Stance. *Teaching and Teacher Education*, 2013, (29): 188 – 196.

So, K. & Kim, J. , Informal Inquiry for Professional Development among Teachers within a Self – Organized Learning Community: A Case Study from South Korea. *International Education Studies*, 2013, 6 (3): 105 – 115.

Takahashi, S. , Co – Constructing Efficacy: A "Communities of Practice" Perspective on Teachers ' Efficacy Beliefs. *Teaching and Teacher Education*,

2011, 27 (4): 732 - 741.

Tschannen - Moran, M. & Johnson, D., Exploring Literacy Teachers'Self - Efficacy Beliefs: Potential Sources at Play. *Teaching and Teacher Education*, 2011, 27 (4): 751 - 761.

Tuytens, M. & Devos, G., Stimulating Professional Learning Through Teacher Evaluation: An Impossible Task for the School Leader. *Teaching and Teacher Education*, 2011, 27 (5): 891 - 899.

UNESCO, *Special Intergovernmental Conference on the Status of Teachers*. Retrieved November 20, 2013, from 1966a.

http: //www. unesco. org/education/pdf/TEACHE_ E. PDF.

UNESCO, *Recommendation Concerning the Status of Teachers*. Retrieved November 20, 2013, from 1966b.

http: //unesdoc. unesco. org/images/0014/001438/143809eb. pdf.

Uusiautti, S., Harjula, S., Pennanen, T. & Määttä, K., Novice Teachers' Well - Being at Work. *Journal of Educational and Social Research*, 2014, 4 (3): 177 - 186.

Van Es, E. A., Examining the Development of a Teacher Learning Community: The Case of a Video Club. *Teaching and Teacher Education*, 2012, 28 (2): 182 - 192.

Van Maele, D. & Van Houtte, M., The Role of Teacher and Faculty Trust in Forming Teachers'Job Satisfaction: Do Years of Experience Make a Difference?, *Teaching and Teacher Education*, 2012, 28 (6): 879 - 889.

Velde, C. & Cooper, T., Students'Perspectives of Workplace Learning and Training in Vocational Education. *Education and Training*, 2000, (42): 83 - 92.

Wallace, M., *Training Foreign Language Teachers: A Reflective Approach*. Cambridge: Cambridge University Press, 1991.

Wang, Q. & Zhang, H., Promoting Teacher Autonomy Through University - School Collaborative Action Research. *Language Teaching Research*, 2014, 18 (2): 222 - 241.

Warhurst, R. P., "Cigars on the Flight - Deck": New Lecturers' Participatory Learning within Workplace Communities of Practice. *Studies in Higher Educa-*

tion, 2008, 33 (4): 453 – 467.

Williams, A. , Informallearning in the Workplace: A Case Study of New Teachers. *Educational Studies*, 2003, 29 (2 – 3): 207 – 219.

Williams, J. , Teachereducator Professional Learning in the Third Space: Implications for Identity and Practice. *Journal of Teacher Education*, 2014.

Wolfensberger, B. , Piniel, J. , Canella, C. & Kyburz – Graber, R. , The Challenge of Involvement in Reflective Teaching: Three Case Studies from a Teacher Education Project on Conducting Classroom Discussions on Socio – Scientific Issues. *Teaching and Teacher Education*, 2010, 26 (3): 714 – 721.

Xu, S. & Connelly, F. M. , Narrative Inquiry for Teacher Education and Development: Focus on English as a Foreign Language in China. *Teaching and Teacher Education*, 2009, 25 (2): 219 – 227.

Xu, Y. & Liu, Y. , Teacher Assessment Knowledge and Practice: A Narrative Inquiry of a Chinese College EFL Teacher's Experience. *TESOL Quarterly*, 2009, 43 (3): 493 – 513.

Yandell, J. & Turvey, A. , Standards or Communities of Practice? Competing Models of Workplace Learning and Development. *British Educational Research Journal*, 2007, 33 (4): 533 – 550.

Zeichner, K. , Rethinking the Practicum in the Professional Development School Partnership. *Journal of Teacher Education*, 1992, 43 (4): 296 – 307.

Zheng, X. M. & Borg, S. , Task – Based Learning and Teaching in China: Secondary School Teachers' Beliefs and Practices. *Language Teaching Research*, 2014, 18 (2): 205 – 221.

Zheng, X. M. & Davison, C. , *Changing Pedagogy: Analyzing ELT Teachers in China*. London/New York: The Continuum International Publishing Group, 2008.

Zwart, R. C. , Wubbels, T. , Bolhuis, S. & Bergen, T. C. M. , Teacher Learning Through Reciprocal Peer Coaching: An Analysis of Activity Sequences. *Teaching and Teacher Education*, 2008, 24 (4): 982 – 1002.

北京市工农教育研究室:《发展职业教育的一支重要力量——关于兼职教师情况的调查》,《职业教育研究》1984 年第 3 期。

柏宏权:《中小学教师使用虚拟学习社区的影响因素研究》,《电化教育研究》2013 年第 11 期。

蔡基刚：《从统一性和规范性到个性化和多元化——大学英语教学发展 30 年回顾与展望》，《中国大学教学》2009 年第 3 期。

陈碧祥：《我国大学教师升等制度与教师专业成长及学校发展定位关系之探究》，《国立台北师范学院学报》（台湾）2001 年第 14 期。

陈冰冰、陈坚林：《大学英语教学改革环境下教师信念研究（之一）——大学英语教师信念与实际课堂教学情况分析》，《外语电化教学》2008a 年第 2 期。

陈冰冰、陈坚林：《大学英语教学改革环境下教师信念研究（之二）——"基于计算机和课堂的英语多媒体教学模式"的认知与实际课堂教学情况分析》，《外语电化教学》2008b 年第 4 期。

陈坚林：《现代外语教学研究——理论与方法》，上海外语教育出版社 2004 年版。

陈坚林：《正确掌握外语教学研究中的变量与变量关系》，《外语界》2002 年第 6 期。

陈向明：《质的研究方法与社会科学研究》，教育科学出版社 2000 年版。

陈雅玲：《基于合作的教师专业发展实证研究》，《中国教育学刊》2012 年第 5 期。

崔允漷、柯政：《学校本位教师专业发展》，华东师范大学出版社 2013 年版。

《大力稳定和发展小学教育，培养百万人民教师》，《人民教育》1951 年第 10 期。

丁钢：《中国中小学教师专业发展状况调查与政策分析报告》，华东师范大学出版社 2010 年版。

董金伟：《促进大学英语教师专业发展的学习策略——以 G 大学为例的实证研究》，《外语教学理论与实践》2012 年第 2 期。

高文：《情境学习的关键特征及其对多媒体教学设计的启示》，《外国教育资料》1997 年第 6 期。

高文：《情境学习与情境认知》，《教育发展研究》2001 年第 8 期。

郭峰：《网络教研场域中教师专业发展的实证研究》，《电化教育研究》2013 年第 8 期。

郭黎岩、王元、刘正伟：《小学教师专业发展现状的调查研究》，《辽宁教育研究》2007 年第 4 期。

郭遂红：《基于教学情境的外语教师非正式学习与专业发展研究》，《外语
　　界》2014 年第 1 期。

顾明远：《发展师范教育，培训在职教师》，《瞭望周刊》1985 年第 22 期。

顾佩娅：《优秀外语教师成长案例研究》，外语教学与研究出版社 2009
　　年版。

国红延、王蔷：《高中英语教师对新课程教科书的认识与使用研究》，《课
　　程·教材·教法》2013 年第 8 期。

何英、胡之骐：《基于协作学习的教师专业发展平台的设计与实现——以
　　"知行渝盟"为例》，《现代教育技术》2012 年第 2 期。

胡文仲：《新中国六十年外语教育的成就与缺失》，《外语教学与研究》
　　2009 年第 3 期。

胡小勇：《促进教师专业发展的网络学习共同体创建研究》，《开放教育研
　　究》2009 年第 2 期。

胡秀丽、苗培周、祁丽莎：《当前中小学教师校本培训现状分析与对策思
　　考——基于河北省部分县区的调查》，《教育理论与实践》2012 年第
　　8 期。

胡艳：《我国中学教研组性质的实证研究——以北京市城区中学为例》，
　　《教育学报》2012 年第 6 期。

霍涌泉：《学校本位教师发展是优化高校青年教师素质的重要途径》，《师
　　资培训研究》1997 年第 1 期。

贾爱武：《外语教师专业发展的理论与实证研究》，博士学位论文，华东师
　　范大学，2003 年。

蒋宇红：《课堂互动情景中的教学效能感水平探究——对西南少数民族地
　　区高校英语教师专业发展的启示》，《民族教育研究》2011 年第 3 期。

李飞龙：《西方职场学习：概念、动因与模式探析》，《外国教育研究》
　　2011 年第 3 期。

李彤彤、马秀峰：《教师虚拟学习社区中的知识建构实证分析》，《电化教
　　育研究》2011 年第 9 期。

李孝诚、綦春霞、史晓锋：《初中数学教师教学设计能力发展的实证研
　　究——基于网络研修共同体教师专业发展的个案研究》，《中国电化教
　　育》2013 年第 3 期。

连榕：《教师教学专长发展的心理历程》，《教育研究》2008 年第 2 期。

联合国教科文组织国际教育发展委员会：《学会生存——教育世界的今天和明天》，教育科学出版社 1996 年版。

梁燕华：《高校教师信息技术素养的实证研究》，《中国成人教育》2013 年第 1 期。

林克松、朱德全：《教师职场学习环境：结构与测量》，《教育学术月刊》2013a 年第 4 期。

林克松、朱德全：《中小学教师职场学习环境满意度现状调查与调控策略》，《现代教育管理》2013b 年第 6 期。

林克松：《工作场学习与专业化革新——职业教育教师专业发展路径探新》，博士学位论文，西南大学，2014 年。

刘建新、俞学明：《关于学校对教师专业发展关注情况的调查报告》，《中小学教师培训》2006 年第 9 期。

刘亚楼、王晓玲：《我国外语教育政策的回顾与展望》，《教学与管理》2009 年第 10 期。

刘羽荣：《大学英语师资现状及应对措施》，《教育与职业》2012 年第 12 期。

罗清水：《终生教育在国小教师发展的意义》，《研习资讯》1998 年第 4 期。

乔霞、赵晓亮：《混合式校本研修中优秀校本研修团队与其它校本研修团队的差异分析》，《中国远程教育》2012 年第 12 期。

秦晓晴：《外语教学问卷调查法》，华中科技大学出版社 2004 年版。

秦晓晴：《外语教学研究中的定量数据分析》，外语教学与研究出版社 2009 年版。

任庆梅、梁文花：《SLA 研究在外语教师专业发展中的作用实证调查》，《外语界》2010 年第 4 期。

沈毅、夏雪梅：《基于合作的教师专业发展的调查报告》，《上海教育科研》2007 年第 9 期。

舒晓杨：《TPACK 框架下教师专业发展的全程透视：从教学辅助到课程常态化的融合》，《外语电化教学》2014 年第 1 期。

唐章蔚、王连英、代玲玲、赵宁：《农村教师微型移动教研可行性研究——基于 FRAME 框架的调查分析》，《电化教育研究》2014 年第

1 期。

汪明帅：《教师专业发展的三个向度——基于 Y 小学的调查研究》，《教育发展研究》2008 年第 24 期。

王芳、谭顶良：《中学教师教学效能感的实证研究及其对教师培训的启示》，《当代教育科学》2006 年第 17 期。

王广新：《中小学教师网上自主学习动机的影响因素与激发策略》，《教育理论与实践》2008 年第 23 期。

王钦、郑友训：《浅析职场学习理论在教师专业发展中的运用》，《教学与管理》2013 年第 6 期。

王文静：《人类学视野中的情境学习》，《外国中小学教育》2004 年第 4 期。

王中男、崔允漷：《教师专业发展为什么要学校本位——情境学习理论的视角》，《上海教育科研》2011 年第 7 期。

文秋芳、韩少杰：《英语教学研究方法与案例分析》，上海外语教育出版社 2011 年版。

翁朱华：《现代远程教育教师专业素养研究》，《中国电化教育》2012 年第 2 期。

吴一安：《外语教师专业发展探究》，《外语研究》2008 年第 3 期。

夏纪梅：《大学英语教师的外语教育观念、知识、能力、科研现状与进修情况调查结果报告》，《外语界》2002 年第 5 期。

解芳、王红艳、马永刚：《大学英语教师信念研究——优秀教师个案研究》，《山东外语教学》2006 年第 5 期。

徐锦芬、文灵玲、秦凯利：《21 世纪国内外外语/二语教师专业发展研究对比分析》，《外语与外语教学》2014 年第 3 期。

徐磊、王陆：《远程校本研修中助学支持服务对研修教师学习参与度的影响研究》，《中国电化教育》2013 年第 8 期。

徐源、程进军、于延梅：《教师网络学习行为的实证研究》，《中国电化教育》2009 年第 12 期。

杨刚、胡来林：《网络环境下同侪教师协作学习研究》，《中国电化教育》2013 年第 1 期。

杨刚、叶新东：《社会性互动分析视角下我国高校教师在线学习研究》，《电化教育研究》2014 年第 3 期。

杨卉：《教师在线实践社区研修活动设计——以同侪互助网络研修活动为例》，《中国电化教育》2011 年第 9 期。

杨骞：《教师学习的应然分析》，《新课程研究（教师教育）》2007 年第 10 期。

杨鲁新、王素娥、常海潮、盛静：《应用语言学中的质性研究与分析》，外语教学与研究出版社 2012 年版。

杨秀玉：《教师发展阶段论综述》，《外国教育研究》1999 年第 6 期。

姚梅林：《从认知到情境：学习范式的变革》，《教育研究》2003 年第 2 期。

野晓航、魏红：《"中小学教师教育科研能力培养研究"调研报告》，《教育探索》2007 年第 2 期。

应方淦、高志敏：《情境学习理论视野中的成人学习》，《开放教育研究》2007 年第 3 期。

应方淦、王一凡：《试论职场学习》，《职教论坛》2010 年第 10 期。

余渭深、韩萍：《〈大学体验英语〉对大学英语教师职业发展作用的问卷研究》，《中国外语》2009 年第 6 期。

张华武：《知识建构共同体在中小学教师教育技术能力培训中的应用研究》，《中国教育信息化》2009 年第 18 期。

张瑾、朱珂：《基于课堂观察的教学行为分析研究》，《现代教育技术》2012 年第 4 期。

张莉、李爽：《混合式校本研修中助学者支持服务的作用与效果研究》，《中国远程教育》2013 年第 4 期。

张莲：《外语教师课堂决策研究——优秀外语教师个案研究》，《外语教学与研究》2005 年第 4 期。

张敏：《教师学习调节方式对学习策略与工作成就的影响》，《教育研究》2010 年第 5 期。

张培：《混合方法研究的范式基础与设计要素》，《中国外语》2010 年第 4 期。

张绍波、张天雪：《小学教师课程意识的实证分析》，《教育探索》2006 年第 5 期。

张香竹：《学习氛围、工作特征对小学教师自主学习的影响》，《教育探索》2009 年第 9 期。

赵蒙成：《职场学习的优势与理论辩护》，《教育与职业》2010 年第 3 期。

赵蒙成：《美国职场教育的百年流变》，《中国职业技术教育》2011 年第 15
　期。

赵蒙成、朱苏：《职场学习研究的问题域与实践发展趋势》，《苏州大学学
　报》（教育科学版）2015 年第 4 期。

郑新民、蒋群英：《大学英语教学改革中"教师信念"问题的研究》，《外
　语界》2005 年第 6 期。

郑新民、王玉山：《如何在外语教育研究中科学地使用调查法——基于我
　国外语类 CSSCI 期刊文章（2008—2013 年度）的分析》，《外语电化教
　学》2014 年第 4 期。

郑新民：《从技术文化视角看我国外语教师专业发展——以整体教师认知
　和个体教师认知互动为例》，《外语电化教学》2012 年第 9 期。

郑新民：《大学英语教师认知问题：个案研究》，《外语电化教学》2006 年
　第 2 期。

周彬：《"岗位参与"影响教师专业发展的实证分析》，《教师教育研究》
　2010 年第 5 期。

朱旭东：《教师专业发展理论研究》，北京师范大学出版社 2011 年版。

附　录

附录1：第一次探索性访谈提纲

访谈对象：赵老师（匿名）访谈日期：2013 年 12 月 15 日

访谈时间：　　　　访谈地点：

访谈目的	访谈实施方法	关键词	访谈笔记
初步了解教师入职后的工作经历与职场学习经历，探究两者之间的关系，调查影响工作和学习的因素。 　注意事项：多问"怎么样"，少问"为什么"。少说多听，避免个人观点阐述	请访谈对象讲述成为教师之后的工作经历和学习经历，并询问可能影响专业发展的因素	工作经历 职场学习 专业发展 影响因素	

田野反思：

附录 2：第一次探索性访谈反思日志

2013 年 12 月 15 日

本次访谈于 21 点 35 分开始，22 点 33 分结束，时长 58 分钟。访谈为非结构式访谈，由于笔者与赵老师（匿名）之间私人关系较好，因此访谈气氛轻松融洽，基本上达到畅所欲言的程度。在整个访谈过程中，访谈问题回答得并不顺利，主要是因为赵老师不太理解访谈问题中的一些关键词，如问题"您会主动在教学工作中进行专业学习吗？"中的"专业学习"。赵老师解释说她认为"专业学习"仅仅指教师对自己的教学内容相关学科知识的学习和掌握，如她在英语语言能力方面的学习和提高，或是她对自己的研究方向——语言学的学习和掌握。赵老师还指出她对"教师专业发展"这个术语的定义和内涵并不清楚，因此在回答问题时，以为该术语仅仅指代教师对所担任课程的学科知识结构的学习、掌握和发展。

在随后对笔者提供的调查问卷（草稿）进行阅读时，当阅读到第一部分的第 11 题"我会指导学生教学实践或教学试讲"，她轻声自言自语地说"被迫的"。在笔者的要求下，她解释说这一工作安排并不是出于她的意愿，而是按照学院的要求和安排不得不参加。当阅读到第 12 题"我能收到教学督导或同事对我课堂教学情况的反馈意见"时，她认为应该将"我能收到"改为"我希望能得到"，因为平时一般来说她觉得是得不到其他同事的反馈意见的，但是她很希望能得到其他人对她的课堂教学的反馈。第 23 题"我会和同事讨论我们对当前教育的一些看法"，赵老师认为"当前教育"一词所指模糊，让她不知所措，不知道到底指的是什么。第 28 题"我会对学校的教学管理提出自己的意见"，她认为这题没什么意义，因为"提了意见也没用，管理层并不会采纳我们的意见"。

根据访谈的总体情况和访谈对象提供的信息来看，本次访谈在调查问卷的内容修订和选项设置方面有很大帮助，界定了另外被忽略了的一些因素，也能初步了解高校英语教师的成长过程和一些影响因素。但是可以看出，访谈具体内容和提问方式还存在很大的问题，需要仔细修改。根据赵老师的意见，调查问卷的陈述口气采用"会"这一表达方式不太恰当，也许可以改成过去式，针对已经发生的事实进行询问。

附录3：云南省高校英语教师职场学习情况调查问卷

尊敬的老师：您好！

本问卷内容用于调查我省高校英语教师职场学习的现状，恳请您在百忙中抽空填写。本问卷所收集的数据仅用于博士学位论文的写作研究，不存在对您和贵校进行评价，若涉及具体个人的信息，将使用匿名方式来处理。您的看法对我的研究结果很重要，请根据您自己的实际情况如实回答，最后请您不要遗漏任何问题。衷心感谢您的支持和协助！

玉溪师范学院外国语学院

徐忆

个人基本信息

民族：_____

性别：　　　（A）男　　（B）女

年龄：　　　（A）30 岁以下　　（B）30—35 岁　　（C）36—45 岁

　　　　　　（D）46—50 岁　　（E）50 岁以上

教龄：　　　（A）1—3 年　　（B）4—6 年

　　　　　　（C）7—25 年　　（D）26 年及以上

职称：　　　（A）助教　　（B）讲师　　（C）副教授　　（D）教授

最后学位：　（A）其他　　（B）学士　　（C）硕士　　（D）博士

任教课程：　（A）大学英语课程　　（B）英语专业课程

　　　　　　（C）大学英语和英语专业课程

参加工作时是否有教育专业背景：　　（A）有　　（B）没有

周课时：_____

研究方向：＿＿＿＿＿＿＿

如您愿意参与后续访谈，请写下电话号码或邮件地址＿＿＿＿＿＿＿

第一部分：请您根据自己的教师专业发展情况选择满意度，在代表相应程度的数字上打钩。

	不满意	不太满意	尚可	较满意	满意
1. 我对自己的教师专业发展情况	1	2	3	4	5

第二部分：请根据实际情况选择您参与以下各项活动的频率以及该活动对您教师专业发展的重要程度，在代表相应频率与程度的数字上打钩。

活动类型	参与频率					对您教师专业发展的重要程度				
	从未进行	进行过一次	每学期一次	每学期五次	每学期十次	不重要	不太重要	一般	较重要	重要
1. 阅读学术期刊或论著	1	2	3	4	5	1	2	3	4	5
2. 阅读国家和学校教学指导文件	1	2	3	4	5	1	2	3	4	5
3. 收听或观看英语节目	1	2	3	4	5	1	2	3	4	5
4. 撰写、整理教案	1	2	3	4	5	1	2	3	4	5
5. 课后思考教学中存在的问题	1	2	3	4	5	1	2	3	4	5
6. 撰写教学反思日记	1	2	3	4	5	1	2	3	4	5
7. 制作教学档案袋（纸质或电子）	1	2	3	4	5	1	2	3	4	5
8. 与学生交流教学与学习情况	1	2	3	4	5	1	2	3	4	5
9. 指导学生教学实践或教学试讲	1	2	3	4	5	1	2	3	4	5
10. 分析学生作业情况	1	2	3	4	5	1	2	3	4	5
11. 指导学生学习技巧	1	2	3	4	5	1	2	3	4	5
12. 参与教材编写	1	2	3	4	5	1	2	3	4	5
13. 集体编写课程期末考试试题	1	2	3	4	5	1	2	3	4	5
14. 观摩公开课	1	2	3	4	5	1	2	3	4	5
15. 观摩教学录像	1	2	3	4	5	1	2	3	4	5
16. 进行公开课展示	1	2	3	4	5	1	2	3	4	5

续表

活动类型	参与频率					对您教师专业发展的重要程度				
	从未进行	进行过一次	每学期一次	每学期五次	每学期十次	不重要	不太重要	一般	较重要	重要
17．与同事进行教学、科研交流	1	2	3	4	5	1	2	3	4	5
18．参与校内教研讨论或教研组学习	1	2	3	4	5	1	2	3	4	5
19．参与集体备课	1	2	3	4	5	1	2	3	4	5
20．开展教改或科研课题研究活动	1	2	3	4	5	1	2	3	4	5
21．制作并使用多媒体课件	1	2	3	4	5	1	2	3	4	5
22．通过网络查找资料	1	2	3	4	5	1	2	3	4	5
23．利用电脑进行文字与数据处理	1	2	3	4	5	1	2	3	4	5
24．工作情境下的自我导向学习与合作学习活动						1	2	3	4	5
25．学位攻读活动						1	2	3	4	5
26．教师培训活动						1	2	3	4	5

第三部分：本部分调查影响教师参与以上活动的因素，请您根据实际感受选择相应选项，在代表相应程度的数字上打钩。

影响教师参与非正式学习活动的因素	影响程度				
	没有影响	影响较小	影响一般	影响较大	影响很大
1．学院教学要求	1	2	3	4	5
2．国家英语教育制度	1	2	3	4	5
3．学校教学管理制度	1	2	3	4	5
4．职称评定制度	1	2	3	4	5
5．绩效考核制度	1	2	3	4	5
6．教学条件	1	2	3	4	5
7．教育信息技术	1	2	3	4	5

续表

影响教师参与非正式学习活动的因素	影响程度				
	没有影响	影响较小	影响一般	影响较大	影响很大
8. 学生的英语基础与学习态度	1	2	3	4	5
9. 教师个人经历	1	2	3	4	5
10. 教师个人教学经验	1	2	3	4	5
11. 教师身份认同	1	2	3	4	5
12. 教师职业态度	1	2	3	4	5
13. 教学能力	1	2	3	4	5
14. 科研能力	1	2	3	4	5
15. 承担单门或多门课程	1	2	3	4	5
16. 课时数	1	2	3	4	5
17. 授课课程类型 （如：大学英语、英语专业技能课等）	1	2	3	4	5
18. 教师教学内容自主权	1	2	3	4	5
19. 教师课程选择自主权	1	2	3	4	5

20. 在您教学成长过程中，您主要依靠什么样的方式来提高您的教学能力、科研能力和信息技术应用能力？（如空白处不够填写，请另加纸张）

_____

_____

_____

_____

_____

_____

附录4：知情同意书

研究题目：高校英语教师职场学习研究（暂定）

研究目的：本研究主要探索高校英语教师职场学习的主要特征、学习过程及其对教师专业发展的作用。

成果形式：研究成果将撰写成博士学位论文。

访谈程序：
（1）探索性访谈：定于 2013 年 12 月至 2014 年 2 月期间，研究者将对访谈对象进行 1 次访谈。
（2）小组访谈：定于 2014 年 4 月，研究者将对访谈对象进行 1 次集体访谈。
（3）深度访谈：定于 2014 年 4 月，研究者将对每位访谈对象进行 3 轮访谈，每轮访谈间隔时间为 3—7 天。

匿名与保密：本研究所有研究对象的个人隐私信息都会被严格保密，尤其是访谈对象的相关信息。访谈对象的名字、工作单位等个人信息在作为本项目资料进行转写和分析时，将使用匿名方式来处理。研究资料（访谈录音、访谈提纲和笔记、访谈转写原始稿件等电子和纸质资料）在研究对象审核并确认无误后，由研究者妥善保存，仅研究者本人可以查阅。

风险和收益：研究者将对访谈对象的个人隐私信息以及研究对象特别要求的内容进行保密，并对访谈内容进行匿名处理，将身份泄露和识别的风险降至最低。当访谈对象不便回答某些访谈问题或认为某些内容不便录音时，可以随时拒绝回答或提出要求；如果访谈对象不愿再参与访谈，可随时要求退出，研究者将尊重访谈对象的意见和选择。本研究通过促使访谈对象回忆、重构和反思职场学习经历、工作经历、生活经历和对他们的这些经历造成影响的因素，可能促成访谈对象本人的反思从而增进其职场学习效果，推动其专业发展。

访谈对象签名：_____　　　研究者签名：_____

参与访谈类型：_____　　　日期：_____年____月____日

研究者联系方式：

研究者：徐忆

地址：玉溪师范学院外国语学院

电话：××××××××××××

邮箱：×××××××××××

附录 5：深度访谈提纲和记录表

第三轮深度访谈提纲和记录表

研究问题 1：高校英语教师职场学习的主要特征是什么？

研究问题 2：高校英语教师是如何开展职场学习的？

研究问题 3：高校英语教师职场学习对他们的教师专业发展有何作用？

访谈对象：　　　　　访谈地点：　　　　　访谈时间：

拟提问的问题	RQ1	RQ2	RQ3	变量		问题类型		关键词	追问问题	备注
				自变量	因变量	描述性	解释性			
您入职以来，都有过什么学习和提高的机会？	√					√	√	专业发展 学习机会 社会环境 教育环境 教学环境 影响事件		
您觉得××××（上一问题答案）学习机会对您的教学科研能力提高有什么作用？			√	√			√			
您觉得您现在的工作状态受到了什么因素的影响？		√	√	√			√			
您觉得××因素（上一问题答案）对您的影响是怎么样的？		√	√				√			
您刚参加工作时，有没有什么事情对您提高教学科研能力产生比较明显的影响？		√		√		√				
这件事情（上一问题答案）对您的影响是怎样的？			√	√			√			

拟提问的问题	RQ1	RQ2	RQ3	变量		问题类型		关键词	追问问题	备注
				自变量	因变量	描述性	解释性			
您评了讲师后，有没有什么事情对您提高教学科研能力产生比较明显的影响？		√		√		√				
这件事情（上一问题答案）对您的影响是怎样的？			√	√			√			
最近有没有什么事情对您提高教学科研能力产生比较明显的影响的？		√		√		√				
这件事情（上一问题答案）对您的影响是怎样的？			√	√			√			

附录6：周老师深度访谈转写稿（节选）

我：根据上一次和再上一次的两次访谈的情况，我想请您今天介绍一下您入职以来都有些什么样的学习提高机会。

周：你指的是学校给的还是自己去进行学历教育提高的机会？

我：不管是学校给的还是学历教育提升的，从参加工作以来，您觉得对您的专业发展和对您的自我学习有帮助、有提高的这些机会都有些什么样的呢？

周：第一个就肯定是读书嘛，考研啊，考博啊这些。第二个就是学校方面可能会组织一些讲座啊。第三个就是云南省骨干教师培训计划，省里面组织的这种培训计划。还有就是访学，访问学者，不管是国内和国外访学，当然我还没有申请到这种机会。我个人觉得这些都是提升学习比较好的机会。我主要是通过学历教育吧，然后听听讲座什么的。

我：您自己亲身经历过的这些学习机会对您的教师专业发展，您自己觉得有些什么样的作用呢？

周：就我个人而言的话有两条，第一条就是如果是理论素养方面的话肯定是学历教育最重要，它比较系统，战线也比较长，对我而言是一个很重要的事情。特别是写硕士论文和博士论文，这些都对我个人的提升有很大的帮助。对于其他的话可能其他的一些培训、讲座，还包括参加学术会议，这些可能都是某个点的，不是一个宏观的。刚刚说的学历教育是一个大方面的提升，而这个可能是在某个点上，它可能给你一个想法或是给你一点刺激，让你觉得可能有点兴趣，继续发展。它可能很直接，但是它的影响范围是比较小的。

我：那么您在工作过程中您的正式或非正式的自我学习对您的专业发

展的作用又是什么样的呢？

周：作用还是蛮大的，这个应该是很大的一个。因为你一般自我学习是因为你发现工作需要或是自己研究的需要，它可能需要你马上去读一些书，读一些文献，它立马就可以见到效果。这些文献可能对你的想法有启发，可以刺激你的教学改革或是某一个尝试，我觉得这应该加是一种立竿见影的方式，应该比刚刚那个短期培训或是学术会议的作用更大些。

我：那您觉得它们三者之间有没有一种相互的关系呢？就是刚刚您提到的这几种。

周：我觉得肯定是相辅相成的，肯定是互补的一个关系，或者说是……嗯……一个宏观，一个微观。学历教育呢它主要是给你一些宏观的、比较全面的理论介绍，也可能是某个点的关注，只有在写论文的时候关注。但是像刚刚这种培训啊，还有学术会议啊，它们都很有针对性，就是某个点。比如说，翻译的、跨文化的或者是教学的会议。那么，可能对你的刺激就是一个比较微观的、很直接的刺激。然后看文献更直接，我知道要什么，然后就学什么。所以说它们的关系是一个宏观和微观、互补的关系。

我：您目前的这种工作状态，在前两次的访谈中您其实也提到过，您在工作中是非常积极的，喜欢和学生互动，对吧？喜欢和学生交流，学生也特别喜欢上您的课。那您觉得目前的工作状态，包括科研，包括您教学这些方面的积极态度受到哪些方面因素的影响呢？

周：我个人觉得就是自己的习惯吧，第一，很大因素可能跟我的性格有关，我这种性格平时也就这样子。第一是性格。第二就是……真的还想不出很多其他方面的理由，可能……有可能就是学校，学院里的氛围吧。举个例子说，他们对这些改革也好或者是尝试也好都还是比较支持的，还是给你一个比较宽松的环境，它不是那种管的，一定要怎么样的，这也给你提供一些教学改革或是其他有关的这样的机会吧。让你有这个意识去尝试，但是更多的还是，自己的想法也好，自己的性格也好，或是心理状态也好，反正是自己本身这种状态，我觉得是最主要的。

我：那么，我们如果更具体地来看，就比如说，首先我们看一下您教学的这个情况，您一心一意想把这个教学做好对不对？您希望课堂很活跃，那么学生学起来很有动力，这个从教学方面来说的话您觉得和您的教学状态有关的因素有哪些？

周：你说的是影响教学效果的因素吗，还是什么？

我：不一定是影响教学效果，就是影响您目前的这种教学的状态，包括您对教学的投入，也包括您对教学的关注以及您对教学所作出的一些贡献啊，准备啊之类的。

周：第一，影响最大的应该是自己本身，一个学校给你一个工作量的问题，如果你本身就……像现在我们的考核很严格，考核中间、前后都要考核的话，可能精力就不够，要看你当时的工作量或者当时的工作情况和状态。如果当时要求比较多，你的工作又比较繁忙的时候，可能你的教学投入会少一些。第一个是根据自己本身的教学任务的多和少，然后考核要求。第二个有关的话是根据学生的反应，学生的学习态度，学生他们本身就是一个……嗯……确实我们教每一年级的学生的状态都会不一样，或许是因为专业不一样，所以学生的积极性也会不一样。它是很影响你的投入的，讲课的时候学生的积极性高，你的积极性也很高，这个是一个互补的过程。学生的反馈呢及学生本身的学习风貌也很重要。第三，可能就是自己的一个状态，就看你在什么时期，我们这些老师都有一个科研，还有晋升职称，包括进一步的学位提升需求，如果你个人的一些因素投入过多的话，那么你肯定没有更多的时间去投入教学。可能只是一个常规教学，也不会进行改革，可能就是规规矩矩的，不会去尝试改革方案，主要就是这三方面吧，一个是本身学校给你的工作量的情况，考核的体制，第二就是学生的反馈，第三就是自己的一个实际情况。

我：那么，针对您目前的这个科研状态的话，您觉得和它相关的因素又有哪些？

周：我觉得第一肯定是职称，还有考核的需求，这肯定的。这是一个比较重要的因素，因为对应于考核范围。第二是个人的兴趣和爱好，就自己有这个尝试。第三是为了教学的需要，教与研是分不开的。因此，如果很多时候我们做一些教改项目和质量工程的话就是为了更加促进教学，这三块吧。

我：接下来呢，我想请您介绍一下您觉得相对于我们目前身处的这样
一个社会环境，目前的社会环境对您的职场学习也就是我们说的
工作状态下的正式或非正式的自我学习和自我提高有一些什么关
系呢？

周：你说的是社会什么？社会……？

我：就是我们社会的一个大环境，就比如说我们教育政策啊，我们社
会的一些变革啊，我们的经济啊，文化啊，政治啊，等等，就是
像语言政策这些，那么这些方面的环境会不会对您的自我学习有
相关的关系呢？

周：如果你刚刚所说的这些环境，就比如说国家的语言战略规划，这
个对我们老师的影响，第一是对你研究的一个方向可能会有一定
的影响。我觉得第一就是方向，你会关注这一块。因为大宏观之
势改革，你对你的实际教学或是一些科研会有调整，这是肯定
的，因为大的肯定会影响小的。第二方面的影响可能会是积极
的、正面的影响。如果说像现在国家比较关注……习主席提出中
国文化要走出去的话，对我们语言学习也是一个很大的触动。对
于本身的母语，在关注英美文化的同时，对自己母语文化的关
注，可能也是一个比较正态的影响。让我们更知道在学好外语的
同时，其实自己的母语也很值得去培养和提升，这也是个积极的
影响。第三，这个社会因为经济发展太快，很多时候跟利益、金
钱挂钩的话，可能会促使很多比较功利性的、很短期就能见到效
果的一些做法，这样我觉得很多人就不会静下心来去踏踏实实对
某个事情进行更加投入的研究，这是一个消极的影响。

我：那您觉得像我们现在的这个教育环境它会怎样影响您的职场学习
呢？教育环境呢一般来说就是指我们的一个教学改革啊，还有就
是我们的一些教学要求之类的。

周：这个我觉得肯定会影响，因为它一改革的话可能就逼着你去学
习，你去了解它最新的动态是什么。我想最深刻的应该是这个
吧……嗯……像卓越工程师计划。现在是新的一个比较多的教育
部可能刚比较提倡的，和关注点比较多的一个。因此，卓越工程
师计划是怎么跟外语联系在一起的，它们的改革如何，这是个比
较热的话题。像我问过我们很多同事，探讨过这个教学方法呀，

教学改革的问题，这个是对于教育政策，或者是教育改革，对于我们本身一个微观的、一个课程改革的最大影响。它一影响的话，自然也会对我们老师的自我成长有影响。

我：嗯，是的。那教学环境，像目前我们学校里的这种教学环境又是怎样影响您的成长的呢，影响您的职场学习的呢？如果我们特定地说到职场学习的话。

周：教学环境指的是什么？

我：教学环境呢一般来说指的是我们的教学条件啊，学生的特点啊，还有就是办学条件啊，学校的具体要求、科研要求，还有职称评定的要求。

周：这个肯定会有影响，我觉得这应该是影响最大的。因为它是最直接、最相关的，可能更有针对性，更贴合我们的实际发展需求。因此，我觉得这个影响环节应该是在刚刚的这几个环节中影响最大的一个因素。然后，第二，怎么影响的话，一方面肯定是对教学的一个……比如多媒体课件的使用，教育技术的使用，肯定也会有影响，根据客观环境都有一些要求。这是第一条。第二条是肯定跟我们的职称评定有关，现在我们都已经加入教学的一些考量啊，包括我们学校青年教师授课大赛这些。这肯定也会对你的职场学习有一定的促进和提升作用。第三条就是你说的考核，考核里面也是教学、学生评定，等等，也会促进你对教学进行改革，你要尝试你就得学习，可能也对你的职场学习有影响。

我：最后呢，我想请您介绍一下您参加工作以来您觉得对您的专业发展产生一些重要影响的事情。

周：第一肯定是自己的学历提升，自己去学习，入职以后自己在职去攻读硕士也好，博士也好，这点肯定是有最大的影响。第二应该是……比如课型转型，以前我可能还教过一些英语专业的学生，后来我又转到了大学外语这边，可能这个教学对象的改变或是你的……因此，对你本身也会有一定的影响，这就是第二个，第二个就是你的教学对象的改变。第三个是影响比较深的，就是自己的客观原因吧。我们都是妈妈级别的，结婚，生小孩儿，这些比较大的一个家庭的环境因素都会对自己造成影响。大概就是这三个吧。

我：嗯，好的。那您觉得它们之间有没有一些交叉的关系呢？

周：嗯……嗯……有一点，但是我觉得……你说的是它们对于这些职场的学习影响的关系吗？

我：对，对！

周：它们的关系是属于……影响职场学习的各个因素。中间肯定会有一些相互牵制的关系。比如举个例子，有时候可能你又要照顾家庭，又要在职攻读的话，这是一个相互牵制的关系，因为要同时兼顾的话，精力都有限嘛，这方面它们可能会相互牵制一下。包括课型转型其实也跟你的研究、学历提升也有很大的关系，比如说自己以后除了常规的公共基础课外你是否会愿意去开拓一些更新的课程，比如可能更加贴合你的实际的研究方向，学历提升越高的话，上课的时候你自己可能希望更加结合你自己的实际研究，课程可能就满足不了你的需求，这个时候就会促进你去开更多的一些……要么转型，去教研究生啊，或是教英语专业这样的一个转型，要么可能会促使你去开一些公共需求课。反正就是你的课程开设会更加多样化一些。所以它们之间还是会存在一些关系，有的可能是相互拉扯，有的可能会相互促进，是这样的一个关系。

我：嗯，那您觉得比较……比如说结了婚生小孩以后，照顾孩子啊，照顾家庭啊这些对您的职场学习的影响大概是什么样的呢？

周：这肯定会有影响，这肯定的。因为人的精力有限，影响多大的话就看你怎么去平衡了。我个人感觉肯定会让你……像你刚刚说的职场学习有很多，比如出国进修啊，还有访学啊，或是国内进修啊，这样的机会在我们考量的时候基本不会考虑，因为孩子的因素而去放弃，不会申请。特别是……因此很多时候都会考虑一些短期的，或是假期的，又能够不会离开本地的一些培训机会，可能很多时候就没有更多的机会让自己走出去，会放弃很多这样的机会。

我：那么除了这个培训的机会以外呢，自我学习的机会，像平常……

周：那肯定也会是精力有限嘛，你要管孩子，照顾孩子，孩子的学习，孩子的……很多时候都是忙于这些日常琐事，所以你的学习时间第一可能不连贯，第二可能不集中，第三可能不会那么……

就是效率不会那么高，这个肯定会有影响，当然这个主要是讲到它的一些负面的、消极的影响。

我：嗯，好的，非常感谢您。

附录7：周老师深度访谈资料初步编码手稿（节选）

1　我：根据上一次和再上一次的两次访谈的情况，我想请您今

2　　　天介绍一下您入职以来都有些什么样的学习提高机会？

3　周：你指的是学校给的还是自己去进行学历教育提高的机

4　　　会？

5　我：不管是学校给的还是学历教育提升的，从参加工作以来，

6　　　您觉得对您的专业发展和对您的自我学习有帮助有提高

7　　　的这些机会都有些什么样的呢？　　　　　　　　　（职后学习途径）

8　周：第一个就肯定是读书嘛，考研啊，考博啊这些。第二个　　攻读硕士　攻读博士

9　　　就是学校方面可能会组织一些讲座啊。第三个就是云南　　参加专家讲座

10　　省骨干教师培训计划，省里面组织的这种培训计划。还　　参加教师培训

11　　有就是访学，访问学者，不管是国内和国外访学，当然

12　　我也还没有申请到这种机会。我个人觉得这些都是提升　　　学历教育

13　　学习比较好的机会。我主要是通过学历教育吧，然后听

14　　听讲座什么的。　　　　　　　　　　　　　　　　（职后学习途径对专业发展的作用）

15　我：您自己亲身经历过的这些学习机会对您的教师专业发

16　　展，您自己觉得有些什么样的作用呢？　　　　　学历教育 [硕士学习 >撰写毕业论文

17　周：就我个人而言的话有两条，第一条就是如果是理论素养　　　　　　　 博士学习

18　　方面的话肯定是学历教育最重要，它比较系统、战线也　　内容：理论素养

19　　比较长，对我而言是一个很重要的事情。特别是在写硕　　特点：系统性、长期性

20　　士论文也好，博士论文也好，这些都对我个人的提升有　　效果：很重要，提升很大

21　　很大的帮助。对于其它的话可能其它的一些培训、讲座，

22　　还包括参加学术会议，这些可能都是某个点的，不是一　　教师培训、讲座、学术会议

23　　个宏观的。刚刚说的学历教育是一个大方面的提升，而　　内容：某方面理论刺激引导

24　　这个可能是在某个点上，它可能给你一个想法或是给你　　特点：培养兴趣，直接

25　　一点刺激，让你觉得可能有点兴趣，继续发展。它可能　　作用与效果：引导专业发展，影响范围小

26　　很直接，但是它的影响范围是比较小的。

27　我：那么您在工作过程中您的正式或非正式的自我学习对您　　　职场学习

28　　的专业发展的作用又是什么样的呢？

29　周：作用还是蛮大的，这个应该是很大的一个。比方你一般　　效果，作用很大

I

周 第三轮访谈转写稿(ZH3)

30	自我学习是因为你发现工作需要或是自己研究的需要，
31	它可能需要你马上去读一些书，读一些文献，它立马就
32	可以见到效果。这些文献可能对你的想法，可以刺激你
33	的教学改革或是某一个尝试，我觉得这应该加是一种立
34	竿见影方式，应该比刚刚那个短期培训或是学术会议的
35	作用更大些。
36	我：那您觉得它们三者之间有没有一种相互的关系呢？就是
37	刚刚您提到的这几种。
38	周：我觉得肯定是相辅相成的，肯定是互补的一个关系，或
39	者说是……嗯……一个宏观，一个微观。学历教育呢它主要是
40	给你一个宏观的，比较全面的一些理论介绍，也可能在
41	某个点的关注，只有在写论文的时候关注，但是像刚刚
42	这种培训啊，还是学术会议啊，它都是很有针对性，就
43	是某个点，比如说，翻译的，跨文化的或者是教学的会
44	议，那么，可能对你的刺激就是一个比较微观的，很直
45	接的刺激。然后看文献更直接，我知道要什么，然后学
46	学什么。所以说它们的关系是一个宏观和微观，互补的
47	关系。
48	我：您目前的这种工作状态，在前两次的访谈中您其实也提
49	到，您在工作中是非常积极的，喜欢和学生互动，对吧？
50	喜欢和学生交流，学生也特别喜欢上您的课。那您觉得
51	目前的工作状态，包括科研，包括您教学这些方面的积
52	极态度受到哪些方面因素的影响呢？
53	周：我个人觉得就是自己的习惯吧，第一，很大因素可能跟
54	我的性格有关，我这种性格平时也就这样子。第一是性
55	格。第二就是……真的还想不出很多其它方面的理由，可
56	能……有可能就是学校，学院里的氛围吧。举个例子说，
57	他们对这些改革也好或者是尝试也好都还是比较支持
58	的，还是给你一个比较宽松的环境，它不是那种管的那

右侧手写批注：

（职场学习过程）（工作需要）
学习活动：阅读学术文献
↓反思
教学改革/尝试
学习内容：与教学、研究相关
特点：立竿见影
效果：重要性高于培训或会议

（职后学习途径间的关系）
互补关系
学历教育—宏观—系统理论学习
↕
短期培训—微观—某方面理论学习
职场学习（阅读文献）—直接—接需学习

相关系：宏观与微观、互补

（职场学习的影响因素）
个人性格
学校氛围
单位支持

2

周 第三轮访谈转写稿(ZH3)

59　么，一定要怎么样的，这也给你提供一些教学改革或是　　　管理制度

60　其它有关的这样的机会吧。让你有这个意识去尝试，但

61　是更大的还是自己的想法也好，自己的性格也好，或是

62　心理状态也好，反正是自己本身这种状态，我觉得这是　　　个人心理状态

63　最主要的。

64　我：那么，我们如果更具体的来看，就比如说，首先我们看

65　一下您教学的这个情况，您一心一意想把这个教学做好

66　对不对？您希望课堂很活跃，那么学生学起来很有动力，

67　这个从教学方面来说的话您觉得和您的教学状态有关的

68　因素有哪些？

69　周：你说的是影响教学效果的因素吗，还是什么？

70　我：不一定是影响教学效果，就是影响你目前的这种教学的

71　状态，包括您对教学的投入，也包括您对教学的关注以

72　及您对教学所作出的一些贡献啊，准备啊之类的。　　　（职场学习影响因素）

73　周：第一，最大影响的应该是自己本身，一个学校学院给你

74　一个工作量的问题，如果你本身就……像现在我们的考核　　工作量

75　很严格，考核中间前后都要考核的话，可能精力就不够，　考核制度

76　要看你当时的工作量或者当时的工作情况和状态。如果　影响作用

77　当时要求比较多，你的工作又比较繁忙的时候，可能你

78　的教学投入会少一些。第一个是根据自己本身的教学任

79　务的多和少，然后考核要求。第二个有关的话是根据学

80　生的反应，学生的学习态度，学生他们本身就是一　　　学生特点

81　个……嗯……确实我们教每一年级的学生的状态都会不一　学生特点的

82　样，或许是因为专业不一样，所以学生的积极性也会不　影响作用

83　一样。它是很影响你的投入的，讲课的时候学生他的积

84　极性高，你的积极性也很高，这个是一个互补的过程。

85　学生的反馈呢及学生本身的学习风貌也很重要。第三可　　个人因素：

86　能就是本身自己个人的一个状态。就看你在什么时期，　职称晋升

87　我们这些老师都有一个科研，还有晋升职称，包括进一　科研要求

附录 8：周老师深度访谈资料集中编码手稿（节选）

周老师 深度访谈资料集中编码

符号说明：职场学习途径 O　其他学习途径 ◎　具体学习活动 √　学习内容 △　学习过程 ✿
背景信息 B　职场学习的新向因素 □　影响作用 ●　职场学习对专业发展的作用 ✻

职称评定要求 □	教师考核制度 □
学习经历 B	教师发展方向的自主选择 □
家庭背景 B	教师的自我定位 □
喜欢的教师类型 B	职场学习目的 ✻
仿英学习方法 B	教学反思 √
毕业专业背景 □	教学反思的目的—促进教学 ✻
选择高校教师职业的原因 B	教学反思的目的—促进研究 ✻
入职时任教课程 □	教学反思的目的—促进学院管理 ✻
英语专业课程与大学英语课程差异 □	进行教学研究 √
教学对科研选题的作用 ✻✿	科研的目的—评职称 □●
开设新课程的原因 ✻√	科研的目的—完成考核要求 □●
科研对教学的作用 ✻✿	科研的目的—提升教学，满足研究兴趣 ✻
新课程开设的学分制背景、□●	绩效考核的作用 □●
新课程开设的学校制度支持 □●	阅读学术文献 √
大学英语课程特点 □	学术文献资源 □
英语专业课程特点、□	参加教材培训 ◎
学生学习方法 □	参加教材培训的目的 △
师生交流情况 √	教材培训的作用 ✻△
课后师生网络交流 √	攻读硕士学位 ◎
课间的师生互动 √	学历压力 □●
课堂教学即时反思 √	攻读博士学位 ◎
课堂即时反思过程 ✿	选择攻读方式的愿望—生活因素 □

附录9：周老师深度访谈资料
类属分析手稿

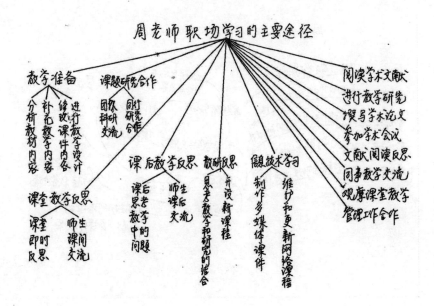

附录 10：周老师深度访谈资料类属与情境分析手稿

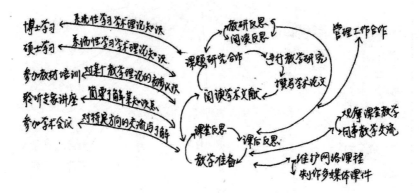

周老师的职场学习过程

附录11：调查问卷数据因子分析结果示例

调查问卷第二部分教师对职场学习活动认可度项目因子分析结果

KMO 和 Bartlett 的检验

取样足够度的 Kaiser – Meyer – Olkin 度量		0.923
Bartlett 的球形度检验	近似卡方	3677.347
	df	253
	Sig.	0.000

解释的总方差

成分	初始特征值			提取平方和载入			旋转平方和载入		
	合计	方差的%	累计%	合计	方差的%	累计%	合计	方差的%	累计%
1	10.135	44.063	44.063	10.135	44.063	44.063	5.126	22.289	22.289
2	2.379	10.344	54.408	2.379	10.344	54.408	4.952	21.532	43.821
3	1.552	6.747	61.154	1.552	6.747	61.154	2.881	12.527	56.348
4	1.178	5.120	66.274	1.178	5.120	66.274	2.283	9.926	66.274
5	0.863	3.751	70.026						
6	0.755	3.281	73.307						
7	0.662	2.880	76.186						
8	0.569	2.475	78.662						
9	0.545	2.372	81.033						
10	0.490	2.131	83.165						
11	0.448	1.947	85.112						
12	0.428	1.861	86.972						

续表

成分	初始特征值			提取平方和载入			旋转平方和载入		
	合计	方差的%	累计%	合计	方差的%	累计%	合计	方差的%	累计%
13	0.415	1.804	88.776						
14	0.390	1.694	90.470						
15	0.339	1.472	91.942						
16	0.331	1.438	93.380						
17	0.298	1.294	94.674						
18	0.264	1.150	95.823						
19	0.246	1.068	96.892						
20	0.212	0.923	97.815						
21	0.197	0.858	98.673						
22	0.162	0.704	99.376						
23	0.143	0.624	100.000						

提取方法：主成分分析。

旋转成分矩阵[a]

	成分			
	1	2	3	4
分析学生作业情况	0.790			
指导学生学习技巧	0.787			
与学生交流教学与学习情况	0.780			
课后思考教学中存在的问题	0.779			
撰写、整理教案	0.757			
制作教学档案袋（纸质或电子）	0.661			
撰写教学反思日记	0.625			
收听英语节目或阅读英语文章	0.547			
指导学生教学实践或教学试讲	0.535			
观摩教学录像		0.773		
进行公开课展示		0.752		

续表

	成分			
	1	2	3	4
观摩公开课		0.738		
参与集体备课		0.730		
参与校内教研讨论或教研组学习		0.682		
开展教改或科研课题研究活动		0.616		
与同事进行教学、科研交流		0.587		
参与教材编写		0.568		
集体编写课程期末考试试题		0.556		
通过网络查找资料			0.833	
利用电脑进行文字与数据处理			0.831	
制作并使用多媒体课件			0.497	
阅读国家和学校教学指导文件				0.743
阅读学术期刊或论著				0.640

提取方法：主成分分析。

旋转法：具有 Kaiser 标准化的正交旋转法。

a. 旋转在 7 次迭代后收敛。

1